KB262821

토론 연습

캐서린 수 영 외 지음
김진모 · 류한수 옮김

토론연습

펴 냄	2003년 10월 15일 1판 1쇄 박음 / 2003년 10월 20일 1판 1쇄 펴냄
지은이	캐서린 수 영 · 나탈리 T. 우드 · 재럴드 M. 필립스 · 더글러스 J. 페더슨
옮긴이	김진모 · 류한수
펴낸이	김철종
펴낸곳	(주)한언
	등록번호 제1-128호 / 등록일자 1983. 9. 30
주 소	서울시 마포구 신수동 63-14 구 프라자 6층 (우 121-854)
	TEL. 02-701-6616(대) / FAX. 701-4449
책임편집	장보금 bkjang@haneon.com
디자인	이정아 jalee@haneon.com
홈페이지	**www.haneon.com**
e-mail	haneon@haneon.com

이 책의 무단전재 및 복제를 금합니다.
잘못 만들어진 책은 구입하신 서점에서 바꾸어 드립니다.

ISBN 89-5596-126-X   03300

토론 연습

GROUP DISCUSSION

이 책의 중심 주제는 '문제해결을 위해서는 모든 그룹 구성원들의 행동이 시스템적으로 이루어져야 한다' 는 것이다. 창의력을 북돋우고 서로를 존중할 가능성은 일관된 시스템 내에서 가장 커지기 때문이다. 이 책은 문제를 해결하기 위해 '숫자로 본질을 가리는' 접근법을 이용하지 않는다. 이 책을 집필한 우리는 50년 이상 지역 사회, 교육, 기업, 정부와 관련된 다양한 유형의 집단과 일하면서 경험을 쌓아왔다. 이런 경험을 통해 우리는 개개인이 지닌 창의적 잠재력을 인지하고, 그러한 잠재력을 실현시키는 최선의 방법은 바로 개인과 그룹 사이에서 시너지 작용을 발생하도록 하는 것임을 깨달았다. 이런 의미에서 우리는 이 책에서 이와 관련된 실용적인 접근법을 제시할 것이다.

우리는 사람들이 어떤 그룹에 속해있건 간에, 그 속에서 유능한 참여자나 리더가 되도록 돕고 싶다. 우리는 그룹 내에서 자신의 의견을 발언한다는 것은 개인의 영향력을 발휘하는 방법이며, 공동의 이익을 위해 일하고 모두의 복리에 기여하여 자부심을 높이는 것이라 생각한다. 이것이 가능한 강력한 시스템을 얻기 위해서는 기술, 경험, 지식이 바탕이 되어야 한다. 이 책은 지식이 실행으로, 정보에 입각한 실행이 기술로, 부단한 기술적 행동이 경험으로 이어질 수 있는 배경 지식과 실행 방식을 알려줄 것이다. 어디에서든 이 책을 활용하는 사람들은 지위 고하를 막론하고 '함께 일하는' 법을 배우는 연극 무대의 훌륭한 배우가 될 수 있을 것이다.

캐서린 수 영
줄리아 T. 우드
제럴드 M. 필립스
더글러스 J. 페더슨

  오늘날의 모든 환경은 하루가 다르게 급변하고 있다. 자고나면 새로운 기술과 아이디어들이 세상을 지배하고 있는 지금, 그 누구도 변화의 거센 바람을 피해갈 수는 없다. 이런 이유로 수많은 조직과 개인들은 변화에 적응하기 위해 부단한 노력을 기울이고 있다. 실제로 정부, 기업, 학교 같은 여러 형태의 조직들은 현재 많은 비용과 시간을 들여 소위 '혁신활동'이라 불리는 과제들을 추진하고 있다.

  하지만 여기서 과거와는 달라진 점이 있다. 그것은 소수의 사람들이 모든 일을 계획하고, 다수의 구성원들은 그들의 지시에만 따르는 수직적인 운영방식에서 벗어나, 조직의 모든 구성원들이 평등하게 참여하여 문제를 해결해가는 수평적 운영방식으로 진행되고 있다는 사실이다.

  이것은 변화를 이끌어가는 것이 유능한 한두 사람에 의해서 이루어질 수 있는 것이 아니라 다수의 자발적 참여를 통해서만이 가능하다는 것을 모든 조직이 깨닫고 있기에 발생하는 현상이다. 또한 이런 현상이 확산되고 있는 근저에는 과거와 같은 수직적 계층 구조에서는 시장을 지배할 만한 아이디어 개발이 어렵고, 동태적이고 재빠르게 변화 상황에 대처할 수 없다는 각성이 담겨져 있다. 이런 이유로 최근에는 대부분의 일이 조직 구성원들 간에 서로 긴밀하게 연계되어 있는 팀 단위의 과제해결이나 프로젝트 성격의 형태로 바뀌고 있다.

토론이 중요한 이유가 바로 여기에 있다. 이와 같은 형태의 과제나 업무를 효과적으로 수행하기 위해서는 적절한 '토론 문화'의 정착이 필요한 것이다. 과제나 업무에 대해 여러 사람들의 다양한 의견을 모으고, 적절한 합의 과정을 통해 의사를 결정하는 것이야말로, 소규모 그룹 단위로 업무를 분산시키는 가장 큰 이유이며, 이것이 잘 이루어져야만 원하는 결과를 가장 효율적으로 얻을 수 있기 때문이다. 따라서 조직 구성원들이 그룹 토론에 대해 배우고 익히며, 바람직한 그룹 토론 문화를 만들도록 노력해야 한다.

그러나 실제 현장을 들여다보면, 적절한 토론 문화의 정착은 아직도 요원한 것으로 보인다. 수많은 조직에서 하루에도 수차례에 걸쳐 회의라는 형식을 빌어 그룹 토론을 진행하고 있고, 학교에서도 토론식 수업의 비중이 높아짐에 따라 학생들 간의 그룹 토론이 활발하게 이루어지고 있지만 그 절차적인 면에서 아직도 미진한 부분이 많이 있다. 이것은 지금껏 우리 모두가 토론에 대해 제대로 배우지 못한 것에 그 이유가 있을 것이다. 즉, 그룹 토론을 과거부터 해 온 익숙한 일상 활동으로 인식하고 누구나 쉽게 할 수 있는 대수롭지 않은 활동으로 생각하기 때문에 각 개인들이 사실상 그룹 토론에 대해 배우고 익힐 수 있는 기회를 가져보지 못한 것이다. 이런 이유로 수많은 그룹 토론들이 쓸데없는 시간 낭비가 되거나 고성이 오가는 감정대립으로 치닫는 경우가 허다하다.

그룹 토론의 결과가 좋지 않으면, 토론에 참여한 개인의 불만족이 높아지고 조직의 효율성을 떨어뜨려 비생산적인 조직을 만든다. 이러한 결과는 개인과 조직 모두에게 커다란 낭비이자 손실일 수밖에 없다. 따라서 그룹 토론의 중요성과 절차, 그리고 기법 등에 대해 올바로 이해하고 익히기 위한 노력은 매우 의미가 큰 활동이 될 것이다.

이런 문제들에 대해 오랫동안 고민해왔던 우리 두 사람은 그룹 토론에 대한 일반인들의 이해도를 높일 방안에 대해 연구를 거듭해왔다. 그러던 중 이 책을 발견하게 되었다. 지역사회, 정부, 학교, 기업 현장 등에서 다양한 경험을 가진 '그룹 토론'의 대가들인 네 명의 저자들은 이 책에 자신들의 모든 노하우를 생생하게 담고 있었다. 이 책은 비교적 내용이 쉬우면서도 체계적으로 구성되어 있어 그룹 토론에 서투른 초보자들뿐만 아니라, 전문적인 지식을 가지고 있다고 자부하는 사람들에게도 그룹 토론에 대한 체계적인 지식을 갖도록 도와줄 것이다.

우리 두 사람은 기업에 근무하면서 그룹 토론 문화를 정착시키기 위해 부단히도 노력을 기울였었다. 그러나 워크숍이나 소집단 과제 활동 등을 이끌 때 주로 경험만으로 그룹 토론을 이끌었던 것이 늘 아쉬움으로 남았다. 그때 그룹 토론에 대해 제대로 쓰여 진 책이라도 있었으면 하는 것이 우리 두 사람의 가장 큰 소망이었다. 이런 점에서 비록 외국의 서적이지만, 이 책이 우리들이 손을 거쳐 수많은 독자들에게 읽힐 수 있게 된 것을 영광으로 생각한다. 그룹 토론에 대해 더 많은 지식을 갖고 싶어하는 여러분들에게 이 책은 분명히 커다란 도움을 줄 수 있으리라 믿는다. 나아가 조직의 생산성을 높이고 조직원의 만족을 높이는 데에도 기여할 수 있을 것이라 기대한다.

끝으로 이 책을 출판하는 데 물심양면으로 힘써 주신 한언출판사 김철종 사장님과 도움을 주신 모든 분들께 진심으로 감사의 말을 전하고 싶다.

2003년 10월
김진모, 류한수

지금 이 책을 들고 훑어보고 있는 중이거나 혹은 구매한 후라면 당신은 아마도 그룹 토론에 있어서 스스로 상당한 부담을 느끼고 있는 사람일 것이다. 그렇지 않다면, 효과적인 그룹 토론이 사회생활을 하는 데 얼마나 중요하고 유용한 기술이 되는가를 너무나도 잘 알고 있는 사람일 것이다. 때문에 당신은 '이 책이 과연 나에게 어떤 도움을 줄 수 있을까'에 대해 적잖은 기대와 흥분을 갖고 있을지도 모른다. 하지만 지식을 온전히 스스로의 것으로 만들기 위해서는, 그리고 그것에서 자신이 기대하는 효과를 얻기 위해서는 본인 스스로 그 지식을 얼마나 충실하게 생활에 접목시키느냐 하는 것이 성공의 관건이 된다.

그렇다면 이 책은 그룹 토론을 효율적으로 실시하는 데 어떤 도움을 줄 수 있을까? 그룹 토론을 효과적으로 수행하고 문제를 해결하는 일련의 과정들은 기술, 그것도 우리들 대부분이 학교에서 배우지 못한 기술에 근거하여 이루어진다. 당신이 아무리 유능한 사람이라 해도 집단적인 일에서 성과를 거두지 못한 채, 그 단순히 집단에 속해 있기만 한다면 '유능한 구성원'이 될 수는 없다. 따라서 집단 내에서 진정으로 유능한 사람이 되고 싶다면, 그룹으로 일할 때 유능함을 나타낼 수 있는 수단을 배우고 실제 상황에서 그것에 대한 연습을 해야 한다. 이런 의미에서 이 책의 첫 세 단원에 실린 정보는 모든 집단의 기능(과제, 사회, 교육·자립 집단)에 대한 모든 정보를 제공하고 있다. 우리는 각 구성원의 의사소통이 집단에서의 경험을 통해 얼마나 강화되고 혹은 약화되는지 증명할 것이다. 의사소통을 효과적으로 하기 위해서는 의사소통의 힘과 유용한 선택이 어떤 것인지를 먼저 이해해야 하므로 이 책의 전반부에서는 이러한 문제들에 대해 중점적으로 다룰 것이다.

다음, 이 책의 후반부에서는 특별한 문제해결 의사일정, 즉 표준 의사일정에 대해 상세히 설명할 것이다. 4단원부터 9단원에 걸쳐 표준 의사일정에 따른 각 단계를 이해하고 표준 의사일정의 단계를 연습하게 되면, 아마도 당신은 문제 상황에서 수행 능력을 향상시킬 방법을 터득할 수 있을 것이다.

CONTENTS

3 효과적인 토론을 위한 리더의 역할

4 표준 의사일정 1단계 : 토론자로서 자신의 책임과 의무 이해하기

CONTENTS

7 표준 의사일정 4단계 : 기준과 한계를 정하라

8 표준 의사일정 5단계 : 해결책을 도출하고 최종 선택하라

9 표준 의사일정 3단계 : 최종 보고서의 작성과 발표

그룹 토론을 효율적으로 이끌기 위한 기본 상식

왜 효과적인 그룹 토론이 어려운가?

모임 회원들 모두는 실망감을 감출 수가 없었다. 이번 모임은 왜 이렇게 시작부터 삐걱대는 걸까? 두 번째 모인 것인데도 서로 다른 이야기만 하고 단 하나도 의견일치를 본 안건이 없다. 타니샤는 자신이 생각해 낸 모임의 명칭과 슬로건이 얼마나 적절한 것인가를 열성적으로 발표했지만, 다른 사람들이 그녀의 의견에 시큰둥한 반응만을 보내 화가 나 있었다. 반면 댄은 회원들이 모임 운영 구조를 결정하는 데 그다지 관심을 보이지 않아 화가 나 있었다. 댄이 보기에는 자신의 주장대로 먼저 모임의 리더를 결정해야만 모든 일을 본격적으로 진행할 수 있을 것 같은데, 아무도 자신의 의견에 관심을 보이지 않았다. 또한 로리는 도대체 무슨 이유로 사람들이 과제에 집중할 생각을 하지 않는지 도무지 이해할 수가 없었다. 빠른 시일 안에 결과를 제출해야 하는 프로젝트가 네 개나 밀려 있는데, 그리고 프로젝트를 마무리해 제출하는 것이 바로 이 모임의 존재 이유인데도 말이다. 로리는 지금이 모임에서 가장 시급한 사안은 프로젝트의 우선순위를 결정하고 한시 바삐 그것에 착수하는 것이라고 생각한다. 그녀는 도대체 알 수가 없다. '왜 타니샤는 몇 주 동안 별 쓸모도 없는 모임 명칭에만 신경을 쓰는 걸까?'

그룹 토론이 끝난 후, 아무런 결론도 내지 못하고 불만만 가득한 채 자리를 떠난 적이 얼마나 많은가! 안타깝게도, 많은 사람들은 그룹 활동을 하면서 긍정적인 느낌보다 부정적인 느낌을 더 많이 받는다고 한다.

대체 그 이유가 무엇일까? 대부분의 사람들은 초등학교에 입학하면서부터 끊임없이 그룹 활동을 하게 되지만, 이렇게 오랜 기간 동안 활동을 해도 막상 여러 사람들과의 토론에 이르러서는 말문이 막혀 말 한마디 못하는 사람들이 참으로 많다. 이런 사람들은 대부분 활동에는 익숙하지만 활동을 위한 토론에는 약하거나, 활동 그 자체도 원활하게 하지 못하는 경우가 많다. 그러나 주변을 둘러보면 다른 사람들과 어울리지 않고 일을 하는 곳은 단 한 곳도 없다. 따라서 우리가 어떤 길을 선택하더라도, 성공하기 위해서는 수많은 사람들 사이에서 효과적으로 일하고 토론하는 법을 터득해야 한다.

당신의 '말'을 관리하라

브레인스토밍이나 프로젝트 등 여러 사람의 의견을 수렴하여 일을 처리하는 경우가 많아지면서, 그룹 토론이 갖는 중요성이 매우 높아지고 있다. 이런 이유로 현재 다양한 분야의 전문가들은 '사람들이 집단으로 일할 때 어떤 행동을 보이는가'에 대한 연구에 몰두하고 있다. 물론 이러한 연구 분야마다 각 집단에 접근하는 방식은 매우 다르다. 어떤 분야에서는 개인에 대한 연구보다는 집단 전체에 초점을 맞추기도 하고(집단이 어떻게 사회에 영향을 미치는지 등을 파악하기 위해), 또 다른 분야에서는 한 집단 내에서 개인이 얻게 되는 경험을 연구하는 방식을 사용하기도 한다.

그 중 스피치 커뮤니케이션*Speech Communication*에 관한 연구는 효과적인 그룹 활동과 관련된 언어 행동에 초점을 맞춘 처방적*prescriptive* 접근법을 취한다. 우리는 이의 연장선상에서 구성원들이 좀더 나은 결과를 얻도록 돕기 위해, 집단으로 의사소통하는 과정에서 이루어지는 선택들에 대한 분석을 집중적으로 시도할 것이다.

그룹 토론에 대한 우리의 입장은 '모든 사람들은 자신의 입에서 나오는 말을 통제할 수 있다' 는 것이다. 이렇게 자신을 관리함으로써, 사람들은 자신이 속한 그룹의 토론 결과에 긍정적인 영향을 미칠 수 있다. 따라서 우리는 그룹의 상황과는 관계없이, 그룹의 각 구성원이 자신의 의사소통 방식을 효과적으로 통제하는 일이 매우 중요하다고 생각한다.

우리는 이 책을 통해 당신 스스로 자신의 말과 행동을 선택할 수 있도록 도울 것이다. 즉 어떤 말을, 언제, 어디서, 어떻게, 누구에게 어떤 결과를 기대하며 말할 것인가를 명확하게 선택할 수 있도록 돕는 것이다. 우리는 모든 사람이 스스로 자신의 발언을 계획하고 그것을 실행에 옮길 수 있다고 확신하기 때문에, 이를 배움으로써 자기 자신에 대해 자긍심을 가질 수 있을 뿐만 아니라, 그룹 내에서 자신의 가치를 충분히 높일 수 있다고 믿는다. 일단 '말' 에 대한 바탕이 갖춰지면 의사소통과 관련된 다른 행동들, 즉 다른 이들의 말을 경청하고, 토론을 이끌며, 갈등을 조정하고, 토론에 적극적으로 참여하는 것과 같은 좀더 어려운 문제들에 있어서도 가장 효과적인 방법을 선택하는 것이 가능해질 것이다.

아울러 우리는 토론에 참여했을 때 자신의 의사를 효과적으로 알리고 동시에 모든 사람들의 의견을 효율적으로 모을 수 있는 방법에 대해 설명할 것이다. 즉 그룹 토론을 유쾌하고 생산적으로 만들기 위해 취할 수 있는 행동과 말, 그 모두를 제시할 것이다. 이 책의 내용은 온갖 종류의 토론 집단, 즉 교육 집단·사회 집단·연구 및 업무 그룹의 구성원들과 지도자들이 효율적으로 의견을 개진하고 모을 수 있도록 짜여져 있다. 우리의 주된 관심은 서로 다른 개별적 존재들이 함께 존재하는 그룹 내에서, 개인으로서의 당신과 함께 무엇이 존재해야만, 그룹 구성원 모두가 원하는 결과를 효과적으로 성취할 수 있는가에 맞추어져 있다.

그룹 토론을
활용할 수 있는 곳은 어디일까?

'사회'를 완전히
떠나지 않는 이상,
그룹 토론은 절대 피할 수 없다.
피할 수 없다면 더 명확하게,
더 논리적으로, 더 명쾌하게
토론을 이끌어나가는
사람이 되라.

누구에게나 많은 사람들과의 그룹 토론은 인생의 어느 길을 걷든 절대 피할 수 없는 숙명적인 일이다. 어디에 살고 어디에서 일하든 간에, 당신은 집단에 소속될 수밖에 없고 그 안에서 움직이고 생활해야만 하기 때문이다. 아마도 당신도 지금 교육분야, 산업분야, 지역 공동체 중 어느 한 곳, 어쩌면 그보다 더 다양한 집단의 일원으로 활동하고 있을지도 모르겠다.

당신이 아직 교육을 받는 입장에 있는 사람들(예컨대 대학생)이라면 시시때때로 그룹으로 모여 시험공부를 하고, 프로젝트 조사에 착수하고, 혼자 하기는 어려운 과제들을 풀고, 수업료 인상에 대한 불평을 늘어놓느라 밤을 지새울지도 모른다. 그렇지 않다면 한두 군데쯤의 클럽이나 동아리에 가입해 활동하느라 여념이 없을지도 모른다. 대부분의 학생들은 학생회 같은 관리 그룹을 비롯해 향우회 같은 사교 모임, 종교 모임, 지질학 모임, 혹은 독서 모임 같은 다양한 이름의 모임에 가입하여 집단 활동을 하고 수많은 토론에 참가하면서 학창시절을 보낸다.

반면 기업에 몸담고 있는 사람들이라면 세분화된 어떤 팀에 속해, 업무 성과를 높이기 위한 그룹 토론을 자주 할 것이다. 기업에서의 소규모 그룹은 성과의 제고, 아이디어의 창출 등 대개 어떤 문제에 대한 해결방안을 도출하는 부분을 담당한다. 따라서 이런 토론에서는 과거에 그 문제를 어떻게 해결하려고 했는지에 대한 정보를 포함시켜 더욱 더 진보된 결과를 얻고자 노력한다. 이것은 과거에 사용되었던 여러 가지 다양한 해결 방안에 대해 토의를 하거나 그것과는 다른 새로운 해결책을 도출한 후, 최종 결정권을 지닌 개인이나 또 다른 상위 집단에게 보고서로 제출하는 것으로 마무리되는 형식을 갖는다.

두말할 필요도 없이 이러한 일련의 과정들은 계층적 관리 구조로 회사를 운영할 때보다 훨씬 더 효율적이다. 이런 이유로 현재 많은 기업들은 조직 전체를 여러 개의 팀으로 나누어 관리하는 방향으로 회사 구조를 변화시키고 있다. 또한 세분화된 팀 내 토론은 계층적으로 의사를 결정할 때와 같이 불필요한 시간적 낭비가 거의 없고 직원들 사이의 팀워크를 높이는 효과도 있어 모든 부서를 팀 체제로 개편하는 기업들도 지속적으로 생겨나고 있다.

아칸소에 위치한 한 유명 정보관리 회사는 기존의 계층적 관리 구조를 없애고 팀별로 일을 하도록 체제를 정비했다. 그 회사의 한 고

위간부는 "일단 직원들이 시스템의 구조를 이해하게 되면, 팀으로 구성된 조직은 어떤 사안에 대해 각각의 상황에서 그 일에 가장 깊이 관련하고 있는 직원들이 회의를 거쳐 직접 의사결정을 내리도록 한다. 이런 방법을 통해 우리 회사는 의사결정을 하는 데 소요되는 시간을 효율적으로 단축시킬 수 있게 되었다"고 말한다. 그러나 담당자가 결정을 내린다고 해서 의사결정이 결코 한 개인의 독단적인 선택으로 이루어지는 경우는 거의 없다. 적극적으로 팀원들의 의견을 수렴하고 이를 통해 의사결정을 했을 터이므로, 이런 과정은 팀원들 간의 팀워크도 상당히 강화시킬 수 있다.

그룹 토론은 지역 공동체에서 형성된 각종 단체에서도 사용된다. 이런 단체에서는 주로 자금모금 활동이나 공동체 서비스 활동, 정치 활동 등 지역 사회에 일조를 할 수 있는 활동을 계획한다.

예를 들어 정계 입후보자를 후원하기 위한 모임은 각종 토론을 통해 선거 행사일정을 짜고, 선거 운동의 '색깔'을 정하며, 후보자의 이미지를 만들고, 지원자를 모집하고, 자금을 거둔다. 또한 로비 기구, 사회 운동가 협회, 소수민족 단체나 특별이익 단체, 시민 클럽 등도 모두 활동방침에 대한 계획을 세우고 문제를 해결할 때 그룹 토론에 의존한다.

그 밖에 어떤 집단에 가입하더라도 당신은 공동의 목적에 도달하기 위해 다른 사람들과 상호작용하며 활동을 계획할 것이다. 따라서 그룹 내에서 효과적인 토론을 하기 위해서는 우선 각 그룹에 대한 성향 파악이 필요하다. 다음에서는 그에 대해 알아보자.

자신이 속한
조직의 성향을 잘 파악하라

토론을 좀더 효율적으로 진행하기 위해서는 자신이 몸담고 있는 단체가 어떤 성향의 집단인가를 파악하는 곳이 중요하다. 각 집단의 성향에 따라 그룹 토론의 안건으로 상정되는 내용이나 준비 방식이 달라지기 때문이다. 이 책에서는 집단을 아래의 세 가지로 분류한다.

- **과제 집단** – 정보를 모으고 문제를 해결하거나 특정한 과제를 수행하기 위해 형성된 집단
- **사회 집단** – 사회 활동을 계획하고 실행에 옮기고자 하는 공통된 목적으로 형성된 집단
- **교육·자립 집단** – 구성원들이 무엇인가를 배우거나, 배움을 통해 자립할 수 있도록 돕기 위해 형성된 집단

기능에 따라 집단을 구별하는 것은 매우 쉽고 간단해 보인다. 그러나 집단은 매우 다양한 목적을 위해 활동하기 때문에, 그 성향을 분명하게 파악하는 일이 쉽지만은 않다. 종교 단체를 예로 들어보자. 종교 단체와 같은 집단은 전체적인 분위기로 볼 때 사회 집단에 해당될 수 있을 것이다. 언뜻 보면 같은 종교적 믿음을 지닌 사람들끼리 모여 즐거운 시간을 보내는 데 그 의도가 있다고 생각하기 쉽기 때문이다. 하지만 성서에 대해 더 많이 공부하고 배우기 위해 모인다는 점이 강조된다면, 교육 집단으로 분류해야 할지도 모른다. 아울러 그 집단이 선교사를 중심으로 구성되어 있다면 더 많은 사람들에게 성경 지식을 전달하기 위한 과제 집단이 될 수도 있다..

이 밖에 인터넷을 통해 형성된 집단은 흔히 한 가지 이상의 기능을 지니고 있다. 채팅방에 모여 관심 있는 사회 문제에 대해 토론한다면 그 집단은 사회 집단으로서의 성향이 강하다고 볼 수 있다. 또한 각기 다른 지역에 있는 구성원들이 온라인상에 모여 위원회의를 연다면, 이 경우에 그 집단은 과제 집단이 된다. 이처럼, 집단의 성향을 명확히 파악하는 일은 생각보다 쉽지 않다. 다음에서, 집단의 세 가지 성향에 대한 구체적인 예를 몇 가지 살펴보자.

과제 집단

많은 집단이 과제 집단에 해당된다. 대부분의 집단들은 목적과 기능이 관리, 문제해결 혹은 과제 완수에 있기 때문이다(그 예로 학부모 모임, 주택소유자 협회 혹은 효율적인 업무를 위한 팀 등을 들 수 있다). 조직을 기반으로 하는 대부분의 과제 집단은 대개 '위원회 *committee*' 라는 이름으로 활동을 시작한다. 위원회는 보통 일곱 명 이하로 구성된 소규모의 토론 집단이다. 위원회의 특징을 열거하면 다음과 같다.

- 위원회는 더 큰 조직의 일부로서 해결해야 할 특수한 과제를 갖는다.
- 정기적으로 만난다.
- 구성원들은 특별한 지식이나 관심 때문에 위원회에서 일을 한다.
- 구성원들이 반드시 개인적 혹은 사회적 관계에 의해 연결되어 있는 것은 아니다.
- 구성원의 수가 별로 많지 않기 때문에 이름으로 서로를 부를 수 있다(직접 만나서, 혹은 원격지간 회의, 화상 회의나 컴퓨터를 통한 토론 시).

기업은 많은 목적을 위해 위원회를 활용한다. 대개의 기업들은 상임위원회를 두어 재정, 구성원, 행사와 시상 등의 문제를 비롯해 다양한 여러 활동들을 처리한다. 예기치 않은 상황에 처했을 때는 태스크 포스 *task force* 또는 기획 *planning* 집단이 가동된다. 문제를 처리할 적절한 계획이 없고 그에 대해 전적으로 책임질 수 있는 집단이 없을 때, 경영진은 특별 위원회를 구성해 문제가 무엇인지를 확인하고, 조직에 미칠 수 있는 영향을 조사하고 대처 가능한 해결책을 연구한다. 만일 위원회가 쉽게 모이기 어려울 정도로 많은 구성원으로 이루어져 있다면, 분과 위원회를 통해 운영할 수도 있다. 그러나 어느 시점에 이르면 대개의 계획, 연구, 조사, 제안은 위원회를 통해 시행된다.

지방 정부는 시위원회, 공공사업 기관, 평의회, 조사 기구 같은 위원회에 시민들을 끌어들인다. 이들은 대개 보수를 받지 않고 봉사하며, 이런 방법을 통해 공동체에 서비스를 제공하고 공동체의 미래에 영향력을 발휘한다.

사회 집단

사회 집단은 대개 사회 활동을 하려는 인간의 욕구를 충족시키기 위해 형성된 경우가 많다. 타인과의 정기적인 상호작용 없이 살아갈 수 있는 사람은 거의 없기 때문이다. 이런 이유로 사회 집단은 친구들끼리 모여서 저녁을 먹거나 윗사람들에 대한 애교어린 흉을 보는 등 격의 없는 대화를 나누는 친목 모임에서부터 여성회, 종교 단체, 소수 민족 단체, 클럽 같은 고도로 조직화된 집단까지 다양하다. 하지만 사회 집단도 단 한 가지의 성격만 가지고 있지는 않다. 예컨대, 친목회는 보통 사회 집단으로 간주되지만, 공동체 서비스 프로젝트 계획을 위한 위원회를 형성할 때는 과제 집단의 기능을 한다. 또한 경찰을 초빙해 강제적인 성폭행을 방지하기 위한 대안을 제시할 때는 교육 집단의 성향을 띨 수 있다.

교육 · 자립 집단

과제 집단은 사회 활동보다는 공동의 과제를 해결하는 데에 초점을 두고 사회 집단은 의사소통과 소속감에 대한 인간의 욕구를 충족시키는 반면, 교육 · 자립 집단은 지식 습득과 치료를 그 목적으로 한다. 이러한 집단은 개인의 목적과 이익을 강조하기 때문에 과제 집단이나 사회 집단과는 그 성격이 다를 수밖에 없다. 알코올 중독 치료 모임, 체중 감량 모임, 자폐아를 둔 어머니 모임 등은 구성원들이 자신의 문제를 해결하거나 도움을 얻고자 구성된 모임이다.

이 세 가지 유형 집단의 과정과 결과를 혼동하지 않는 것이 중요하다. 사람들은 때때로 교육 · 자립 집단과 과제 집단을 혼동한다. 이런 이유로 과제 집단은 개별 구성원들이 그 과정이나 결과를 통해 이익을 얻지 못한다는 점 때문에 비난을 받는다. 물론 집단 활동에 있어서 개별 구성원들의 관심과 욕구를 존중하는 것은 중요하다. 하지만 그것은 과제 집단의 목적이 아니라, 교육 · 자립 집단의 목표에 가깝다. 집단 내에서 자신의 목표를 결정할 때, 자신이 속한 집단의 기능을 고려해야 함을 잊지 말라. 과제 집단에서 얻을 수 있는 개인적 이익은 집단 내에서 해결책을 개발함으로써 당신이 얻는 만족감이다. 따라서 만약 당신이 개인적 목표를 세우고 집단을 이용해 그 목표를 성취하고자 한다면, 과제 집단이 아니라 교육 · 자립 집단에 가입하는 것이 낫다.

유능한 구성원이 되려면 토론에 강해져라

직장이나 학교에서는 그 안에 속한 집단이 훌륭한 성과를 이루었을 때 다양한 보상을 제시한다. 만약 직장에서 당신이 속한 팀이 어떤 프로젝트를 성공적으로 마쳤다면 당신을 포함한 팀 동료들은 금전적인 보너스, 좋은 인사고과 혹은 경영진으로부터의 인정과 표창이라는 외적 보상을 얻을 것이다. 또한 구성원 모두는 일에 대한 자부심 더불어 스스로에 대한 자신감의 증가라는 내적 보상도 얻을 수도 있을 것이다. 이런 이유에서 당신이 어떤 팀의 일원이라면, 자신에게 주어진 역할을 다해 팀에 기여하는 구성원이 되고자 노력할 것은 당연하다. 그리고 그러한 노력을 통해 자신의 맡은 바 직분을 훌륭히 해낸다면, 자기 자신에 대해 만족감과 자신감 또한 높일 수 있을 것이다. 하지만 당신의 역할을 완벽히 수행하기 위해서는 당신 개인의 능력만큼 구성원들과의 팀워크 또한 상당히 중요하다. 당신이 능력이 아무리 뛰어나다 해도 함께 일해야 할 팀 내 구성원들과 의견차로 인해 불화가 생기거나 커뮤니케이션에서 오류가 발생한다면 능력을 100% 발휘하기란 힘든 일이기 때문이다. 또한 당신이 속한 집단의 구성원들과 프로젝트의 마무리를 위해 소요해야 할 시간을 생각해보라. 그 수많은 시간 동안 집단과 효과적으로 일하기 위해서는 우선 기본적인 의사소통, 즉 프로젝트를 진행하는 데 있어 필요한 사안들에 대해 적절하게 토론하는 법을 배워야만 한다. 당신뿐만 아니라 대부분의 사람들은 능숙하지 않거나 싫어하는 과제를 수행하는 데 시간을 보내는 것을 좋아하지 않는다. 따라서 집단과 효과적으로 일하는 방법(그룹 토론 방법)을 배움으로써 스트레스를 줄일 수 있다.

토론에서 왜 절차가 중요할까

중구난방으로 쏟아지는 의견들을 한 방향으로 모으기란 정말 어렵다. 따라서 명확한 절차가 없다면 아예 토론할 생각을 하지 않는 게 좋다. 시간 낭비가 될 뿐이다.

이따금씩 사람들은 단지 이야기를 나누기 위해 모인다. 그리고 그들은 서로를 친절하고 친밀하게 대한다. 하지만 이러한 친밀감의 표현은 사회적 상호 작용과 가벼운 대화에는 효과적일지 몰라도 어떤 문제를 해결해야만 하는 '토론'에서는 그다지 유용하지 않다. 문제해결을 위한 토론은 감정적이거나 가족적인 분위기로 이어져서는 효율을 낼 수 없기 때문이다. 우선, 해결할 문제가 있을 때 대부분의 사람들은 목적 없이 헤맬 시간이 없다. 둘째, 생산적인 토론에는 논리적 전개, 사실의 숙지, 발표 기술이 필요하다. 이런 의미에서 토론에는 절차가 필요하며, 앞으로 우리가 소개할 표준 의사일정 시스템에는 토론 시 생각을 시스템적으로 전개하는 데 유용한 절차나 방법이 담겨져 있다.

문제해결을 위한 토론에서의 표준 의사일정 시스템의 역사는 성공적이었다. 에닝거는 이렇게 말했다. "대개 판단의 적절성과 타당함을 보장하는 가장 좋은 방법은 그런 결과를 이끌어내는 사고 과정을 통제하는 것이다. 표준 의사일정은 그것을 가능하게 한다"(Ehniger, A logic of discussion method, 1943, p.164). 또한 쉐델과 크로웰은 이렇게 말했다. "효과적인 집단사고를 위해서는, 의사소통이 건전하고 시스템적인 사고를 통해 이루어져야 한다"(Schidel, T. M., Crowell, L., Discussing and deciding, 1979, p.52).

토론에는 문제를 해결할 방법을 도출하는 명확한 절차가 있어야 한다. 어디서든 마찬가지겠지만, 특히나 토론은 토론을 이끌어가는 기본적인 시스템이 없으면 두서없고 무의미한 방향으로 흐를 수밖에 없다. 토론이 두서없고 무의미해지면, 토론의 주체인 그룹 구성원들 또한 효과적인 결정에 필요한 시스템적이고 철저한 조사를 시행할 수 없는 것은 당연한 일이다. 그렇다면 그 토론의 존재 의미는 사라질 수밖에 없다. 따라서 어떤 팀, 어떤 모임이든 토론을 통해 문제해결을 위한 방안을 도출하고자 한다면 그 집단에 알맞은 토론 절차를 가지고 있어야 한다. 토론 절차는 비단 과정의 질서만을 잡아주는 역할뿐만 아니라, 현재 논의되고 있는 쟁점이 정말로 중요한 것인지 아닌지를 결정하는 데 도움이 되기도 한다. 토론을 준비함에 있어 완벽한 절차를 사용하고 있다면, 토론에 상정될 문제들에 대해 모든 구성원들이 정확히 이해하고 공유할 수 있는 과정 또한 포함되어 있을 것이기 때문이다. 이러한 이유로 그룹 토론에 있어 절차는 매우 중요하며, 토론에 관한 책들이 사실상 거의 모두, 한 집단이 기본적으로 활용할 수 있는 토론 절차를 한 가지 이상 제시하는 것이다.

토론에 '표준 의사일정'을 적용하자

공식적인 의사일정이 없으면 토론은 대개 어수선해지고 요점을 잃는다. 이런 이유로 그룹 토론이 시작된 초기에, 많은 전문가들은 철학자 존 듀이(1910년, 1933년)가 발표한 '숙고의 다섯 단계'를 중심으로 토론 절차를 형식화하려는 시도를 했다. 사실 존 듀이의 '생각의 과정'은 개인의 문제해결을 돕기 위한 것으로, 개인적인 문제를 어떻게 해결하는가에 대해 학생들이 스스로 작성한 보고서를 바탕으로 만들어진 것이다. 그 후, 스피치*speech*를 연구하는 학자들은 이 서술적 형식의 단계를 처방적 모델로 바꾸어 문제해결을 위한 그룹 토론 시 활용할 수 있도록 만들었다(맥버니와 핸스, 쉐델과 크로웰을 비롯, 많은 학자들이 노력을 기울였다).

이 책에서 우리는 '표준 의사일정'이라 불리는 토론의 절차를 제시할 것이다. 표준 의사일정은 1966년, 생각의 과정을 연구한 듀이와 다른 학자들의 연구를 토대로 제럴드 M. 필립스가 개발했다. 본래 표준 의사일정은 PERT(Program Evaluation and Review Technique)와 CPM(Critical Path Method) 같은 의사 결정 시스템에 적합하도록 만들어진 것으로, 상품의 제조 공정이나 행정절차 등의 복잡한 과정을 조율하는 데 쓰여졌다. 필립은 이 원리가 모든 유형의 집단에 맞게 변형되어야 한다고 믿었고, 결국 오늘날에는 토론의 절차와 과정을 효율적으로 만드는 데 사용되고 있다.

문제를 해결할 때, 그룹은 토론을 계획하고 목표를 명백히 하기 위해 절차를 이용해야 한다. 그룹의 목표가 개인적인 목적에 우선하긴 하지만, 구성원들에게 그들의 생각과 신념을 희생한 채, 추상적인 그룹의 목표를 받아들이라고 무조건적으로 요구할 수는 없다.

가령 당신의 개인적 목표는 매일 오후 2시에 모든 일과를 끝내고 집으로 돌아가는 것인 반면, 당신이 속한 그룹의 목표는 이번 프로젝트에서 A를 받는 것이라 치자. 물론 이 두 가지 목표가 서로 양립되지 않을 수도 있다. 그러나 당신이 2시에 집으로 돌아가기 위해 늦게까지 회의를 하자는 그룹의 요구에 불응한다거나, 그룹의 다른 구성원이 당신의 개인적 목표를 일방적으로 희생하라고 강요한다면 그 프로젝트는 절대 성공하기 힘들 것이다. 따라서 리더는 각 구성원들의 목표와 생각을 그룹 전체의 공동목표와 합일되는 방향으로 돌릴 지혜를 가지고 있어야 한다. 이런 점에서 표준 의사일정의 첫 번째 단계는 당신의 개인적 목표와 그룹의 목표에 대해 허심탄회하게 토론하고, 그 두 가지 목적이 최대한 훼손되지 않는 범위 내에서 적절한 조정을 이끌어낼 방법을 찾는 데 집중하는 것이다.

　표준 의사일정은 리더는 물론 집단의 모든 구성원들에게 길잡이 역할을 하며, 안정된 절차를 통해 리더와 구성원들의 대화가 집단 전체의 중요한 문제들로부터 벗어나지 않도록 하는 가이드라인이 되어 준다. 또한 사안에 대한 시스템적인 검토와 토론 시 적절한 어휘의 선택, 유익한 비판, 건설적인 갈등 등이 가능하게 해준다. 아울러 그룹 토론의 진척 상황을 판단할 기준과 무엇이 완수되었고 어떤 과제가 남아있는가를 판가름할 지침 또한 제공한다. 무엇보다도 표준 의사일정은 그룹 전체가 제한 시간 내에 일을 할 수 있도록 돕기 때문에 집단이 외부로부터 신뢰를 얻을 수 있도록 한다. 예컨대 회사나 입법부 같은, 정확한 시간 내에 문제에 대한 효과적인 해결책을 전해주길 바라는 단체의 요구에 곧바로 응답할 수 있도록 도와주는 것이다.

표준 의사일정의 기본 단계

1. 자신의 역할과 책임 이해하기 : 그룹 내 각 구성원은 자신이 속한 그룹이 무엇을 해야 하고, 왜 그것을 성취해야 하는지, 어떤 성과를 얻을 수 있을지, 누가 성과를 얻을 것인지, 또한 그 일을 수행하는 데 있어 자신이 해야 할 일은 무엇인지, 그 성과가 어떻게 활용될 것인지를 알아야 한다. 그래야만 좀더 효과적으로 시간을 안배하고, 일정을 정리하며, 갈등을 줄일 수 있다.

2. 질문을 이해하고 말로 표현하기 : 그룹의 모든 구성원들은 문제에 대해 동의하고 어떤 사안에 대해 무슨 일을 할 것인가를 질문을 통해 확실히 파악해야 한다. 아울러 결론을 도출하는 각 단계에 대해 서로 합의해야 한다. 즉 진상조사, 조건 평가, 정책 수립 혹은 문제에 대한 해결책 제시를 어떻게 할 것인지에 대해 명확한 합일점을 찾아야 하는 것이다. 그래야만 그룹 구성원들은 혼란 없이 그 중 일부 혹은 전

부를 수행할 수 있다.

3. **진상조사 :** 그룹은 토론 의제에 대해 정확하다고 확인된 사실들을 수집하고 기록해야 하며, 전문가들로부터 정보에 근거한 의견을 들어야 한다. 그리고 이를 통해, 문제의 본질, 그와 관련된 변천사, 누가 얼마나 영향을 받는지, 그리고 만일 그 문제가 해결되지 않을 경우 초래될 결과와 원인 추정에 대한 상세한 보고서를 작성한다. 진상조사가 끝날 무렵에는 문제를 요약하고, 미진하다고 생각하는 부분에는 다시 질문과 조사를 실시해, 가능한 리스크의 발생을 줄이도록 해야 한다.

4. **기준과 한계점 정하기 :** 문제에 대한 해결책이 도출되면, 이를 통해 어떠한 변화가 일어날지 설명할 수 있어야 한다. 즉, 여러 가지 대안 중에서 어떤 해결책을 선택할 것인지에 대한 기준 목록을 작성하고, 그 해결책을 제한할 수 있을 한계점은 무엇인가를 살펴봐야 한다. 또한 해결책이 가져올 부정적 결과 역시 예측해야 한다.

5. **해결책을 발견하고 선택하기 :** 최적의 해결책을 도출하기 위해서는 가능한 한 많은 해결책을 제시하고 검토해야 한다. 그런 다음 가장 적절한 해결책을 선택하거나 가능한 것들 중 한 가지를 택해 보강해야 한다.

6. **최종 보고서 준비하고 제출하기 :** 흔히 최종 보고서에는 문제에 대한 검토, 문제해결 단계의 검토, 해결책에 대한 상세한 설명, 해결책에 대한 옹호가 포함된다.

왜 토론에서
표준 의사일정이 탁월한가?

아마도 당신은 왜 우리가 '표준 의사일정'이라는 하나의 토론 절차에만 집중하는지 의아할 것이다. '어쨌든 그룹 토론은 많은 이유로 인해 시행되지 않는가. 그렇다면 가능한 한 다양한 절차를 배우는 편이 효과적이지 않을까?' 하는 생각을 머릿속에 떠올리고 있을지도 모르겠다. 또한 당신은 한 가지 방법만을 알고 있으면 또 다른 상황에 처했을 때 자신의 능력에 한계가 생길 가능성이 높아진다고 생각할 지도 모른다. 그러나 우리는 위의 세 가지 이유 때문에 유독 '표준 의사일정'이라는 한 가지 방법에만 중점을 둔다. 토론분야의 전문가들인 우리 4명의 필자들 모두 '표준 의사일정'이야말로 문제해결을 위한 토론 방법 중 가장 완전하고, 가장 융통성 있는 대안을 제한다고 믿기 때문이다. 아울러 표준 의사일정은 오랜 세월에 걸쳐 입증된 것이기도 하다. 이에 대해 다음에서 좀더 자세히 알아보도록 하자.

토론의 완전성

표준 의사일정에서 얻을 수 있는 중요한 이점 중 하나는 바로 완전성이다. 표준 의사일정은 그룹 토론을 통해 문제를 어떻게 해결할 수 있는지를 쉽게 이해하도록 돕는다. 그룹 토론에 관한 서적들에 제시된, 보다 새로운 많은 모델들은 사실상 축약된 것으로 완전성이 떨어진다. 다음 단락에서 다루겠지만, 특정 그룹의 목적을 성취하는 데 모든 단계가 필요하지는 않다. 그러나 표준 의사일정은 필요한 경우 문제해결 과정에 대한 완전한 개요를 제공한다.

토론의 융통성

표준 의사일정의 두 번째 이점은 융통성이다. 리더와 참여자는 특수한 상황에 맞게 토론 절차를 변형할 수 있다. 간혹 몇몇 단계를 생략하는 것이 적절한 경우도 있다. 만일 당신이 진상조사를 맡을 사람으로 지명된다면, 당신의 목표는 어떤 상황이 안고 있는 사실에 대한 조사 결과 보고서를 준비하는 것으로 제한된다. 당신은 기준이나 한계점을 정할 필요도, 대안적인 해결책을 평가할 필요도 없다. 그러나 당신에 뒤이어 누군가 해결책을 제시해야 하는 의무를 부과받는다면, 그는 당신의 진상조사 결과를 토대로 해결책을 제안해야 할 것이다. 그렇다면 그는 표준 의사 일정의 시작 단계(당신이 이미 완료한 단계)를 생략하고 마무리 단계만을 취하는 것이 현명하다.

이처럼 토론에 참가하는 사람들이 절차에 있어서 정형화된 모든 요소를 인식하고 있으면, 설사 몇몇 단계가 생략되어 있다고 하더라도 토론의 중요한 요소가 빠질 가능성이 적어진다. 즉 가장 완전하고 가장 융통성 있는 방법을 배우면 그룹은 가장 폭넓은 선택 범위의 한도는 어느 정도인지, 각 단계에 어떤 방법을 적용할 것인지, 그 과정의 일부나 전체를 언제 건너뛸지를 결정할 정보적 근거를 지닐 수 있다.

오랜 세월에 걸쳐 입증된 토론 기술

우리가 표준 의사일정을 집중적으로 다루는 세 번째이자 가장 설득력 있는 이유는, 표준 의사일정이 오랜 시간에 걸쳐 질적으로 유용성이 입증되었다는 점이다. 맥버니와 핸스가 존 듀이의 글(1910년)을 토대로 만든 표준 의사일정의 초기 형식을 발표한 1939년 이후, 그 방법은 교육과 실제 양면에서 폭넓게 이용되었다. 그렇게 표준 의사일정은 적어도 60년 동안 교육, 연구, 컨설팅에서 탁월한 지위를 지켜왔다.

경영대학원, 공공 계획 위원회, 조직 위원회는 모두 표준 의사일정을 이용한다. 또한 표준 의사일정은 사회 과학 분야에서 토론의 기본 형식으로 이용된다. 이 방법은 가장 효과적인 결과를 낳기 때문에 그처럼 폭넓고 지속적인 인기를 누리는 것이다. 다양한 문제해결 형식을 비교한 한 연구에서, 전문가들은 듀이로부터 비롯된 모델(표준 의사일정)이 특정 집단과 과제에 맞게 변형될 수 있는 이상적인 기준을 제공한다(Poole, H. C., Decision development in small groups Ⅰ, 1981)는 결론을 내렸다. 당신이 팀을 이뤄 진상조사 작업, 혹은 문제해결(아니면 양자 모두) 활동을 한다면 표준 의사일정이야말로 당신이 직면할 수 있는 모든 토론 과제에 적합하다는 것을 발견하게 될 것이다.

당신의 선택이
토론의 효율성을 좌우한다

자신의 의사소통 방식을 통제할 수 있는 능력은 인간으로서 가장 귀중한 자산 중 하나이다. 인간은 누구든 정해진 운명을 타고 난 것이 아니다. 당신에게는 선택권이 있다. 산을 움직일 수는 없을지라도, 우리 모두는 각자 주위에 있는 사람들에게 영향을 미칠 수 있는 능력을 지니고 있다. 특히 어떤 팀 혹은 조직에서 일을 할 때 더 그렇다. 따라서 당신이 어떤 선택을 하느냐에 따라 당신이 속한 그룹 토론의 성공 여부가 결정될 수 있다.

효과적인 토론자가 되려면 우선 선택을 할 수 있는 기회를 인지하고, 다음으로 유용한 선택이 무엇인지 숙고해야 한다. 따라서 토론에 앞서 당신은 자신이 속한 그룹에 대해 더 많이 배우고 더 훌륭한 참여자가 되기로 마음 먹어야 한다. 처음부터 훌륭한 구성원으로 태어나는 사람은 없다. 만일 당신이 한 팀의 구성원으로서 자신에게 기대되는 바가 무엇인지를 알고, 그 기대에 부합할 수 있을 만큼 노력을 기울인다면, 당신의 선택 능력은 눈에 띄게 발전할 것이다.

당신은 참여의 성격과 유형을 거의 무제한 적으로 선택할 수 있다. 다시 말해 한 가지 형태의 행동만을 계속 고집할 필요가 없다는 말이다. 사실, 당신이 행동하거나 행동하지 않을 때, 말을 하거나 말을 하지 않을 때, 독단적인 어조 혹은 회유적인 눈길로 혹은 높은 열의를 가지고 비판할 때, 당신은 이미 선택을 한 것이다. 의식적이건 무의식적이건, 이것과 저것 중 한 가지를 실험하기로 결정을 내린 상태인 것이다. 심지어 친구들이 당신으로부터 특정한 행동을 기대할 때조차, 그것과는 다르게 행동할 권리와 능력을 가지고 있다. 우리가 이것을 당신에게 상기시키는 이유는, 토론을 할 때 자신의 생각을 제대로 표현하지 못하고 남의 주장만 좇는 경우를 많이 볼 수 있기 때문이다. 물론 그것도 하나의 선택일 수 있으나, 결코 바람직한 선택이라고 말할 수는 없다. 오직 당신의 의지대로 선택할 때 효과적인 그룹 토론이 가능하다는 것을 잊지 말라.

당신은 이 책을 어떻게 사용할지에 대해서도 선택권을 가진다. 다음 단원들에서 우리는 그룹 토론에 관한 몇 가지 중요한 개념을 소개할 것이다. 우리는 변화할 수 있는 기회와 그룹 내에서 개인이 효과적인 선택을 할 수 있는 전략을 제시하려고 한다. 이 책의 마지막 여섯 개 단원에는 표준 의사일정 단계가 상세히 설명되어 있다. 우리는 그 과정을 차근차근 설명하고, 각각의 경우 목표를 이루기 위해서 집단이 해결해야 할 일과 각 구성원과 리더가 해야 할 일을 설명할 것이다. 만약 당신이 원한다면 곧장 4단원으로 가서 토론 문제에 대한 실제적인 공부를 먼저 시작할 수도 있다. 처음 세 개 단원은 나중에 읽어보면 된다. 어쩌면 당신은 순서에 관계없이 이 단원 저 단원을 보면서, 자신의 실제 상황과 표준 의사일정의 개념들을 결합시킬지도 모른다. 심지어 이 책을 활용할 가장 효과적인 방법에 대해 그룹 토론을 할 수도 있다.

단, 토론에 대해 배운다고 해서 반드시 당신이 유능해지는 것은 아니며 당신의 참여를 높이기 위해는 새로운 기술을 연습해야 한다는 것을 명심하라. 그룹 토론에 임할 때에는 이론과 실제가 겸비되어 있어야 한다. 토론이나 그 밖의 의사소통에 대한 당신의 선택은 현명할 수도 있고 그렇지 않을 수도 있다. 아울러 그 선택이 효과적일 수도 있고 효과가 없을 수도 있다. 그러나, 여기서 변하지 않는 것은 당신이 취하는 각각의 선택은 의무를 수반한다는 사실이다.

만일 리더에게 당신이 원하는 것을 말하지 못한다면, 그 결과를 각오해야 한다. 즉 리더가 어떤 결론을 내리든 이를 수용해야 하는 것이다. 마찬가지로 문제를 해결하기 위해 각 구성원들의 의견을 조사하는 데 시간을 들이지 않는다면, 그 결과에 대해 단단히 각오하는 것이 좋다. 윗사람들은 최종 보고서가 요점도 없고 오점투성이라면 당연히 불만을 나타낼 것이다. 또한 인종차별적, 성차별적 혹은 동성애 비판적 발언을 한다면, 다른 구성원들에게 불쾌감을 줄 수도 있다. 그룹 내 대인관계의 변화에 따라 자신을 맞춰야 한다. 각각의 경우 당신은 한 가지 선택을 한 것이고, 모든 선택은 결과를 수반한다. 바로 이러한 이유로, 토론을 할 때는 어떻게 행동하고 무슨 말을 할 것인가를 신중하게 고려해야만 한다.

토론이 효과를 내지 못하는 이유

집단이 한 시스템으로서 효과적으로 기능을 하지 못하는 이유로는 여러 가지를 들 수 있다. 우리는 일반인들을 상대로, 그룹으로 일할 때 어떤 문제를 겪는지 질문한 후 이를 통해 많은 사람들이 털어놓는 불평 네 가지를 아래와 같이 정리했다.

능률성이 떨어진다

많은 사람들은 그들이 참여한 토론 중 일부가 시간 낭비였다고 생각한다. 그들은 대개 집단적으로 의견을 모으는 것이 효율적이라고 생각하지 않는데, 그 이유는 많은 사람들이 과제를 해결하기 위해 말하기보다 '말하는 것을 좋아하기 때문'에 말을 하고, 여러 사람이 모여 있으면 '할 말이 전혀 없거나 말을 하려고 해도 시간이 너무 오래 걸려 포기하는 경우가 생기기 때문'이다.

분명 토론은 시간 낭비가 될 수도 있다. 그러나 이는 그 과정에 내재되어 있는 몇 가지 약점 때문이 아니다. 사실 사람들이 모여 토론을 한다고 해서 마법처럼 해결책이 찾아지지는 않는다. 이런 이유로 그룹 토론은 집단 내 시스템의 모든 부분이 작용한다는 것을 확신할 수 있을 때에만 효과를 가질 수 있다. 예를 들면, 자동차는 모든 부품들이 함께 작용하는 하나의 시스템이다. 만일 자동차에 기름을 넣지 않거나 엔진오일을 갈아주지 않으면 자동차는 우리를 목적지까지 데려다 줄 수 없다. 그것은 자동차가 본래 성능이 좋지 않았기 때문이 아니라, 관리가 필요하기 때문이다.

마찬가지로 한 팀의 구성원이 토론 준비를 제대로 하지 못했을 경우, 그 팀은 유용한 의견이나 행동을 내놓을 수 없다. 결국 리더가 구성원들을 생산적인 방향으로 이끄는 능력이 없으면, 토론은 아마 뒤죽박죽이 되거나 유쾌하지만 비생산적이고 자기주장만 내세우는 잡담으로 전락하게 되는 것이다. 리더와 구성원이 효과적이고 의미 있는 토론을 위한 요건을 이해하고 실행하지 못한다면 토론 과정은 시간 낭비가 되고 생산성은 떨어지게 된다.

분위기가 삭막하다

두 번째 불평은 분위기에 관한 것이다. 어디든 공격적으로 말을 하는 사람이 있기 마련이고, 대부분의 사람들은 그와 맞설 준비가 제대로 되어 있지 않다. 또한 많은 사람들은 갈등을 겪는 것을 좋아하지 않기 때문에 무조건 이를 피하려고 하는 경향이 강하다. 결국 공격적인 사람과 그 공격을 이겨내지 못하는 사람이 타협점을 찾지 못하면 토론 분위기는 삭막하고 부담스럽게 변할 수밖에 없다. 대개 두세 번 정도 심한 반론을 받은 사람들은 회의 내내 말없이 앉아 있게 되므로, 공격적인 사람만 자기 주장을 내세우게 방치하면 불균형적인 토론이 될 가능성이 높다.

물론 이러한 난관 역시 항상 존재하는 것은 아니다. 하지만 그룹의 구성원은 다른 사람들을 대할 때 자신의 행동을 신중하게 선택해야 한다. 그룹 전체의 분위기에 영향을 미칠 선택을 하게 될 때, 문화적 차이를 염두에 두어야 함을 잊지 말기 바란다. 어떤 문화권에서는 적극적으로 말하거나 시선을 맞추는 것을 좋아하지 않는다. 만일 어떤 사람이 말하는 내용이 적절하지 않다는 생각 때문에 그를 무시하기 시작한다면, 아주 중요한 아이디어 하나를 놓칠 수도 있다.

여기서 오해를 부를 수 있는 예를 한 가지 살펴보자. 대개 백인 여성들은 흑인 여성들보다 더 자주 미소를 짓는 경향이 있다(Wood, J. T., Gendered lives : Communication, gender, and culture, 2001, p.149)고 한다. 이런 상황에서 대개 어떤 사람들은 웃지 않는 것을 불친절하다고 해석하고, 또 어떤 이들은 지나치게 미소 짓는 것을 이상하게 생각할 수 있다.

따라서 사람들이 제각기 다른 방식으로 의사소통을 한다는 사실을 이해하는 것이 중요하다. 첫 모임을 가질 때 앞으로 토론이 어떻게 진행될 것인지 공개적으로 이야기하라. 그리고 마음을 열고 구성원들 각자의 차이점에 대해 질문하고 답하면서 이해의 폭을 넓힐 수 있도록 유도하라.

개인적인 감정이 너무 많이 개입된다

세 번째 불평은 개인적 감정을 드러내는 것에 대한 적절성과 역할에 대한 혼란이다. 어떤 그룹은 토론 시 구성원들의 개인적인 감정 표현을 중요시하기도 하지만, 치료가 목적이 아닌 문제해결 상황에서 그렇게 하는 것은 문제를 일으킬 가능성이 있다. 문제해결을 위한 모임에서는 주로 과제에 중점을 두어야 한다. '과제'라는 한 가지 목표에 몰입할 수 있을 때에만 호의적이고 만족스러운 인간관계가 형성될 수 있기 때문이다. 물론 인간이기에 감정을 완전히 배제할 수는 없을 것이다. 하지만 감정이 전혀 도움이 되지 않는 상황에서 감정만을 내세우는 것은 토론의 전체적인 효과를 떨어뜨린다. 따라서 그룹의 사소한 부분이라도 모임의 기능에 기여해야 한다는 것을 인지함으로써, 개인적 감정을 문제해결을 방해하는 것이 아니라 오히려 이를 도울 수 있는 방향으로 컨트롤해야 한다. 이를 위해 다음 단원에서는 개인적 감정의 역할에 대한 선택과, 그 선택이 가져오는 효과에 대해 보다 상세히 설명하겠다.

자신의 의견을 적극적으로 개진하기 어렵다

흔히 토론 과정에서 여섯 명 중 다섯 명의 구성원이 한 가지 생각에 동의할 때, 나머지 한 명의 구성원은 까다롭게 굴지 않으려고 다수의 의견에 따르는 경향이 있다. 이는 결코 '만장일치'가 아니다. 하지만 반대 의견을 가진 사람은 혼자 거부를 할 때 느끼는 난처함과, 귀중한 시간을 소모하고 있다는 그룹의 분노를 견뎌내기를 원하지 않기 때문에 이런 상황은 종종 갈등을 초래한다.

　개인이 그룹 속에서 한 개인으로 남아 생각을 자유롭게 표현하는 것은 매우 중요하다. 토론 과정은 다양한 개인의 생각을 종합해 '최대 다수의 최대 이익'을 얻기 위해 고안된 것이다. 따라서 개인의 견해가 표현되지 않으면 이는 진정한 결과가 될 수 없다. 이견을 적극적으로 말하는 것이 토론을 생산적인 분위기로 이끌 수 있다는 사실을 기억하라. 반대 의견을 자유롭게 말할 수 있는 상황에서 가장 효과적인 결론을 얻을 수 있다. 구성원은 반대 의견을 제시할 수 있는 분위기가 조성되어 있지 않다고 생각하면 생각을 제대로 표현하지 않을 것이다. 그리하여 손해를 입는 것은 결국 그룹 전체이다.

당신이 속한 그룹을 하나의 시스템으로 이해하라

아마도 당신은 이제껏 수많은 그룹 토론에 참여했을 것이다. 반 모임, 학생회의, 점심시간에 친구들과 수다 떨기, 조 모임 등 일상생활에서 자연스럽게 하게 되는 대화들도 넓게는 그룹 토론이라 할 수 있기 때문이다. 이런 과정에서 어떤 토론에서는 상당한 만족감을 얻었지만, 다른 토론에서는 그렇지 못한 경우를 겪었던 적도 있을 것이다. 그리고 이런 그룹 토론 과정에서 왜 특정 집단에서 일을 할 때는 그 밖의 다른 집단에서 일하는 것보다 훨씬 생산적이고 편안하게 느껴지는지, 쉽게 설명하기 어려운 느낌도 받았을 것이다. 그룹 토론이 시스템적이고 원활하게 진행되지 않을 때, 사람들은 그 그룹 자체에 실망감과 당혹감을 느끼게 되고, 심지어 어떤 모임들은 너무 뒤죽박죽이라 그 집단의 구성원으로 참여한 자신이 도무지 이해되지 않는 상황이 생길 수도 있다.

알고 있는 바이겠지만 어느 집단이든 집단은 매우 복잡한 양상을 띤다. 집단의 구성원 자체가 복잡하고 그들이 가지고 있는 개성 또한 모두 다르기 때문이다. 이런 이유로 각 집단은 내부에서 작용하는 여러 영향으로 인해 독특한 경험을 하게 된다. 그러므로 집단을 잘 이해하기 위해서는 집단 내에서 동시에 작용하는 수많은 힘들을 통제할 수 있는 강력한 이론적 기준이 필요하다.

진정 효율적인 토론을 원한다면, 전체 시스템을 파악하라

어떤 시스템도 그것을 사용할 구성원과 유리되어 있다면 제 기능을 다할 수 없다. 따라서 구성원들은 자신이 몸담고 있는 그룹의 모든 시스템을 명확히 파악하고 있어야 한다.

일반적으로 알려진 시스템 이론*systems theory*은 이론 생물학자인 루드비히 본 베르타란피 *Ludwig von Bertalanffy*가 주창한 것이다.

이 이론은 시스템(가령 하나의 집단)을 서로 관련되어 상호작용을 하는 부분들로 이루어진 조직체로 규정한다. 이런 이유로 시스템은 주변 환경의 영향을 받는 가운데 스스로 균형을 유지하려고 노력하고, 각 부분을 통제한다.

예를 들어 꽃을 떠올려 보자. 꽃은 뿌리, 잎, 줄기, 봉오리로 구성되어 있고 그 모든 것은 독특한, 개별적인 부분이다. 그러나 이러한 각각의 부분은 모두 그 유기체의 본질과 연관이 있다. 즉 뿌리에서 일어나는 일은 뿌리 자신뿐만 아니라 잎, 줄기, 봉오리에 영향을 미쳐 결과적으로는 꽃 자체에 영향을 미치게 된다. 아울러 외부 환경에서 오는 힘(비, 태양, 옮겨심기 등) 역시 꽃의 모든 요소에 영향을 미친다.

결국 모든 시스템은 부분이 전체에, 전체가 부분에 영향을 미치는 상호 유기적인 관계를 맺고 있는 것이다.

마찬가지로 하나의 그룹은 어떠한 경험의 일부가 되기 위해 함께 일하는 각각의 여러 부분들(개별 구성원들)로 구성된다. 이런 이유로 모든 그룹은 독특하다. 설사 같은 구성원들이 또 다시 어떤 집단으로 모인다 하더라도, 그 환경의 외부적 힘(예를 들면 해산, 새로운 일, 다른 의제 혹은 인간적 발전)이 그 그룹의 다음 활동에 영향을 미칠 것이기 때문이다. 따라서 그룹은 하나의 시스템으로 이해하는 것이 적절하다. 이의 연장선상에서 그룹 토론에 임할 때 어떤 자세를 가져야 하는가는 다음의 네 가지로 정리할 수 있다.

토론은 그룹의 전체 시스템을 포괄하는 관점에서 이루어져야 한다

어떤 경우에서든 그룹에서 부분을 전체와 따로 떼어 이해할 수는 없다. 그룹의 부분을 그룹 밖으로 끄집어내면 왜곡 현상이 일어나기 때문이다. 가령, 우리는 집단의 규범, 권력 구조, 리더십 등을 고려하지 않으면 구성원의 행동 방식을 설명할 수 없다. 이와 마찬가지로, 한 그룹이 내린 결정을 설명하기 위해서는 구성원의 목표, 리더십 스타일, 그 그룹이 사용한 자료, 그리고 많은 다른 요인들을 분석해야 한다.

예를 들어, 당신이 다니고 있는 학교는 이런 시스템으로 돌아가고 있을 것이다. 교사들은 학생들의 특성에 맞춰 교수법을 결정한다. 학생들의 특성은 수업료에 따라 달라진다. 수업료는 자금 공급에 의해 좌우된다. 자금 공급은 교직원들의 사기에 영향을 미치고, 이는 또한 그들이 학생들을 어떻게 다루는가에 영향을 미친다. 학생들은 교수법에 반응하고, 이는 순환적으로 서로에게 영향을 미치게 된다.

토론에 참여할 때 정황을 배제한 채 그룹의 부분만을 분석하는 일이 없도록 하라. 모든 요소는 시스템 전체를 바라볼 때 이해될 수 있고, 시스템 또한 세부 요소를 명확하게 분석했을 때 파악될 수 있다는 것을 잊지 말아야 한다.

시스템은 단순히 부분들의 총합이 아니다

한 그룹의 시스템은 단순히 그룹 내의 모든 개별적인 부분을 합치는 것만으로 이해될 수 없다. 다시 말해 집단의 구성원들, 물리적 환경, 의사소통 양식, 집단의 결론을 살펴보는 것만으로는 정확한 상황을 파악할 수 없다. 집단의 상호 작용, 즉 물리적 환경이 구성원들의 의사소통 양식에 어떻게 영향을 미치고 그 결과가 성과에 어떤 영향을 미치는지를 살펴보아야 하는 것이다.

> ☑ 당신과 같은 팀에 속해 있는 사람들을 생각해보라. 만일 많은 프로젝트를 함께 완수했던 사람과 같은 팀에 배치되었다면 그 활동은 어떻게 진행될까? 당신이 모르는 사람과 같은 팀에 속하게 됐다면? 당신이 좋아하는 사람, 혹은 싫어하는 사람과 일하게 되었다면?

그룹 내에서, 부분들은 처음에 존재하지 않았던 새로운 특징을 창조하기 위해 역동적으로 상호작용 한다. 가령 쟈크는 그룹 밖에서 성격이 아주 조용한 사람이지만, 붙임성 있고 명랑한 레크샤 덕분에 자극을 받게 된다. 점차 쟈크와 레크샤는 그룹 내에서 독특한 관계를 발전시킨다. 그룹의 다른 구성원들은 쟈크와 레크샤의 변화된 태도만 느끼는 것이 아니라 그 두 사람의 긴밀한 만남 또한 마주하게 된다. 이와 같이 다른 구성원들 역시 다른 개인들과 관계를 맺게 된다. 그리고 이러한 관계들은 시간이 가면서 의사소통 양식에 반응해 그룹이 새로운 특성을 보이도록 만든다. 가령, 쟈크와 레크샤가 싸우게 된다면 그 그룹 내의 의사소통 흐름은 곧 바뀌게 될 것이다. 이 과정은 활발한(개방) 시스템의 특징인 역동적 상호작용을 반영한다. 시스템은 일단 형성되면 그 자체를 규정하고 재규정하는 지속적인 과정에 착수하고, 내부와 외부의 사건에 저항하며 스스로를 존속시키려 끊임없이 변화한다.

시스템의 모든 부분은 역동적으로 상호작용 한다

시스템의 모든 부분들은 복잡하게 서로 연결되어 있다. 그리고 각 부분은 다른 모든 부분에 영향을 미친다. 이런 이유로 많은 시스템 이론가들은 시스템에서 어느 한 부분이 바뀌면 다른 모든 부분에 변화가 일어난다고 말한다. 한 요소가 바뀔 경우, 그 시스템이 바람직한 상태로 존속하려면 다른 모든 요소들이 새로운 변화에 순응해야 하기 때문이다.

☑ 그룹 구성원 중 근면하고 인기 많은 사람이 갑자기 그만두어야 할 상황이 벌어진 적이 있는가? 그룹 내 흐름이 어떻게 바뀌었는가?

어떤 변화들은 명백하고 직접적인 영향을 미친다. 예를 들어 가장 활발한 활동을 펼치던 아론이 그룹 활동에 참여하려 들지 않으면, 다른 구성원들의 참여도와 만족감은 줄어들 수 있다. 한 사람이 보이는 부정적인 태도가 구성원 전체의 참여와 만족감에 영향을 미치게 되는 것이다. 따라서 그룹 내에서는 단 한 명의 행동이라도 전체 시스템을 발전적으로 이끄는 방향으로 이루어져야 한다.

> ☑ 상사가 제안한 해결안에 대해 토론중이다. 그런데 이점보다는 문제점에 대한 이야기가 훨씬 더 많이 나오고 있다. 토론 중에, 해결안을 제안한 상사가 들어와서 내용을 듣는다면 그것은 토론에 어떤 영향을 주게 될까?

시스템은 환경과 서로 영향을 주며 상호작용 한다

우리가 한 그룹의 부분들을 따로 떼어놓고 생각할 수 없듯이, 그룹의 전체 역시 주위 상황과 별개로 생각할 수 없다. 어느 집단이든 다른 많은 시스템들, 즉 조직, 회사, 지역 사회, 문화에 뿌리를 두고 있다. 집단은 그것이 속해 있는 더 큰 환경의 부분이기 때문에 이러한 환경에 영향을 미치고 환경의 영향을 받는다. 가령, 위원회는 그것이 소속되어 있는 조직체를 위해 정책을 제시하고, 조직체는 위원회 구성원들에게 회의 장소와 급료를 제공하며 이는 조직체에 대한 구성원들의 태도를 형성한다. 아울러 각 구성원들의 태도는 그룹 내에서 표현되는 의견에 반영되고, 그 의견은 정책에 영향을 미치며, 정책은 다시 구성원들에게 영향을 미치는 방식으로 순환한다. 그렇게 서로가 서로에게 영향을 미치게 된다는 것이다.

이런 이유로 어떤 경우에든 그룹은 환경의 다른 부분들과 상호작용을 한다. 하지만 여러 시스템의 요구가 서로 양립할 수 없기 때문에 그룹 내에는 갈등이 일어날 가능성이 항상 잠재되어 있다. 예컨대 구성원들은 개인적인 일 때문에 그룹에 능률적으로 참여할 시간과 에너지가 모자랄 수 있고, 결국 이것은 긴장과 스트레스로 나타나게 된다. 이것이 극심해지면 구성원들은 자신이 속한 여러 시스템 중 일부에 대한 회원 자격을 포기하거나, 그 그룹에 들여야 할 시간과 노력을 줄이거나, 신체적, 감정적 피로 때문에 고통을 겪을 수 있다.

사람들은 때때로 두 가지 혹은 그 이상의 시스템이 갖는 가치 사이에서 이익이 갈등하는 것을 경험하게 된다. 예를 들면 급여를 인상하려는 피고용인과 최대한 낮게 책정하려는 회사는 서로의 이익적인 면에서 갈등한다. 고액의 급료는 회사를 파산시킬 수도 있고, 반면 낮은 급료는 피고용인들의 생활을 어렵게 할 수 있으므로 이 사이에서의 갈등은 어쩔 수 없는 것으로 보인다. 원자력 발전소에서 근무하는 동시에 시에라 클럽(미국에 있는 가장 큰 민간 환경보존단체)에 가입해 있는 사람의 상충되는 감정에 대해 생각해 보자. 이 두 시스템은 상충하는 가치관을 지니므로, 갈등이 발생할 수밖에 없다.

따라서 그룹 내에서 이런 갈등 요인을 줄이려면, 개별 구성원들은 물론 그룹 전체적으로도 확고하고 명확한 하나의 시스템을 가져야 한다. 그래야만 부분들과의 상호작용에서 문제가 발생할 가능성이 줄어들며, 좀더 효과적인 시스템으로 나아갈 수 있다.

토론에 대해 미리 학습하라

어떤 것이든 그것을 자신의 생각대로 만들고 싶다면 그에 대한 기본적인 상식을 갖는 것은 기본적인 일이다. 그러나 많은 사람들은 토론에 대해 아무런 지식도 갖고 있지 않으면서, 토론이란 비효율적인 것이라고 불만을 늘어놓곤 한다. 어떤 경우에서든 무지는 일의 효율성을 저해하는 최대 난적이다. 따라서 효과적인 그룹 토론을 원한다면 당신 또한 토론에 대한 기본적인 지식을 가지고 있어야 한다.

토론에 대해 배울 수 있는 방법에는 두 가지가 있다. 첫째, 토론에 관한 정보를 얻을 도구를 찾는다. 이 책이 바로 그러한 정보의 보고이다. 교사나 상급자 또한 정보를 제공할 수 있다. 일단 정보를 얻기 시작하면, 당신은 이 새로운 정보가 당신의 인생에 어떤 의미가 있는지 생각하기 시작할 것이다. 한 그룹의 구성원으로서 지냈던 과거의 경험을 되짚어보라. 당신은 그룹 상황에서 얼마나 훌륭하게 자신의 역할을 수행했는가? 자신이 기여한 정도에 만족했는가? 준비가 된 상태였나? 발휘하고 싶었던 영향력을 행사했는가? 사람들이 당신에게 주목했는가? 당신의 행동과 이 책에 설명된 행동을 비교해보라. 무엇을 배워야 한다고 생각하는가? 당신의 직장 생활에서 앞으로 토론이 하게 될 역할에 대해 생각해보라. 새로운 직무를 맡았을 때, 그룹 토론에 관한 정보가 당신에게 얼마나 도움이 될 것인가?

두 번째 방법은 연습을 통해 토론 기술을 개발하는 것이다. 물론 유능한 구성원이 되기 위해 토론 기술을 배운다고 해서 당신이 그 기술을 100% 실행할 수 있으리라는 보장은 없다. 하지만 정식으로 연습을 하고 평가를 받게 된다면, 언젠가는 당신이 원하는 대로 능력을 발휘할 기회가 올 것이다. 장소가 어디든 실제 토론에 참여하고자 노력해보라. 정보를 습득하고, 실제로 참여하고, 다른 사람들을 관찰하게 되면, 당신은 곧 당신만의 스타일을 개발할 수 있다. 아울러 교사나 상급자의 사람들의 비평을 귀담아 들으면 잘못을 고치기가 쉬워져 더욱 효과적으로 행동 방법을 터득할 수 있을 것이다.

우리는 단순히 토론에 관한 책을 읽음으로써 그것을 정복하는 방법을 배울 수 있다고는 생각하지 않는다. 따라서 가능한 한 언제 어디에서든 토론을 관찰하고 참여할 것을 권한다.

효과적인 시스템이
토론을 원활하게 한다

목표지향적인 분위기를
조성하고, 공공 의사일정에
의해 토론을 조정하며,
토론을 중재할 리더를
선출하는 등 효과적인
토론 시스템을 갖추고 있어야
토론이 원활해진다.

앞서 언급했듯이, 훌륭한 그룹 토론은 저절로 되는 것이 아니다. 모든 구성원들이 노력을 기울여야만 토론은 효과를 낼 수 있다. 효율적인 토론을 위해 토론중에 발생하는 일들에 관해 몇 가지 기초 가정을 세워 보자. 효과적인 그룹 토론을 위한 다섯 가지 기초 전제는 다음과 같다.

목표 지향적인 분위기를 조성하라

우리는 사람들이 집단으로 모여 함께 하는 모든 대화를 그룹 토론이라고 부르지는 않는다. 우리는 단순히 사회화나 치료를 목적으로 하는 집단에는 관심이 없다. 소규모의 사람들이 특별한 주제 없이 담소를 나누고 자신의 생각을 서로 나누는 것은 그룹 토론이 아니라 그룹 대화이다. 대화는 그 목적이 분명하게 정해져 있지 않으므로, 토론과는 엄격히 다르다.

따라서 토론을 대화와 구분하고, 보다 효율적으로 이끌기 위해서는 공공의 목표와 일관된 절차가 있어야 한다. 그룹 토론은 결정을 내리고, 문제를 해결하고, 정책을 선언하고, 프로그램을 평가하고, 사실을 수집·조사하고, 운영을 관리하고, 사원을 선발하는 등의 특정한 목적을 가지고 그룹을 형성한 사람들 간의 대화이다. 우리가 이 책에서 상세히 설명할 문제해결 그룹들은 거의 항상 어떠한 형식적인 결과를 요구한다.

당신이 속한 그룹이 기업이나 지역 사회, 학교 가운데 어디와 연관되어 있는지, 혹은 구성원들이 자발적으로 지원해 구성된 곳인지 강제적으로 만들어진 곳인지의 여부는 중요하지 않다. 다만 여기서 언급하고 있는 토론은 개인 혼자서 성취할 수 없거나 그 결과에 많은 이들의 이해관계가 얽혀있기 때문에 한 개인이 독단적으로 처리할 수 없는 어떠한 목표를 성취하고자 하는, 분명한 목적을 지닌 활동이다.

공공 의사일정에 의해 토론을 조정하라

그룹 토론은 문제해결을 위해 서로 다른 생각과 견해를 가진 많은 사람들이 모여서 대화를 나누는 과정이다. 많은 다양한 생각들이 동시에 제기되기 때문에, 모든 참여자들이 따를 수 있는 절차를 정하는 것은 무엇보다 중요하다.

'토론 순서의 규정'은 구성원들이 시스템적이고 효과적인 방식으로 과제에 초점을 맞출 수 있도록 도와줄 것이다. 절차의 규정은 갈등과 불확실성을 줄이고 구성원들이 공통의 목표에 집중할 수 있도록 한다. 토론 참여자들이 의사일정을 따를 때, 이성적인 사고를 발전시키고 실행 가능한 해결책을 얻을 가능성이 커진다.

모든 구성원들이 집단의 효율성을 책임져야 한다

이 단원의 앞부분에서, 우리는 한 시스템은 단순히 부분들의 총합이 아니라는 전제에 대해 언급했다. 이는 (자동차의 예에서 알 수 있듯이) 체제의 모든 부분들이 적절히 작용을 할 때에만 적용된다. 그러나 안타깝게도, 주어진 책임을 제대로 하지 않는 개인들이 그룹 내에 상당히 많은 것이 현실이다. 그들은 아무런 준비도 하지 않은 채 회의장에 나오고, 토론에 제대로 참여하지 않으면서도 프로젝트가 끝날 즈음이면 다른 모든 사람들을 비난한다.

효율적인 그룹 토론이 되기 위해서 구성원들은 경청하고, 숙고하고, 추론하고, 그들이 추론해낸 결과를 다른 구성원들과 나누는 데 전념해야 한다. 그리고 구성원들은 모두 자신이 수집한 정보와 다른 사람들이 제기하는 정보에 대해 건설적인 '비판적 태도'를 취해야 한다. 이를 위해서는 모든 구성원들이 자신에게 어떤 것이 기대되는지, 스스로 어떤 역할을 해낼 수 있는지를 알아야 한다. 그리고 가장 중요한 것은, 평가를 할 때 그것을 발표한 '사람'을 비난하지 않는 것이다.

협조적인 태도로 토론에 임하라

그룹 토론은 개인들이 좋아하는 주제를 이야기하거나 친목을 도모하기 위해 필요한 과정이 아니다. 그룹 토론은 문제해결이 그 주된 목적이므로, 공식화된 의사일정에 따른 이성적인 참여가 있어야 제대로 진행될 수 있다. 따라서 당신은 토론 그룹의 일원으로서, 논의 중인 주제나 문제에 대해 자신의 의견을 정리하고 이를 발표할 수 있어야 한다. 아울러 자신의 생각을 주장하는 만큼 다른 사람들의 의견을 경청해야 할 의무가 있다. 그리고 이것은 합당한 이유가 있을 때 다른 이들의 의견을 비판하고 이의를 제기하며, 정당한 논쟁을 벌이는 효과적인 토론으로 이어진다.

따라서 적절한 의사개진과 비판은 토론에서 매우 권장되는 바이다. 하지만 당신의 목표가 당신과 의견이 다른 사람들을 '패배시키거나' '비난하는 것'이 아니라, 각자가 공통의 의견에 더 가까이 도달하는 것에 있음을 명심하라. 이를 가슴에 품고 있으면 협동 정신을 발휘하는 데 도움이 될 것이다.

효과적인 토론을 위한 리더를 세운다

토론 과정이 효과를 발휘하게 하려면 누군가가 책임지고 토론을 이끌어갈 수 있어야 한다. 다음은 토론의 리더가 수행해야 할 의무이다.

- 상사와의 연락을 관리한다.
- 주어진 일을 조정한다.
- 일을 확실하게 완수한다.
- 기록을 남긴다.
- 구성원들이 적극적으로 활동에 참여할 수 있도록 한다.
- 갈등을 중재한다.

- 정보와 의견을 기록한 파일을 관리한다.
- 회의 시간과 장소를 구성원들에게 통지한다.

무엇보다도 리더십을 발휘할 줄 하는 사람이 리더가 되어야 한다. 리더는 구성원들에게 해야 할 일을 분배해 줄 수도 있지만, 토론 과정을 감독하는 책임을 질 중심인물 역할을 맡는 것이 좋다. 리더를 선출하는 방법은 많고, 리더가 수행해야 할 책임도 많다. 이에 대해서는 다른 단원에서 심도 있게 살펴볼 것이다.

그룹 토론을 효율적으로 이끌기 위한 기본 상식

1. 그룹의 성격 파악 : 자신이 속한 그룹의 성격을 명확히 파악하는 것에서부터 효율적인 토론은 시작된다. 과제집단, 사회집단, 교육·자립 집단 등 그룹의 성향에 따라 토론의 의제나 방식은 달라질 수 있다. 당신이 속한 그룹은 어떤 성격을 지니고 있는가?

2. 표준 의사일정 : 그룹 토론이 효과를 나타내기 위해서는 '표준 의사일정'이라는 정형화된 틀이 꼭 필요하다. 표준 의사일정의 단계는 다음과 같다.

- 토론자로서의 역할 이해하기
- 질문을 이해하고 말로 표현하기
- 진상조사
- 기준과 한계 정하기
- 해결책을 발견하고 선택하기
- 최종 보고서의 작성과 발표

3. 토론이 효과를 내지 못하는 이유

- 능률성 부재
- 삭막한 분위기
- 개인적 감정
- 개인 의견의 일방적 주장

4. 효과적인 토론의 요소

- 효과적인 토론이 이루어지려면 구성원 모두가 목표 지향적이어야 한다.
- 공공 의사일정에 의해 조정되는 토론만이 효과적인 토론이 될 수 있다.
- 모든 구성원들이 스스로의 효율성에 대해 깊게 고려하고 노력을 기울일 때 그 그룹의 토론은 효과를 낼 수 있다.
- 토론 시 구성원들이 상호 협조적인 태도를 견지할 수 있어야 효과적인 토론이 될 수 있다.
- 다양한 의견을 중재하고 목표를 향해 토론을 이끌어나갈 유능한 리더.

시스템과 개인,
효과적인 그룹 토론을 위한 필수 요소

그룹을 이루는 기본 요소들을
명확히 파악하라

앞에서는 문제해결을 위한 소규모 그룹의 형태, 그리고 시스템이 효과를 거두거나 그렇지 못하는 이유를 간략히 설명했다. 여기서는 그룹 시스템의 세 가지 요소인 기본 요소, 과정 요소, 결과를 검토하여 효과적인 그룹 토론을 위한 토대를 마련해 갈 것이다. 먼저 그룹을 이루는 기본 요소들에 대해 살펴보자. 그룹의 기본 요소에는 개별 구성원, 그룹의 규모, 그룹의 목표 등이 포함된다.

개별 구성원들

그룹은 독특한 개성, 요구사항, 능력, 자부심을 지닌 개인들로 구성되어 있다. 이러한 속성은 각 구성원의 참여 스타일에 강한 영향을 미치고, 또한 각각의 스타일은 그룹 전체에 영향을 미친다. 예를 들어 루피타는 과제를 시스템적으로 완수하고자 하는 욕구가 높지만,

완수한 일에 대해 인정을 받는 것에는 관심이 적다. 반면 헤더는 과제 수행의 모든 단계에서 누군가가 그녀를 칭찬하게끔 만들어야 직성이 풀린다. 그녀는 교우 관계에 대한 욕구가 높다(예를 들어 다른 구성원들과 사귀고자 집단에 소속되기를 원하는 것과 같이). 하지만 이러한 욕구는 가끔 다른 그룹 구성원들이 과제에 집중하지 못하게 만들기도 한다. 이 두 구성원이 서로 잘 지내려면 어떻게 해야 한다고 생각하는가?

> ☑ 구성원으로서 당신이 얻고자 하는 욕구를 적어보라. 당신이 그룹 토론에 참여하는 목적에 대해 생각해보라. 당신의 목표는 다른 구성원들의 요구 및 목표와 유사한가, 유사하지 않은가? 당신이라면 헤더와 루피타 중 누구와 일하는 것이 더 좋겠는가?

완벽한 구성원이 어떤 사람인지 정확한 요건은 없지만, 그룹이 효과적으로 운영되려면 욕구가 다른 구성원들을 참아내는 능력을 갖고 있어야 한다는 것은 확실하다. 그렇다면 어떻게 개별 구성원들에 대해 알아낼 수 있는가?

여기서 유용한 전략 중 하나는 첫 모임에서 구성원들의 개인적 특성과 요구에 대해 논의하는 것이다. 누가 자발적인 동기를 지니고 있는가? 누가 외부에서 오는 자극을 필요로 하는가? 칭찬이 필요한 사람은 누구이며, 칭찬이 필요 없는 사람은 누구인가? 의사소통 시 주도권을 잡는 것은 누구인가? 수동적으로만 의사소통하는 사람은 누구인가?

마이클은 그룹의 구성원들 중 두 사람이 긍정적 격려를 많이 필요로 한다는 것을 알고 있다. 이때 마이클은 그 두 사람을 '격려해 주는 일'과, '그렇게 하지 않기로 결정하는 이유를 생각해내는 일' 중에 한 가지를 선택할 수 있다. 그러나 만일 마이클이 그 두 사람에 대한 충분한 정보를 갖고 있지 못하거나, 자기 스스로 모든 구성원들이 자신과 같은 방식으로 일해야 한다고 생각하고 있다면, 그는 결코 효과적인 선택을 할 수 없을 것이다. 따라서 이 전략의 성공 여부는 구성원들이 자기 자신에 관한 정보를 얼마나 정확하게, 그리고 얼마나 자발적으로 제공하는가에 달려 있다고 해도 과언이 아니다.

개인들에 대한 정보를 알아내는 두 번째 전략은 그룹 구성원들의 기술과 능력에 대한 목록을 작성해 각자에 맞는 영역을 결정하는 것이다. 어떤 그룹은 모든 사람들이 모든 분야에서 일괄적으로 일을 하게 하는 실수를 저지른다. 그러나 어떤 사람은 문서를 통한 자료 조사에 능숙하고, 또 어떤 사람은 인터뷰하는 것을 더 좋아한다면 이에 맞게 과제를 할당하는 것이 합리적이다. 각 구성원이 가지고 있는 독특한 능력을 적절하게 활용할 수 있도록 하라.

간혹 그룹 구성원들은 왜 다른 사람들이 그렇게 행동하는지 알고 싶어한다. 그러나 이 질문에 명확한 답을 제시하는 것은 결코 쉽지 않은 일이다. 각 구성원은 어떤 이미지를 갖고 있고, 갖고 싶어 하는 이미지도 가지고 있다. 이것은 자아의식 혹은 자존심이라 부를 수 있다.

그룹에서 자아의식과 자긍심이 중요한 이유는 이것이 참여도에 큰 영향을 미치기 때문이다. 만일 프리실라가 자신을 그룹에 꼭 필요한 기여자(자아의식)로 여기지 않거나, 그룹에 참여하는 일을 자신의 의견을 용감하게 내세울 만큼 중요한 것(자긍심)이라고 생각하지 않으면, 그녀는 그룹 내에서 이루어지는 그 어떤 토론에도 적극적으로 참여하지 않을 것이다.

자긍심이 큰 사람들은 되든 안 되든 기꺼이 아이디어를 제공하고, 비판을 수용하고, 자신에 대한 비난과 칭찬을 기꺼이 받아들인다. 이와는 대조적으로, 자긍심이 적은 이들은 자신과 다른 사람들에 대해 혹평을 하고, 그들의 가치와 노력에 대해 방어적 태도를 취하며, 그룹이 무엇을 성취할 수 있는가에 대해 비관적이고, 자신의 가치를 계속 확인하려는 경향이 있다. 자긍심이 없는 사람이 그룹 토론을 어렵게 만들 것임은 자명하다. 따라서 그룹을 효율적으로 이끌어가고 싶다면, 각 개별 구성원의 특성과 성향을 파악하여 적절하게 조율할 수 있어야 한다.

그룹의 규모

그룹의 규모는 문제해결의 과정과 결과에 목표를 두는 그룹 토론에 영향을 미치는 두 번째 요인이다. 전문가들은 대개 5~7명으로 구성된 규모가 이상적이라고 말한다. 먼저 그룹이 5명 미만으로 이루어져 있으면 소수의 의견이 쉽게 무시될 수 있다. 예컨대, 반대 의견이 찬성 의견에 눌려 자칫 묻혀버릴 수 있는 것이다. 결국 이런 토론에서는 폭 넓은 식견을 얻을 수 없으며 다양한 아이디어에 대해 숙고하기가 어려워진다. 또한 4명이나 그 이하의 그룹에서 구성원들이 동료들과 소원해지는 것을 걱정해, 다른 의견을 내놓기를 꺼려할 수도 있다. 이런 이유로 4명 이하의 구성원으로 이루어진 그룹에서는 구성원들 간의 친밀감은 비판적이고 사려 깊은 분석을 방해할 수 있다. 반대로 7명 이상이 모여 구성된 그룹에서는 파벌이나 상위 집단에 대항하는 하위 집단이 형성될 수 있으므로 주의해야 한다. 그룹 내에서 분열이 발생하게 되면, 권력다툼이나 지배계층이 생겨나거나 불만을 품는 구성원들이 발생할 수 있다.

그룹의 목표

그룹의 공동 목표는 구성원들을 응집시킨다. 따라서 자신이 속한 그룹의 목적을 아는 것은 성공에 필수적이다. 모든 구성원들이 의제와 최종 결과를 이해하지 못한다면 그 그룹이 효과를 거두는 것은 불가능하기 때문이다. 그룹에 과제를 할당하는 사람들이나 조직이라고 해서 그룹이 왜 형성되었는지, 그리고 어떠한 최종 결과를 필요로 하는지를 항상 명확히 설명할 수 있는 것은 아니다. 때문에 그룹은 책임자에게 이를 명백히 설명하도록 요구하거나, 토론을 통해 의문점들을 해결해야 한다.

그룹은 구성원들이 분명한 목적의식이 없을 때, 혹은 그룹의 목적에 반대할 때 흔들리는 경향이 있다. 그룹이 이러한 혼란을 극복하지 못하고 마비되면 구성원들은 환멸을 느끼고 떠날 수 있다.

시스템과 구성원이
유기적으로 상호작용하도록 하라

그룹의 구성원, 규모, 목적은 서로 역동적으로 상호작용하여, 문제해결을 위한 토론 과정과 결과에 더욱 큰 영향을 미치는 새로운 요소를 창조해낸다. 다음에서는 이 상호작용의 일곱 가지 요소, 즉 참여, 그룹에서의 역할, 규범, 권력, 응집성, 의사 결정 스타일, 자율성에 대해 살펴볼 것이다.

구성원들의 더 많은 참여를 이끌어내라

구성원들의 참여도는 아마도 그 그룹의 성취 능력에 가장 중요한 영향을 미치는 요소일 것이다. 구성원들은 문제를 논의하기 위해 모였기 때문에, 모든 이들이 비교적 동등하게 토론에 참여하는 것이 가장 바람직하다. 여기에는 세 가지 이유가 있다.

첫째, 중요한 아이디어가 제기될 가능성이 크다. 둘째, 참여도는 만족감과 밀접한 관련이 있으므로 구성원들은 참여할 때 만족감을 느낄 가능성이 훨씬 더 크다. 셋째, 참여도가 높을수록 구성원들 모두가 그룹과 그 결과를 책임지고자 자발적으로 나설 가능성이 높다. 사람들은 자신이 일조하여 고안해 낸 해결책을 더욱 자발적으로 이행하고, 책임지려는 성향이 강하기 때문이다.

그러나 참여가 높고, 대화의 양이 많다고 해서 대화의 질도 높으리라고 볼 수는 없다. 가장 많이 말하는 사람이 반드시 가장 많이 기여를 하는 사람은 아니기 때문이다. 자주 말을 하는 사람들이 생산적인 의견을 내놓는 경우가 많기는 하지만, 그들이 떠들기 좋아하는 무뢰한들이나 시간 낭비자일 가능성 또한 배제할 수 없다. 따라서 효율성을 평가할 때, 그룹은 구성원이 보이는 참여의 질과 양 모두를 평가해야 한다. 때문에 의사소통의 일부로서 없어서는 안 될, 구성원의 경청 능력 또한 파악해야 한다.

각 구성원은 그룹 내에서 균형을 이룰 책임을 가지고 있다. 말수가 없는 구성원들을 참여시키고, 말을 많이 하는 사람들을 저지하고, 누군가가 대화를 지배하는 것을 피하는 것이 중요하다. 또한 진지한 경청이 발언 못지않게 중요하다는 사실을 아는 것도 중요하다.

 당신이라면 그룹 내에서 다음과 같은 일을 어떻게 해결하겠는가?
- 말 많은 구성원 조용히 시키기
- 조용한 구성원 격려하기
- 산만하게 자기 주장만을 내뱉는 구성원 지도하기
- 아무도 의견을 내놓으려고 하지 않는 그룹 지휘

그룹에서의 개인의 역할

사람들은 그룹에 참여할 때 다양한 역할 즉 과제, 진행, 분위기 역할을 수행한다. 각각의 역할은 시스템으로서의 그룹에 강한 영향을 미친다. 다음에서 그 상세한 내용을 알아보자.

- **과제 역할**은 구성원이 문제를 해결하는 데 필요한 정보를 전달하는 것과 관계가 있다. 즉 그룹 내의 구성원 모두가 서로에게 아이디어와 정보를 요청하고 제공하면서, 토의하고자 하는 의제를 상세히 설명하고 평가하는 것이다. 스스로의 역할을 효과적으로 해내는 구성원은 올바른 결정의 토대가 되는, 확실하고 믿을 만한 정보를 얻으려고 노력함으로써, 그룹 토론을 효율적으로 만든다.
- **진행 역할**은 그룹을 조직적으로 관리하는 것을 말한다. 즉 구성원들이 의사일정을 결정하고 관리하며, 다양한 아이디어를 조정하고, 진척 상황을 요약하고, 중요한 아이디어와 합의된 의견을 기록하는 일을 하는 것이다(이런 역할을 구성원들이 교대로 맡는 것보다는 한 사람에게 맡기는 것이 바람직하다). 진행 역할의 특징은 설명을 통해 구성원들이 일의 진행 상황을 정확하게 파악할 수 있도록 돕는다는 것이다.
- **분위기 역할**은 그룹이 건전하고 협동적인 풍조를 만들고 유지할 수 있도록 돕는 일이다. 분위기 역할은 다른 사람들의 생각을 인정하고, 갈등을 조정하고, 유머 혹은 다른 수단을 통해 그룹 내의 긴장을 해소하고, 그 그룹의 목표와 가치를 강조하는 것을

모두 포함한다. 분위기 역할이 제대로 수행되면 협조적이고 생산적인 토론에 이바지하는 분위기를 유지할 수 있다.

이 밖에 그룹 내에서 각 구성원은 자기중심적 역할을 할 수도 있다. 자기중심적 역할은 자신의 관심과 이익만을 반영하고자 하고, 의사소통을 방해하기 때문에, 매우 비생산적이고 바람직하지 못하다. 자기중심적 역할의 예로는 무조건 어떤 일이든 거부하는 태도, 스스로에 대한 주목과 인정을 추구하는 것, 타인에 대한 사적 공격, 특별한 이익을 얻으려는 태도, 토론과 별 상관이 없는 개인적 관심사 제기, 참여거부 등을 들 수 있다. 네 번째 역할에서처럼 그룹의 관심보다 개인적 관심을 우위에 두는 행동은 어떤 것이든 저지되어야 한다.

규범을 만들어라

개인과 마찬가지로 그룹도 습관을 형성하게 된다. 사람들은 한동안 함께 지내게 되면 여러 가지 규범, 즉 과제, 진행, 분위기를 관리하는 표준화된 방법을 만들게 된다. 이러한 규범은 그룹 내의 신념과 태도, 의사소통, 행동의 양식들을 담게 되므로 매우 중요하다. 또한 규범은 구성원들의 상호작용에서 발생하고, 시스템적인 방식으로 그룹 내부의 상호작용에 영향을 미치므로 관심을 기울여 만들어야 한다.

규범은 중요하다. 일단 규범이 정해지면 구성원들은 그룹 내에서 어떤 행동이 용인될 수 있고, 용인될 수 없는지를 알 수 있기 때문이다. 그러나 어떤 규범은 역효과를 초래할 수도 있다는 것을 명심하라. 가령 어떠한 규범은 구성원들이 다른 구성원들을 공개적으로 모욕하거나 혹은 구성원 중 상당수가 계속해서 회의에 지각하도록 만들 수도 있다. 분명 이러한 규범은 역효과를 일으킬 것이다. 따라서 이러한 문제가 발생했을 때, 다른 구성원(혹은 리더)은 주의를 환기시키거나 그 문제에 대해 엄격한 규칙을 정해야 한다.

그룹 내 효과적인 상호작용을 위해서, 구성원들은 규범을 준수해야 한다. 규범은 구성원들이 당당하게 자신의 이견을 발표하도록 돕고, 갈등을 해결하고, 긴장을 풀고, 새로운 구성원을 환영하고, 일을 하는 지침을 제공한다. 예를 들어 당신의 토론 그룹이 지켜야 할 규범 중 하나가 모임 시간에 정확히 도착하는 것이라고 하자. 그런데 미구엘이 10분 늦게 도착한다면 어떤 일이 일어날까? 구성원들은 걱정을 할 것이다. 무슨 일이 생겨서 그가 규범을 지키지 못했을 것이라고 추측하기 때문이다. 그러나 그가 연달아 네 번째 지각하면 어떤 일이 일어날까?

규범은 그룹 내에서 상호작용이 시작될 때 형성되므로 처음에 제대로 만드는 것이 중요하다. 규범이 오랫동안 시행되면 그룹의 일부로 굳어져 이후에는 바꾸기가 어렵기 때문이다. 마찬가지로 효과적인 구성원이 되려면, 처음부터 그룹의 규범에 유의해야 한다.

몇 가지 예를 통해 규범에 대해 살펴보자. 어떤 그룹은 모임 시작 5분에서 10분 정도는 잡담을 나누며 화기애애한 분위기를 조성하는 시간으로 정한다. 반면 어떤 그룹은 지난 번 회의에서 작성된 의사록을 읽으면서 토론을 시작한다. 어떤 집단은 리더가 의사일정을 검토하면서 회의를 시작하기도 한다. 매우 형식적으로 상호작용하는 집단이 있는 반면, 격의 없이 자유롭게 상호작용이 이루어지는 집단도 있다. 발언자의 말을 경청하는 그룹이 있는가 하면, 다른 사람 말에 불쑥 끼어드는 일이 허다하고 이런 행동이 용인되는 그룹이 있다. 당신은 규범 형성과 생산적인 의사소통 분위기 조성을 결부할 수 있어야 한다. 가능하면 그룹에 부적절하거나 역효과를 초래할 것 같은 규범은 어느 것이든 수정해야 한다.

만일 구성원들이 규범을 따르지 않으면, 불화가 발생하고 구성원들은 불만을 나타낼 것이다. 가령, 사전에 준비를 철저히 하고 모임에 오는 것이 규범으로 정해져 있는 그룹이 있다고 하자. 그러나 레이첼이 계속해서 이 규범을 어긴다면, 다른 구성원들은 그녀에게 불만을 터트릴 것이다. 규범을 준수하지 않는 구성원들은 보통 비공식적인 벌을 받는다. 그러나 대개의 그룹은 먼저 규범을 준수하지 않는 구성원에게 그의 행동이 적절하지 않다고 경고를 하려고 한다. 레이첼의 경우, 리더는 "당신이 회의에 참여할 수 있다니 정말 좋군요" 정도의 농담을 건네거나 의도적으로 회의에 참석할 수 없게 만들어 그녀의 행동이 용납되지 않는다는 것을 알려줄 수도 있다. 그래도 그녀가 행동을 고치지 않는다면, 벌을 가할 수도 있다. 더 강력하게는 구성원의 자격을 박탈하는 것도 가능하다. 공식적으로 그 사람을 내쫓거나 비공식적으로 회의 시간과 장소를 통지하지 않는 방법 등으로 말이다.

참여가 효과적이기 위해서는, 그룹의 규범을 인지하는 것이 중요하다. 일단 규범을 알면, 당신은 언제 규범을 따라야 하고, 언제 따르지 않아도 되는지, 언제 규범에 대한 의견을 제시할 것인지 선택할 수 있다. 모든 구성원들은 대개의 경우 규범을 준수할 것이라 기대된다. 때문에 당신은 구성원 자격의 가치에 대해 신중히 생각하고 규범을 평가해야 한다. 만일 당신에게 그룹을 탈퇴할 선택권이 없다면(예를 들어 수업의 조모임 같은 경우), 당신은 규범을 수정하려고 노력해야 한다.

권력을 잘 사용하라

대개 권력은 다른 사람에게 영향을 미치는 능력이라고 알려져 있다. 때로는 어떤 지위를 차지하는 것으로 권력을 얻을 수 있고(가령 그룹 내의 리더), 특별한 분야나 문제에 대해 탁월한 능력 혹은 전문 지식을 내보임으로써 권력을 얻는 사람도 있다. 회사나 사회에서 차지하는 지위로 인해 권력을 얻을 수도 있다. 그룹 내에서 누가 권력을 쥐고 있는지를 아는 것은 무척 중요하다. 힘이 남용되지 않는지 확인해야 하기 때문이다.

이상적인 상황에서는 권력이 구성원들 사이에 공정하게 분배된다. 그러나 그룹 내에서 한 명 혹은 그 이상이 상당한 권력을 갖게 되는 상황이 있을 수 있다. 가령, 당신이 강력한 영향력을 가지고 있는 감독관과 함께 회사의 위원회에 있다고 하자. 그 감독관은 당신보다 그룹에서 더 많은 권력을 행사할 것이다. 권력을 지닌 구성원은 그룹에 결정적인 영향을 줄 수 있으므로, 다른 구성원들이 그의 생각에 이의를 제기하기를 꺼려할 터이기 때문이다. 좀더 힘이 있는 그룹의 리더 역시 그들의 지위 덕분에 권력을 지닌다.

전문적 지식을 가진 사람의 판단을 신뢰하는 것은 이치에 맞는 일이지만, 아이디어를 내놓은 사람이 권력을 가지고 있다는 이유만으로 그의 생각을 받아들이지 않도록 주의하라. 만일 구성원들이 권력을 지닌 사람에게 무의식적으로 굴복한다면, 토론 과정은 심각하게 붕괴될 수 있다. 토론에 있어서 부적절한 영향력을 주의 깊게 경계하는 일은 구성원들의 의무이다.

참여와 권력 사이에 호혜적 관계가 존재한다는 것 또한 인식해야 한다. 흔히, 권력을 지닌 구성원들은 권력을 지니지 못한 구성원들보다 더 많이 참여한다. 이러한 불공평으로 인해 영향력이 적은 사람들은 자신들이 무력하다는 생각을 하게 되고, 적대감을 보이거나 탈퇴하게 된다. 결국 기여할 가능성이 있는 사람들을 잃음으로써 그룹은 손해를 입을 수 있다. 되도록 많은 사람들의 참여를 이끌어낼 수 있도록 하라.

응집성을 높여라

응집성은 그룹 내에서 '우리라는 의식', 즉 하나의 팀으로서 일체감을 형성하려는 경향을 가리킨다. 응집성이 있는 그룹의 구성원들은 대개 협력을 도모하고, 의제의 본질과 그들이 성취하기를 바라는 목표 같은 주요 논점에 대해 효율적으로 의견을 모은다.

적절한 수준으로 응집하는 그룹의 특징은 구성원들이 열심히 일을 하고, 하는 일에서 만족을 느끼며, 그룹을 편하게 생각하고, 서로를 존중한다는 것이다. 반면 응집성이 부족한 그룹의 구성원들은 그룹의 목표를 위해 자발적인 노력을 보이지 않는 경향이 있고, 만족감이 낮으며, 서로를 존중하지 않고, 분위기가 냉랭하고, 심지어 서로 적대적이고 경쟁적인 성향을 보일 수 있다.

때때로 응집성이 지나치거나 너무 약한 경우가 있을 수 있다. 응집성이 지나치면 개인의 개성이 파괴되고, 독자적이고 비판적인, 혹은 창조적인 사고를 가로막을 수 있다. 반면 응집성이 너무 약하면 집단은 공통의 목표, 신념, 동기를 잃을 가능성이 있다. 따라서 효과적으로 문제를 해결하기 위해서는 응집성과 개성 사이의 균형이 필요하다.

응집성이 항상 그룹 전체의 특징은 아니라는 사실을 명심하라. 그룹 내의 일부만이 응집하거나, 한 그룹 내에 응집성으로 뭉친 두 개의 파벌이 생기는 경우도 있다. 이런 경우는 대개 그룹이 너무 비대해진 나머지, 한 팀이라는 의식을 심어주는 격의 없고 상호적인 의사소통이 불가능할 때 발생한다. 또한 강한 인간관계로 맺어져 있는 내부 집단이 지나치게 응집되어, 다른 구성원들이 그룹 전체의 발전에 기여하지 못하게 방해하는 파벌로 발전하기도 한다.

그렇다면, 어떻게 그룹 내 응집성을 도모할 수 있을까? 응집성을 도모하기 위한 세 가지 지침은 '그룹에 대한 소속감 조성', '그룹 공동의 요구와 이익·목표 상기', '대인에 대한 보상'이다. 이에 대해 논의해보자.

구성원들이 진정으로 그룹에 대한 소속감을 중시할 때, 그룹은 더욱 응집될 수 있다. 사람들은 보통 다른 그룹에 비해 어떤 특정 그룹에 더 '관련되어 있다'고 느낀다. 이것은 그 그룹의 목표 성취에 지대한 영향을 미친다. 따라서 구성원들이 그다지 좋아하지 않는 일을 의제로 부여했을 경우, 그룹은 구성원들에게 소속감을 북돋아 주어야 할 것이다. 이때 이용할 수 있는 방법 중 하나는 그룹의 명칭이나 공동 주제 혹은 슬로건을 개발하는 것이다.

처음으로 모였을 때 어색한 분위기를 깨고 서로에 대해 좀 더 알기 위해 이 방법을 이용할 수도 있다. 명칭, 주제, 슬로건을 개발하는 단순한 행위는 때로 그룹을 결속시키는 데 아주 유용하게 작용한다. 프로젝트를 하는 동안 줄곧 이러한 요소를 활용하면, 그룹이 지속적으로 응집하는 데 도움이 된다.

명칭, 주제 혹은 슬로건을 개발하기 위해서는 그룹의 목적이나 구성원들 간의 공통점, 혹은 그룹이 성취하고자 하는 결과에 대해 생각해 보는 것이 좋다. 예컨대, 필자가 강의하는 학과에는 'A팀'이라는 명칭을 만들어 붙인 한 그룹이 있었다. 구성원들이 이 이름을 선택한 이유는 프로젝트에서 'A'를 받고 싶어서였다. 센트럴 아칸소 대학 *the University of Central Arkansas* 내의 어떤 한 프로젝트 그룹은 UCA라는 글자를 살리고 싶었다. 그래서 그들은 집단에 '학부생 커뮤니케이션 협회 *Undergraduate Communication Association*'라는 이름을 붙였다. 그들의 슬로건은 '문제해결에 관한 가장 효과적인 대안을 도출하자'였다. 또 어떤 그룹은 그룹명이나 슬로건을 넣은 티셔츠를 만들자는 의견까지 나오기도 했다. 이러한 종류의 대화와 활동은 구성원들의 참여도를 높이고 응집성을 도모하는 데 도움이 된다.

응집성을 도모하는 또 다른 방법은 공동의 요구와 이익, 목표를 서로에게 상기시키고 그것에 대해 이야기하는 것이다. 이는 목표와 절차의 방법에 대해 모두의 동의를 얻고, 사실과 해결책에 대한 다양한 의견을 이끌어 내기 위한 것이다.

모든 그룹 구성원이 하나의 목표를 공유한다면(예컨대 프로젝트에서 'A'를 받는 것, 어린이들을 위해 공원을 새로 짓는 것 등), 그룹 내의 응집성은 더욱 커진다. 일의 진척이 어렵거나 작업량이 이행 불가능할 것처럼 보일 때, '우리는 아이들을 위해 이 일을 하고 있다' 혹은 '우리 모두가 이 프로젝트에서 성공을 거두기를 원한다'는 말을 일깨움으로써 동기를 부여해 구성원들을 계속 응집시킬 수 있다. 대부분의 구성원들은 중도에 목표에 대한 생각을 바꾸지 않는다. 어느날 갑자기 "난 이제 어린이들한테는 신경 안 써"라고 말하면서 자신의 의무를 내팽개치는 경우는 그리 많지 않다. 서로에게 공동의 목표를 상기시키면 그룹의 응집성에 도움이 된다. 또한 공개적으로 이견을 표현해도 비난을 받지 않도록 장려하면, 사람들이 그룹을 편하게 여기는 데 많은 도움이 된다.

응집성을 도모하는 세 번째 방법은 보상을 이용하는 것이다. 많은 사람들은 자신을 받아들이고 소속감을 제공해 주며, 자신을 개인적으로 인정해 주는 그룹에 소속되기를 원한다. 그리고 개인들은 그룹에 소속되는 특권을 누리는 대가로 과제를 열심히, 그리고 효과적으로 수행하려 할 것이다. 이런 이유로 현명한 그룹의 지도자들은 그룹에 훌륭하게 기여한 이들에게 주목하며 격려를 아끼지 않는다. "좋은 생각이야", "마음에 들어", "멋져, 나는 생각도 못했는데" 혹은 "그래, 그게 훨씬 더 합리적이다" 같이 짧은 칭찬의 말만 건네도, 구성원들은 자신이 기여한 바에 대해 만족감을 느낄 수 있기 때문이다. 또한 구성원들에게 그들이 기여한 바에 대해 감사하다고 e-메일을 보내는 것만으로도 오랫동안 그룹 내의 응집성을 도모하고 유지하는 데 도움이 된다.

그러나 여기서 한 가지 주의해야 할 점이 있다. 만일 '칭찬'을 너무 남발하여 구성원들이 예리하게 생각하고 비판하는 능력을 잃는다면, 그 그룹은 효과적으로 일을 수행할 수 없는 사실이다. 칭찬이 과해지면 응집성은 높아질지 모르나 이성적인 사고는 할 수 없게 된다. 어떤 상황에서나 마찬가지지만, 응집성도 너무 강해지면 다양한 의견 제시를 불가능하게 할 수 있으므로 주의해야 한다.

그룹 성격과 부합하는 의사결정 스타일을 정하라

의사결정 스타일은 대개 규범으로 발전하기 때문에 조심스럽게 선택해야 한다. 다음에서 의사결정에 도달하는 세 가지 방법인 '일치', '협상', '투표'에 대해 알아보자.

먼저 '일치'는 모든 구성원들의 만장일치를 가리킨다. '일치'의 장점은 그것이 복잡한 논점을 고찰한 후에 합의에 의해서 도출된 것일 때, 그룹의 응집성과 구성원의 헌신을 더욱 강력하게 이끌어낼 수 있다는 것에 있다. 만장일치를 얻는 데 따르는 큰 결점은 시간을 지나치게 소모할 수 있다는 것이다. 프로젝트 핵심이 되는 중요한 정책을 놓고 구성원들의 일치를 얻느라 소요하는 시간은 올바른 투자이다. 그러나 중요하지 않은 논점에 대해 일치를 구하려고 지나치게 많은 시간을 소비하는 것은 낭비다. 이런 이유로 일치는 매우 신속히 대처해야 할 비상시에는 사용이 불가능하다. '일치'의 두 번째 약점은 평범한 결정만을 도출할 가능성이 있다는 것이다. 만장일치를 얻기까지 끊임없이 제기되는 타협 때문에 개개의 독특한 의견이 희석될 수 있기 때문이다.

'협상'은 특정한 논점에 대해 각자의 지위를 존중할 만한 해결책을 세우기 위해 구성원들이 토론을 통해 타협점을 찾는 것을 뜻한다. 대개 협상은 어떤 구성원이 기꺼이 한 발 물러서는 대신 다른 구성원들이 권고 내용을 이행하는 것에 동의하는 방식으로 이루어진다. 해결책을 협상하는 것은 대개 일치보다 시간이 더 적게 걸리고, 더욱 대담한 결정을 도출할 수 있다. 구성원들이 해결책의 모든 측면에 대해 동의할 필요가 없기 때문이다. 협상의 주요 이점은 서로 다른, 심지어 상충되는 목표를 지닌 이들의 의견을 조율해 모든 사람들이 수용할 수 있는 적당한 합의를 내놓을 수 있도록 한다는 것이다.

세 번째 방법은 공식적, 혹은 비공식적 투표이다. 투표의 이점은 효율성이다. 투표는 논점을 가장 빠르고 확정적으로 해결하도록 한다. 여기서 한 가지 주의해야 할 점은 적극적인 개인들이 자신의 의견에 따라 투표하도록, 다른 구성원들에게 압력을 가하는 일이 없도록 하는 것이다. 힘을 가진 한 개인이 영향력을 행사해 투표결과를 뒤집어놓을 수도 있기 때문이다. 투표의 또 다른 단점은 승자와 패자를 극단적으로 갈라놓고 분노, 좌절, 환멸을 초래해 그룹을 분열시킬 수 있다는 것이다. 반드시 주의하라.

위의 방법 중 어느 것도 '최선의 방법'이라 부를 수는 없다. 각각의 방법은 나름대로의 장점과 한계를 지니며, 특정 상황에서 도움이 된다. 여기서 중요한 점은 구성원들이 선택 가능한 의사결정 스타일이 있다는 것을 알고, 각각의 방법이 미칠 수 있는 영향을 인식하는 것이다. 여러 가지 의사결정 스타일을 사용할 때에는 정보에 입각해 선택하도록 하라.

그룹 자율성

문제를 해결하는 동안, 구성원들은 자신이 속한 그룹을 특별한 관점으로 보게 된다. 개인들이 자신의 셀프이미지를 개발하듯이, 그룹 역시 어떤 정체성 혹은 이미지를 개발해야 한다. 이때 그룹의 정체성은 구성원들이 그들의 그룹을 얼마나 자율적이라고 인식하는지에 따라 결정된다.

자율성은 한 그룹이 결과에 대한 외부의 통제와 압박, 지시에 관계없이 일할 수 있는 정도를 가리킨다. 구성원들이 자신이 속한 그룹이 실권이 거의 없고 어떤 상사가 이미 내린 결정을 승인하기 위해서만 존재할 뿐이라고 생각하면, 동기는 줄어들고 창조성은 저하되며 해결책의 질을 떨어지게 된다. 이와 달리 그룹에 대해 구성원들이 비교적 독자적인 기관으로서 권력과 책임을 지니고 있다고 생각할 때, 적극적인 동기를 얻고, 열성적이고 효과적으로 움직일 수 있다.

> ☑ 어떤 그룹에 소속되어 있을 때, 아무도 그 사실을 심각하게 고려하지 않을 것이라는 것을 알면서도 당신 자신이 결정을 내려야 했던 적이 있는가? 이러한 상황이 그룹 내에서 당신의 행동에 어떤 영향을 미쳤는가?

대부분의 그룹은 어느 정도 자율성을 지니고 있다. 하지만 그룹 내에 자율성이 완전히 보장되어 있거나 아예 없는 경우는 드물다. 적절한 수준의 독립성을 인식하는 것은 열성적이고 효과적인 문제해결에 중요하다. 토론을 진행하는 가운데 나타나는 의사소통의 방식과 내용은 구성원들의 자율성에 대한 태도를 반영한다. 구성원들이 외부의 의견이나 그룹 내 다른 사람들의 의견, 혹은 준거準據집단(개인이 자기 태도·판단의 기준으로 여기는 특정 집단 : 옮긴이)의 승인을 찾아 힐끔거리는 듯한 모습을 보인다면 자율적인 이미지를 지니지 않고 있다고 보아야 할 것이다.

그룹의 특징, 즉 개인, 규모, 목적이 역동적으로 상호작용할 때야말로 발전적인 새로운 특징이 구축될 수 있다. 그러기 위해서는 일곱 가지의 과정 요소인 참여, 집단역할, 규범, 권력 배분, 응집성, 결정 스타일, 그룹 자율성 또한 적절하게 구축되어 있어야 한다. 과정 요

소는 다른 모든 요소들과 상호 작용하며 발전하고, 복잡하고 역동적
인 방식으로 서로 연결되어 있다는 점을 기억하라.

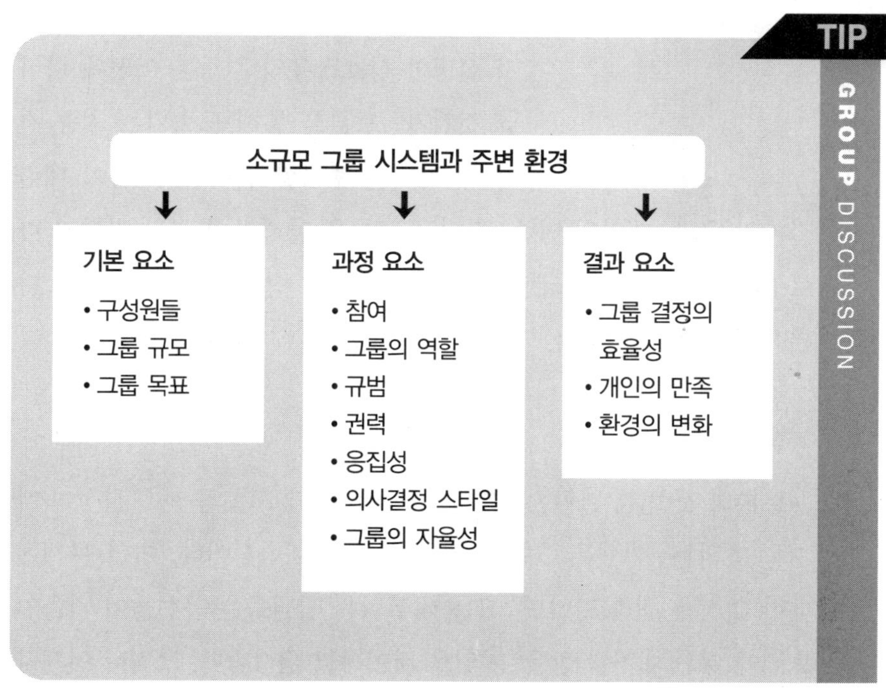

결과가 그룹의 처음과 끝을 평가한다

한 그룹이 어떤 결과를
도출해내는가가
그 그룹의 존폐를 결정한다.
결론 도출, 개인의 만족, 환경의
변화를 모두 아우를 수 있는
결과를 도출하라!

문제해결을 위한 그룹 토론의 결과는 무엇을 담고 있어야 하는가? 우리가 지금까지 설명한 상호작용의 결과는 어떻게 나타날 것인가? 토론을 통해 도출되는 최종 결과 세 가지는 주목할 만하다. 그룹이 내린 결론의 효과, 개인의 만족, 그리고 그룹을 둘러싼 환경의 변화가 바로 최종 결과이다. 이러한 결과는 모두 서로 연관되어 있고, 각기 다른 것에 영향을 미친다.

결론 도출

토론의 첫 번째 결과는 '결론 도출'이다. 한 그룹의 최종 결정이 가져올 효과는, 어쨌든 그룹의 성공을 평가할 핵심이다. 어떤 문제에 대한 결정을 내리고 나면, 그룹 내부의 구성원들은 자신들이 기울인 노력에 대한 대가를 받을 수 있을 것이라고 생각한다. 그러나 언제나

T+E=A인 것은 아니다. 다시 말해서 시간_Time_과 노력_Effort_을 더한다고 해서 반드시 과제에서 'A'를 받을 수 있는 것은 아니라는 말이다. 이런 이유로 그룹은 많은 시간을 소요하고도 만족스럽지 못한 해결책을 내놓을지 모른다. 흔히 과제를 할당한 사람은 그 그룹이 해결책을 개발하는 데 얼마나 많은 시간과 노력을 쏟는가보다는 해결책 자체의 완결성에 더 큰 관심을 보인다. 중요한 것은 해결책이 효과적으로 실행될 수 있는가와 다른 문제를 초래하는 부대적 결과가 있을 것인가의 여부이다.

효과적인 결론은 대개 올바른 정보와 추론을 토대로 하며, 구성원들과 실행에 영향을 미치는 그룹 밖의 사람들로부터 상당한 지지 기반을 얻는 경향이 있다. 대부분의 경우, 그룹이 고안한 해결책이 완전히 실행되기까지는 상당히 많은 시간이 걸린다. 그동안에 새로운 문제가 발생하거나, 환경이 변화되면, 해결책 역시 수정되어야 하기 때문이다.

개인의 만족

구성원의 만족은 그룹 토론의 효과를 가늠하는 중요한 척도이다. 구성원들이 자신이 속한 그룹에 대해 얼마나 긍정적으로 생각하는가는 다양한 요인에 의해 영향을 받을 수 있는데, 우리는 이제까지 그 중 대부분을 벌써 살펴보았다. 만족에 영향을 미치는 가장 큰 요인은 참여도이다. 구성원이 느끼는 만족도는 각자가 토론에 참여한 대화의 양과 연관이 깊다. 아울러 권력은 참여와 연관이 있기 때문에 만족도와도 간접적으로 관련이 있다. 또한 만족에 영향을 미치는 또 다른 요인은 응집성이다. 사람들은 단단히 결속된 팀에 소속되는 것을 좋아하는 경향이 있기 때문이다. 마찬가지로, 결정 과정에서의 구성원의 참여는 대개 만족감을 높인다. 굳이 설명하지 않아도 독재적이고 분열적인 방법으로 그룹의 의사를 결정하는 것은 문제해결 과정에서의 개인의 만족을 저하시킬 것은 뻔하다.

만족도를 증대시키는 다른 요인은 인정, 책임, 과제에 대한 흥미도, 업적 성취도이다. 그룹이 성공을 거두고, 구성원들이 그룹의 성공에 적극적으로 기여했다고 생각하면 만족감은 높아진다. 개인의 만족은 매우 복잡하다. 그룹의 성공은 구성원으로 하여금 헌신하고 싶은 동기를 갖도록 유도한다. 이러한 헌신적 태도는 더욱 열심히 토론에 참여하게 하는 효과로 이어진다. 이처럼 구성원의 만족에는 매우 많은 요소가 연관되어 있어서 그룹의 효율성을 좌우할 수 있다.

환경의 변화

문제해결을 위한 토론은 대개의 경우 그룹 구성원과 환경이 서로 교류하는 개방 시스템에서 일어난다. 그룹이 토론을 통해 환경에 영향을 미치는 방법에는 두 가지가 있다.

먼저, 신중한 태도로 정보에 입각해 문제를 해결하려는 그룹은 구성원들을 집결시키기 위해 문제를 해소하거나 줄임으로써 환경을 바꿀 해결책을 얻는다. 예를 들면, 토론 수업을 듣는 학생 그룹은 중간에 편입한 학생들을 위한 오리엔테이션을 확대하고, 재정 지원을 받는 학생들이 교재를 사기 위해 따라야 하는 절차를 수정하고, 더 많은 학생들을 모으기 위한 홍보 프로그램을 수정하는 데 참여하는 등 환경 변화에 영향을 미친다. 문제해결을 위해 진지하게 노력하면, 정책을 바꾸고 환경에 강한 영향을 미칠 수 있다.

　문제해결이 주변 환경에 영향을 미치는 두 번째 방법은 그룹이 개별 구성원들에게 미치는 영향을 통해서이다. 구성원들은 직접 참여를 통해 문제에 대해 파악하게 된다. 그리고 그들은 선택해야 할 해결책들과 각 해결책이 안고 있는 가능성과 허점에 대해 연구하게 된다. 그리고 열정적 토론 끝에, 구성원들은 특정 해결책과 그에 수반되는 가치를 설정하게 된다. 결국 그들은 토론에 참여함으로써 개인적으로 변화하는 것이다. 게다가 구성원들은 함께 상호작용하는 다른 사람들의 태도에 영향을 미치는, 변화의 중개인이라는 역할을 할 수 있다. 예컨대, 문제를 해결하는 동안 혹은 문제해결 후, 구성원들은 그룹 밖의 사람들을 만나 제 3자가 알거나 믿고 있는 것에 영향을 끼칠 수 있기 때문이다. 이는 그룹 토론을 통해 얻어낸 해결책을 공식적으로 옹호함으로써 뿐만 아니라, 동료나 친구, 가족들과의 비공식적인 대화를 통해서도 발생한다.

　이런 이유로 사회 각 부분에서 활동하는 많은 단체들은 '개인적 설득'을 광범위한 사회적 가치관을 변화시키는 주요 원천으로 보고 있다. 그룹을 둘러싼 환경은 그룹의 실제 결정에 의해, 그리고 다른 사람들의 태도와 의견, 행동에 영향을 주는 환경 내 개인들의 존재에 의해 영향을 받는다.

상대방을 존중하는 언어를 선택해 사용하라

앞 부분에서는 보다 넓은 차원에서 시스템에 관해 알아두어야 할 바를 살펴보았다. 이제부터는 개인적 선택의 문제로 돌아와, 그룹 토론을 효과적으로 이끌기 위해서 개인이 꼭 해야만 할 선택에 대해서 살펴볼 것이다.

토론에 있어서, 상대방을 존중하는 언어를 선택해 사용하는 것은 그룹 토론을 원활하게 하는 데 매우 큰 도움이 된다. 수사학적으로 민감한 구성원은 수용자가 필요로 하는 것을 고려해 감정을 상하게 하지 않는 방식으로 메시지를 전달해야 한다. 이 개념을 최초로 도입한 이들은 하트와 벅스(Hart, R. P., & Burks, Rhetorical sensitivity and social interaction, 1972)로, 우리는 그들의 기본적인 발상을 그룹 토론에 적용시킬 것이다.

당신이 사려 깊게 말하는 사람이라면, 다른 사람들을 더욱 협조적으로 만들 수 있다. 설사 그렇지 못하다 하더라도 다음의 다섯 가지 원칙을 통해 상대방을 존중하는 언어를 선택해 의사를 표현하면 큰 도움을 받을 수 있다.

1. 나는 당신의 존재를 알고 있고, 당신은 유일무이하고도 중요한 존재이다.

상대방의 말을 주의 깊게 듣고, 냉정함과 인내심을 발휘하고, 다른 사람들에게 발언 기회를 주고, 지적인 질문을 던지는 것은 당신을 매우 사려 깊은 사람으로 보이게 만든다. 또한 다른 이의 의견을 들을 때 눈맞춤*eye contact*을 유지하며, 마음을 열고 적극적인 태도를 유지하면 예의바른 모습을 보여줄 수 있다. 이를 통해 당신은 서로를 존중하는 분위기를 조성할 수 있게 된다. 토론에서 자신과 의견이 다른 사람을 존중하는 것이 가능하다는 사실을 명심하라.

2. 나는 내가 하고 있는 말을 믿는다.

미리 준비한 내용을 열정적으로 발표함으로써, 당신은 자신이 하고 있는 말을 확신한다는 것을 전할 수 있다. 당신의 발언에 믿음이 담겨 있지 않다면 어떤 말을 해도 소용이 없다. 그룹에 도움이 되는 말을 하고 있는 게 아니라면 다른 구성원들의 시간을 빼앗고 있는 것에 불과하다. 그러므로 신중하게 생각하고, 사려 깊게 말하고, 적절한 경우 기꺼이 당신의 정보와 견해를 다른 구성원들과 나누도록 하라.

3. 우리는 모두 여기서 무언가를 얻게 될 것이다.

사려 깊은 구성원은 '승패'를 가르는 방식으로 자신의 생각을 제시하지 않는다. 자신의 견해를 말하고, 공동의 이익을 설명하고, 만일 상대가 의견을 조정하지 않을 경우 그룹이 얼마나 손해를 입을지 지적함으로써 동료 의식을 내보일 수 있다. 당신이 발언을 하는 이유가 그룹의 목표와 조화되는지 확인해보라. 스스로 지금 주장하는 바가 그룹의 목표에 도움이 되는 것이라고 확신한다면 당신은 비판, 심지어 논쟁에 빠지더라도 의연하게 대처할 수 있다. 열띤 비판과 논쟁이 그룹을 목표에 가깝게 하는 데 도움이 된다는 것은 확실한 일이다.

4. 나는 이해할 수 있는 방식으로 나의 메시지를 제시할 것이다.

당신은 생각을 자료로 증명하고, 듣는 사람이 이해하도록 설명하고, 질문에 기꺼이 답하고, 용어를 정의하고 실례를 들어주고, 동일한 의미를 이해하도록 협조함으로써 명확하게 메시지를 전달할 수 있다. 당신이 그룹의 구성원이 된 주된 이유는 다른 이들과 함께 일하며 의견을 나누기 위해서이다. 언어적, 그리고 비언어적 의사소통법을 선택할 때, 이 사실을 명심하라.

5. 나는 우리가 앞으로 함께 할 상호작용을 중시하기 때문에, 서로 명확하게 이해할 때까지 기꺼이 대화를 계속할 것이다.

그룹 구성원으로서 당신은 기꺼이 협조할 것임을 보여주고, 서로의 관심사를 교환할 것을 제안하고, 다른 구성원들이 제기한 문제를 숙고하는 데 동의하는 쪽을 선택할 수 있다. 당신은 계속 말할 준비가 되어 있어야 한다. "내 말이 이해되세요?", "이 설명에 대해 어떻게 생각하시죠?", "질문 있나요?"와 같은 질문은 당신의 생각이 다른 구성원들에게 분명하게 이해될 때까지 계속해서 이야기할 것임을 다른 이들에게 보여주는 것이다.

지금까지 우리가 살펴본 원칙은 당신의 참여도를 검토할 수 있는 기준이 되기도 한다. 수사학적으로 민감하게 자신의 주장을 말하는 사람은 대개 개인적으로 성실할 뿐만 아니라, 그룹과 그 목표에 적극적으로 협조할 사람들이다.

토론에 임하기에 앞서 먼저 개인적인 준비를 마쳐라

그룹 토론을 대비해 미리 개인적인 준비를 해두는 것 역시 토론의 성패를 좌우할 수 있는 중요 요인이다. 토론에서 최선을 다하기 위해, 당신은 주제와 절차를 알고 다른 구성원들을 이해하고 리더와 일치감을 지녀야 하고 그룹의 목표를 알고 이해해야 한다.

준비된 참여자는 정보와 의견 모두를 제시할 준비가 되어 있다. 유능한 구성원들은 기록을 검토하고, 무엇을 믿는지 혹은 어떤 대답이 합당한지를 이미 알고 있다. 그들은 마지막 회의에서 어떤 일이 일어났는지 기억한다. 따라서 이미 답변된 질문을 하거나 이전에 처리된 문제를 제기해 시간을 낭비하지 않는다.

명확한 토론을 위한 의사 표현법

아무리 옳은 말이라도
표현이 지지부진하면
제대로 전달될 수 없다.
상대가 당신의 주장을
잘 파악하도록
효과적인 표현을 사용하라!

인간의 의사소통은 매우 복잡한 과정을 거친다. 의사소통은 각자가 전달하고자 하는 의미를 공유하는 것이므로, 단순한 대화 이상이 되어야 하기 때문이다. 따라서 효과적인 의사소통은 청중 중심으로 이루어져야 한다. 즉 상호작용을 하는 양 당사자가 각각 서로를 이해할 수 있는 방식으로 이루어져야 할 것이다.

자신의 생각을 정확히 전달하는 유능한 토론자가 되려면, 당신은 자신의 생각을 듣는 사람이 이해할 수 있도록 표현해야 한다. 효과적인 의사소통 방법 중 하나는 당신이 주장하는 것으로 그룹이 얼마나 이익을 얻을 수 있을지를 설명하는 것이다. 당신은 사람들이 특정한 사실에 주목하기를, 혹은 어떤 것에 대해 태도를 바꾸기를 원할지 모른다. 어쩌면 어떤 행동을 하기를 바랄 수도 있다. 이때 당신의 책임은 당신이 무엇을 원하는지, 그리고 왜 그룹 구성원들이 당신에게 협조해야 하는지를 청중에게 이해시키는 것이다. 구성원들이 모두 공동적 이익을 얻으리라는 것을 깨달을 때야말로 당신의 주장은 주목을 받을 수 있다.

의견 발표 시 다음과 같은 표현들을 이용해보라.

- **단정적인 표현을 사용한다** : "여기서 틀림없는 사실은…", "그에 대한 제 관점은…", "제 생각은…"
- **진행을 돕는 표현을 사용한다** : "우리가 …에 합의했다고 생각합니다.", "다음 논점으로 넘어갈까요?", "무슨 말씀을 하려는 건지 완벽하게 이해되는군요."
- **비판한다** : "이 사실에 대한 설명이 완벽하지 못한 것 같군요. 덧붙여 말하자면…", "방금 인용된 출처가 편파적이 아니라는 것을 우리 모두 인정하나요?", "그 연구의 근거가 되는 조사 결과에 몇 가지 결점이 있었던 것 같군요."
- **질문을 던진다** : "그가 생각하는 것과 똑같은 이유로 그걸 믿으시나요?", "주장을 뒷받침하는 근거는 무엇입니까?", "이 의견을 덧붙여도 여전히 그 해결책을 지지하시겠습니까?"
- **주장한다** : "저는 다음과 같은 이유로 …라고 생각하고 …때문에 …이 옳지 않다고 생각합니다."
- **판단을 내린다** : "만일 그렇다면, 우리는 이것 혹은 저것을 택해야 합니다. 그러나 만일 거기에 결점이 있거나, 한계가 있다 해도 이것이 우리의 유일한 대안입니다."

단어를 선택할 때, 언어란 모호하다는 사실을 잊지 말라. 정확한 의미는 단어 속에 있는 것이 아니라 듣는 사람의 판단 속에 있다. 듣는 사람은 자신이 받아들인 메시지를 발언자가 의도한 것과 다르게 이해할 수 있기 때문이다.

가령, 그룹의 한 구성원이 오늘 아침을 거창하게 먹었다고 당신에게 말한다면, 여기서 '거창하게'는 무엇을 의미하는가? 아침을 먹지 않는 사람들에게 '거창하게'는 커피와 주스, 토스트로 해석될 것이다. 반면 아침을 많이 먹는 사람들은 '거창하게'를 베이컨과 달걀, 소시지, 팬케이크를 푸짐하게 차려 놓은 식탁으로 이해할 것이다.

이처럼 타인의 발언을 들을 때, 사람들은 각자 자신의 정의와 경험에 따라 그 말을 듣고 해석한다는 것에 주의하라. 당신의 해석은 발언자의 해석과 일치할 수도 있고, 일치하지 않을 수도 있다. 이런 경우에는 질문을 해서 반드시 명백한 의미를 이해하도록 하라. 또한 당신의 의견을 말할 때는 가능한 한 구체적이고 명확한 단어를 선택하라.

☑ 구성원들이 '돈이 많다, 휴가 때 먼 길을 운전한다, 텔레비전을 많이 본다' 혹은 '오늘 정말 덥지?' 등의 문장을 어떻게 정의하는지 알아보라. 대답이 각자 다른 이유는 무엇인가?

다음에 제시된 대화의 예는 언어의 모호성을 잘 나타내고 있다. 우리는 이러한 표현들을 보다 전달력이 높은 말로 바꿔줄 표현들을 예시해 놓았다. 다음을 보고 당신의 언어 표현 습관과 비교해 보도록 하라.

둔감   "저는 그 문제가 완전히 잘못 표현되었다고 생각해요."

민감   "학생들이 학교에서 자행하는 파괴행위를 우리가 어떻게 막을 수 있을까?'라고 하면 특정 집단을 지칭하게 됩니다. 그런 식으로 표현하면 파괴자들이 학교의 학생이 아닐 수도 있다는 가능성을 배제하게 돼요. 그 질문을 '학교에서 파괴 행위를 하는 이들을 어떻게 찾아낼 수 있을까, 그리고 방지를 위해 어떤 조치가 필요할까?'로 바꿔 표현할 것을 제안합니다."

혹은

"현재의 표현은 질문 속에 결론이 포함되어 있는 것 같아요. '학교에서 일어나는 문화적 파괴 행위를 어떻게 막을 수 있을까?'라고 하면 어떨까요? 그 표현을 쓰면 파괴자들이 누구인지 알아낼 수 있을 테고 학생들에게 혐의를 씌우지 않게 되죠."

둔감한 언어 선택의 예는 문제가 정확하게 무엇인가를 찾아내기 어렵게 만든다. 반면 두 가지 민감한 선택은 훨씬 더 명확하게 의사를 표현하고 있다. 또한 이 두 가지 진술은 이의를 제기하고, 그 이의에 대한 이유를 제공하고 있다. 여기서 이의를 제기하는 이유는 단순히 개인적 관점으로 표현되지 않았다. 즉, 발언자는 그룹의 다른 구성원들이 존중할 만한 이유를 제시하고 있는 것이다.

토론 시 각각의 참여자는 모든 진술에 대해 이유를 충분히 설명해야 한다. 아무 것도 당연시 여겨서는 안 된다. 이것은 의사 진행을 방해하거나 불필요한 말을 하라는 것이 아니다. 질문에 대비해 준비하라는 뜻이다. 그룹의 모든 구성원들은 당신과 마찬가지로 신념과 감정을 지니고 있다. 단지 당신이 말했다는 이유로 그들이 동의해 주기를 기대할 수는 없다. 명확하게 설명할 준비를 해두어라.

또한 정중하고 협조적인 어조를 유지해야 한다. 위에 제시된 민감한 표현을 볼 때, 발언자는 대단한 외교적 수완과 기지를 발휘하고 있음을 알 수 있다. 먼저 문제를 제기한 사람의 감정을 해치지 않는 선에서 이견을 제시하고 있기 때문이다. 의견에 대한 인신공격적 발언은 토론에서 꼭 필요한 협동성을 파괴한다. 반박이든 동의든 모든 의견제시는 전적으로 발언에 대한 것이어야 한다. 그것을 발표한 사람이 아니라 말이다.

둔감　"농담이시겠죠. 사실을 모르는 사람들이나 학생들이 파괴 행위를 하는 것이 아니라고 말할 겁니다."

민감　"학교에서 파괴 행위를 저지르는 장본인이 학생들이 아닌 다른 사람일 거라는 생각은 한 번도 해 본적이 없어요. 이에 대한 증거라도 있습니까?"

혹은

"만일 그렇다면, 이런 가능성을 참작해 질문을 던져야 하겠죠. 내가 입수한 증거에 의하면 파괴 행위를 하는 건 대부분 학생들이라고 하더군요. 그러나 다른 사람들이 관련되어 있다는 가능성을 고려한다고 해도 지장은 없겠죠."

타인이 당신을 바라보는 방식을 완전히 통제하기란 불가능하다. 이런 이유로 어떤 사람은 당신이 한 말 혹은 행동에 화를 낼지도 모른다. 혹은 말이나 행동이 적합하지 않음에도 불구하고 당신을 좋아할 수도 있다. 당신이 통제할 수 있는 것은 당신 자신의 생각과 말뿐임을 기억하라.

당신이 토론에서 할 수 있는 최선은 자신의 행동이 낳을 수 있는 결과에 대해 이성적으로 추측하고, 어떤 말을 어떻게 표현하는가에 대해 생각하는 것이다.

상대방의 말을 적극적으로 경청하라

상대의 말을 오해하기 시작하면, 그 토론은 이미 결렬된 것이나 마찬가지다. 개인적인 상황, 감정, 느낌 등에 앞서 먼저 상대의 표현이 갖고 있는 참뜻을 파악하라!

토론에서 경청은 매우 중요하다. 당신에게 의견이 전해질 때는 그에 대해 깊이 생각해보아야 한다. 그런 다음 당신이 그 내용을 이해했는지 결정하는 것이 좋다. 신중하게 숙고한 후, 대답할 필요가 있는지 결정하고 만일 그렇다면 어떤 대답을 할 것인지 결정하라. 훌륭한 경청자가 되기 위해서는 피해야 할 것이 두 가지 있다.

첫째, 어떤 말을 들었을 때 모두가 이를 같은 의미로 받아들인다고 생각하지 말라. 앞에서 언어의 모호성에 대해 논의했던 것을 기억하는가? 때로 우리는 말을 오해해서 발언자에게 적대적으로 반응한다. 예를 들어, 트리샤가 빌에게 "유행을 잘 타는 것 같다"고 말했다고 하자. 그녀는 빌이 '적극적이고 유행에 뒤지지 않는다'는 칭찬의 의미에서 그 말을 한 것이었는데, 자신의 독자적인 판단을 유난히 중요하게 여기는 빌은 이 말에 매우 불쾌해 한다. 그는 트리샤의 말을 자신이 '아무 생각 없이 대중을 따라한다' 는 뜻으로 받아들이기 때문이다. 이는 그 당시의 상황과 받아들이는 태도에 따라서 같은 말이라도 두 사람이 얼마다 다르게 이해할 수 있는가를 단적으로 보여주는 예이다.

말의 진정한 의미는 '말' 이라는 객관적으로 보이는 실체보다 사람들의 머릿속에 든 '생각' 이라는 요소에 더 많이 지배를 받기 때문에, 발언자의 정확한 의도를 확인하는 것은 명확한 대화를 나누는 데 있어 상당히 중요한 부분이 아닐 수 없다.

발언자의 의도를 파악하기 위해서는, 들은 내용에 대해 당신이 해석한 바를 다시 말하거나 발언의 의미를 명확히 드러낼 수 있는 질문을 제기하는 것이 좋다. 벌컥 화를 내는 대신, 빌은 이렇게 말할 수 있다. "무슨 뜻인지 잘 모르겠는데요" 혹은 "내가 그냥 대중을 따라한다는 말인가요?"라고 말이다. 그러면 그릇된 의미가 서로에게 피해를 주기 전에 발언자와 경청자의 오해를 없앨 수 있다.

둘째, 당신과 의견이 다른 이들의 신념이 당신의 생각보다 근거가 부족하다고 여기는 잘못을 저지르지 말라. 왜 자기 자신의 말에 확신을 갖는지 그 발언자에게 직접 질문하도록 하라. 아울러 발언자가 그의 관점에서 정당성을 제공하도록 만들어라. 토론 상충하는 견해를 조정하고, 의견 차이를 표현하거나 서로 이해해야만 조정이 가능하다. 발언자의 의도를 제대로 이해했는지 확신할 수 없다면, 의미를 명백히 밝혀달라고 요구해라. 그 견해가 설사 당신의 의견과 일치하지 않더라도, 의견이 타당한 근거로 뒷받침되고 있는지 판단하라.

그룹 토론에서
비언어적 요인들이 발휘하는 힘

공간 또는 의자의 배치,
토론자들의 태도,
토론 장소 등 비언어적 요인
역시 그룹 토론의 효율성을
높이는 데 매우 중요한
요인으로 작용한다.

대개의 사람들은 '의사소통'하면 일반적으로 '말'을 떠올린다. 그러나 우리가 하는 의사소통에서 말은 아주 적은 부분을 차지한다. 우리는 서로의 의사를 전달할 때 주로 비언어적 의사소통(언어를 제외한 행동, 옷차림, 자세, 표정 등 다른 부분을 이용한 의사소통)을 이용한다. 비언어적인 신호는 보통 의도적으로 보내는 것이 아니기 때문에, 우리는 종종 다른 구성원들이 우리의 말을 비언어적 의사소통으로 미루어 해석한다는 것을 깨닫지 못한다. 비언어적 의사소통의 종류는 매우 다양하지만, 그룹 토론에서 특히 신경 써야 할 요인은 크게 4가지로 나눌 수 있다. 이에 대해 자세히 살펴보도록 하자.

상호작용을 나타내는 구성원들의 행동

그룹 토론에서 나타나는 비언어적 행동은 상호작용에 대해 많은 단서를 제공한다. 얼굴 표정, 물리적 위치, 눈맞춤, 목소리의 고저는 다른 사람에 대한 느낌이나 감정, 관심 정도에 대한 당신의 태도를 무의식적으로 나타내기 때문이다. 가령, 어떤 사람이 말을 할 때 외면을 하거나 시선을 돌린다면, 이는 그 사람이 지루함을 느끼고 있다는 표시이다. 이와는 대조적으로 바른 자세로 앉아서 발언자를 마주보고 시선을 계속 맞춘다면, 그는 발언자의 말에 주목하고 있다는 것을 의미한다. 물론 이 두 가지 해석 모두 반드시 정확한 것은 아니다. 그러나 각각의 행동에서 의미를 끌어낼 수는 있다. 일반적으로 경청자들은 발언자의 의도를 추론할 때 언어적 메시지보다 비언어적 메시지를 더욱 강렬한 것으로 받아들인다. 또한 발언자들은 그들이 눈으로 확인한 경청자들의 행동을 바탕으로 청중의 태도를 판단한다.

비언어적 행동은 보이지 않게 토론의 흐름을 조정하거나 통제한다. 문제해결을 위한 토론에서, 비언어적 단서는 대화의 흐름을 비공식적으로 조정하는 주된 방법이다. 대화의 흐름을 조정하는 비언어적 단서에는 눈맞춤과 몸짓이 있다. 말없는 구성원들을 토론에 참여시키고 지나치게 말이 많은 구성원들이 토론을 점유하지 못하게 할 때 비언어적 단서를 사용할 수 있다. 예컨대 현재 발언중이면서 말을 계속 하려는 사람은 다른 구성원들과 시선을 마주치지 않음으로써, 자신의 말을 멈출 의사가 없음을 표현할 수 있다. 비언어적 행동이 제공하는 통제적 단서는 매우 미묘하게 파악되지만, 의사소통 과정에서 놓치지 말아야 할 매우 중요한 부분이다.

공간 네트워크

공간 네트워크는 전체적인 좌석이나 가구 배열을 가리킨다. 좌석 배치 네트워크에는 두 가지 기본적인 유형이 있다. 한 사람이 중앙의 위치를 차지하는 집중 네트워크와, 모든 구성원들이 균일하게 눈에 띄는 자리에 착석하는 분산 네트워크이다. 집중 네트워크의 경우, 토론은 중앙에 위치함으로써 권력을 얻는 한 사람을 통해 진행된다. 이런 이유로 때로 리더는 그룹의 나머지 사람들보다 더 높은 위치에 있기 위해 책상 위에 앉는다. 반면, 분산 네트워크에서 참여자들은 다른 구성원들과 마주보고 토론할 수 있는 동등한 기회를 갖는다.

☑ 다양한 공간 유형을 이루는 그룹에 참여한 경험을 생각해보라. 어떤 공간 유형이 구성원들 사이에 좀더 균형 잡힌 참여와 좀더 큰 만족을 가져오는가? 어떤 유형이 신중한 고찰을 돕는가?

의자의 배열

구성원들이 어디에 앉기를 선택하는가는 그룹이 어떻게 일을 하는가에 영향을 미친다. 중앙 자리를 차지하는 사람은 주위에 자리한 사람들보다 더 큰 권력을 발휘하는 것처럼 보인다. 물리적으로 중심에서 멀리 떨어진 변두리에 앉은 사람들은 자신이 그룹의 일원이라는 의식이 희박하기 때문에 참여도가 낮다. 따라서 회의실의 물리적 제약 때문에 분산 배열이 불가능할 경우에는(대부분의 회의실이 그렇다) 모임 때마다 좌석 배치를 바꾸어 모든 사람들에게 중앙에 앉을 수 있도록 공정한 기회를 주는 것이 좋다.

토론 장소

물리적 환경은 토론의 논조와 상호작용에 영향을 미칠 수 있다. 아파트나 집 같이 편안한 환경은 사교적인 대화와 여담을 조장하는 경향이 있다. 또한 격식을 따지지 않는 환경에는 편안한 가구가 구비되어 있어 사람들이 긴장을 풀고 여유를 갖고 대화할 수 있도록 한다. 반면 교실이나 회의실처럼 다소 딱딱한 환경은 중심 인물을 강조하는 경향이 있고, 집중하지 않는 구성원이 토론에 주의를 기울이도록 도울 수 있다. 그렇다면 어떤 환경이 가장 적합할까? 이는 어떤 특정한 시점에서 그룹의 목표가 무엇인가에 달려 있다. 편안한 환경은 구성원들이 서로를 소개하고 편한 느낌을 받아야 하는 첫 모임에 이상적일 것이다. 그러나 능률과 엄격한 탐구 분석이 꼭 필요할 때 이런 환경에서 대화하는 것은 그 모임의 효율을 떨어뜨릴 것이다. 회의실이나 교실과 같은 환경에서는 필기를 위한 테이블, 칠판, 의자 같은 유용한 물건을 제공하여 대화가 지체되는 것을 엄격히 저지할 수 있다. 이때 모임 시간도 상호작용에 영향을 줄 수 있다. 오전 8시 회의와 오후 3시 회의에서 사람들이 보여줄 수 있는 열의가(참석률 역시) 얼마나 다를지 생각해보라.

☑ 비언어적 의사소통에서 나타나는 문화의 차이를 꼭 명심하라. 필자들 가운데 한 사람은 북부에 위치한 대학에서 강의를 할 때, 학생들이 집단 프로젝트를 위해 종종 오후 9시나 10시처럼 매우 늦은 시간에 모임을 갖는다는 사실을 알게 되었다. 이것은 남부의 대학에서는 꿈도 못 꿀 일이다. 왜냐하면 남부의 대학생들은 오후 9시 이후의 시간은 '가족과 보내는 시간'이라고 생각하고 있기 때문이다.

갈등 요소를 미리 제거하라

**토론에서 갈등은
빈번하게 발생한다.
갈등을 최소화하고 싶다면,
상대의 진정한 뜻을
질문을 통해 파악하고,
먼저 사과할 줄 아는 자세를
가져야 한다.**

아무리 좋은 의도를 가지고 있어도, 집단 내에서 구성원의 관계가 나빠지는 경우가 생길 수 있다. 이것은 의견이 서로 다르거나 무시되었을 때 발생할 가능성이 높다. 따라서 선택을 할 때는 반드시 추론보다 사실에 기초해 하도록 하라.

이때 사실이란 우리가 목격하는 것이고 추론은 자신의 경험과 지식을 바탕으로 사실에 대해 세우는 가정을 가리킨다. 이런 이유로 우리는 정확하게 추론을 할 때도 있지만, 종종 잘못된 추론을 하기도 한다. 예컨대, 제리가 짐을 보고 눈동자를 굴린 것은 하나의 객관적 사실이다. 이때 짐은 제리의 행동을 목격하고는 그녀가 자신의 생각을 탐탁하지 않게 여겨 무례하게 굴고 있다고 추측한다. 만일 그가 그 추론을 바탕으로 대화를 이끌게 되면(무관심하고 냉랭한 행동을 보이는), 짐과 제리의 악화될 것이고 결국 서로에게 더 이상 말을 걸지 않게 될 것이다.

물론 짐의 추측이 올바른 것일 수 있다. 그러나 제리가 보인 행동에 다른 이유가있을 가능성도 높다. 제리는 낮에 일어났던 어떤 일을 생각하며 공상에 잠긴 것이고, 비언어적 단서인 눈동자의 움직임은 이와 관련된 것일지도 모른다. 혹은 무언가가 눈에 뭔가가 들어갔을 가능성도 있다. 사람들이 특정 행동이나 말을 하는 이유는 매우 다양하다는 사실을 기억하라.

그러면 이런 상황에서 어떻게 행동해야 실수를 저지르지 않을까? 그것은 바로 질문을 던지는 것이다. 질문을 해라! 그리고 당신이 끌어낸 추론을 명백히 확인하라! 짐이 "제리, 내가 방금 한 말에 뭐 틀린 게 있나요?"라고 한마디만 물으면 즉각 추론의 옳고 그름을 명백히 밝힐 수 있다.

당신이 개인적인 선택을 할 때, 각각의 모든 선택이 시스템이 기능하는 방식에 영향을 미칠 것이라는 사실을 기억하라. 당신이 잘못을 저질러 누군가의 기분을 상하거나 당황하게 했다면, 사과하라. 당신의 생각을 말하고 다른 이들의 의견을 마음껏 비판하는 것은 바람직한 토론을 위해 필요한 일이지만, 언제나 그 바탕에는 상대를 배려하는 마음가짐이 있어야 함을 잊지 말기 바란다.

1. 그룹을 구성하는 기본 요소 파악

- 개별 구성원들에 대한 정보를 입수하라
  - 첫 모임에서 구성원들의 개인적 특성과 요구에 대해 파악한다.
  - 그룹 구성원들의 기술과 능력에 대한 목록을 작성해 각자에 맞는 영역을 결정한다. 이것은 각 구성원이 가지고 있는 특별한 능력을 활용할 수 있는 열쇠가 된다.
- 그룹의 규모 : 5~7명 정도가 한 그룹을 이루는 것이 가장 이상적.
- 그룹의 의무 : 공동의 목표와 과제에 대해서 구성원들이 충분히 이해할 수 있도록 한다.

2. 토론의 효율을 높이는 의사전달법

- 명확한 표현을 사용한다.
- 진행을 돕는 표현을 사용한다.
- 적절한 비판을 가한다.
- 질문을 던진다.
- 자신의 의견을 당당히 주장한다.
- 판단을 내린다.

3. 적극적으로 경청하라 : 토론에 있어서 상대방의 의견을 경청하는 일은 매우 중요하다. 자칫 잘못하면 상대방의 뜻과는 전혀 다른 방향으로 의견을 이해하게 될 수도 있기 때문이다. 이것은 효과적인 토론을 망칠 뿐만 아니라, 당신과 상대방의 관계 자체를 위태롭게 만들 수 있다.

4. 비언어적 의사소통 : 비언어적 의사소통에 영향을 미치는 요인들을 잘 컨트롤해야 보다 효율적인 커뮤니케이션과 토론을 이끌어 낼 수 있다. 공간 배치라든지, 상대방의 이야기를 듣는 경청 태도 및 행동, 착석 위치 등 비언어적 의사소통에 영향을 미칠 모든 것들을 그날의 토론과 대화 내용에 맞게 컨트롤해야 한다.

5. 효과적인 토론을 위한 준비 : 토론에서 최선을 다하기 위해, 당신은 주제와 절차를 알고 다른 구성원들을 이해하고 리더와 일치감을 지녀야 하며, 그룹의 목표를 알고 이해해야 한다.

6. 갈등 조정 : 토론에서 발생하는 어쩔 수 없는 갈등을 조정하기 위해서는 서로의 잘못을 인정하고 빨리 사과하는 것이 가장 좋다. 시간을 끌면서 감정싸움을 하는 것은 그룹 전체의 효율성을 심각하게 저해할 수 있다.

효과적인 토론을 위한 리더의 역할

리더 선발하기

리더를 선발하기 위해서는 다음의 세 가지 방법 가운데 하나를 선택할 수 있다. 즉 '한 사람을 리더로 지명하기', '누군가 리더로 나타나기를 기다리기', 마지막으로 '리더의 모든 기능이 여러 구성원들 사이에 분배되고 어떤 권력 갈등도 일어나지 않기를 바라기' 이다.

'리더를 지명하는 것' 은 가장 안전하고도 흔한 방법이다. 당신이 속한 그룹이 더 큰 조직의 일부라면, 아마도 그룹이 처음 조직될 때 리더가 지명되어 있었을 것이다. 반면 그룹 구성원들이 직접 리더를 지명을 해야 한다면, 당신은 몇 가지 선택권을 갖는다. 지원자가 있는지 묻거나, 누가 가장 경험이 많은지 파악해서 그 사람을 리더로 추대할 수도 있고, 투표를 해서 리더를 지명할 수도 있다. 하지만 리더가 되고자 하는 의지가 없는 사람을 택하는 것은 대개 훌륭한 선택이 아니다. 리더를 선택할 때는 그 사람이 리더로서의 의무를 성실히 수행할 수 있는가, 그리고 그룹을 이끌어갈 만한 의지와 자신감이 얼마나 충만한가를 고려해 보아야 한다.

'리더가 나타나기를 바라' 는 두 번째 선택은 상당히 위험한 도박이다. 만일 리더가 나타나지 않으면 그 그룹은 갈피를 잡지 못하고 흔들릴 것이다. 훨씬 더 심각한 경우는, 리더의 지위를 탐내는 두 구성원이 지나친 경쟁심을 드러내 모든 구성원들이 프로젝트에 집중하지 못하게 할 수도 있다. 또한 리더로 나서는 구성원이 간혹 충분한 경험을 지니지 못한 경우도 있다.

단지 어떤 사람이 가장 영향력이 있다고 해서, 그가 리더의 자질을 지니고 있는 것은 아니다. 구성원들이 리더가 필요하다는 표현을 보여주어야만 지도력이 있는 구성원은 능력을 발휘할 것이다. 그룹에 리더가 없는 기간이 길어지면, 상급 권위자가 능력 없는 사람을 리더로 지명할 수도 있다는 사실을 명심하라. 이런 경우에는 구성원들에 의해 암묵적으로만 신생 리더가 부상할 수도 있다. 한 명은 '리더' 라는 공식 직함만을 갖고 있고, 다른 한 사람은 구성원들의 지지 속에 리더의 실질적 역할을 수행하는 상황이 발생하게 되면, 마찰이 생길 가능성이 높아 진다.

리더의 지위를 구성원들 사이에 효과적으로 분배할 수 있다고 생각하는 세 번째 선택은 가장 위험하다. 프로젝트가 실패하거나 훌륭히 마무리되지 않을 때, 결국 아무도 책임을 지지 않기 때문이다. 게다가 완수된 프로젝트에 대해 완전하게 파악하고 있는 중심 인물이 존재하지 않는다. 또한 누가 무엇을 해야 하는가를 놓고 권력 싸움이 벌어지면, 중재할 권한을 가진 사람이 아무도 없게 된다. 결국 그룹은 분열되고 목표는 사라질 것이다.

관리 위원회, 중역회의, 기업 위원회 혹은 다른 심각한 문제해결 집단을 살펴보라. 그 중 리더가 없는 집단을 찾을 수 있을까? 일반적으로, 확실한 리더를 정하고 한 사람에게 책임을 집중시키는 것이 가장 현명한 방법이다.

그러나 모든 구성원들이 1인 리더가 타당한 것이라 생각하지는 않는다. 리더가 없는 토론(여기에서는 모든 구성원들이 리더의 임무를 수행할 것으로 기대된다)의 옹호자들은 토론이란 모두가 동등하게 참여하는 협력적인 모임이 되어야 한다고 말한다. 그들은 리더가 없는 그룹이 한 명의 지도자 아래 운영되는 그룹 못지않게 효과적일 수 있다고 주장한다.

여기서 문제가 되는 대목은 '~일 수 있다'는 것이다. 리더가 없는 그룹도 효과적일 수는 있다. 단, 모든 구성원들이 호의적인 태도로 참여하고 서로를 이해한다면 말이다. 그러나 이렇게 이상적인 상황이 발생할 가능성은 현실적으로 드물다. 더욱이 갈등이라도 발생하면, 리더 없이 갈등을 해결하는 것은 사실상 불가능하다. 물론 지명된 리더가 이끄는 그룹 역시 리더가 무능하거나 갈등이 해결될 수 없다면 비효율적일 것이다. 그러나 리더 없이도 구성원들이 잘 지낼 수 있게 교육하는 것보다는 리더를 세우는 편이 더 쉽다.

☑ 당신이 속한 그룹은 어떻게 리더를 결정할 것인가? 선택을 위해 어떤 기준을 활용하겠는가? 만일 아무도 리더가 되기를 원하지 않는다면 어떻게 해야 하는가?

리더가 없는 그룹을 지지하는 이들은 공동의 리더십이 민주성을 높이고, 1인 리더는 권위적인 통제를 초래할 수 있다고 주장한다. 그러나 개인의 리더십과 권위주의 간에는 필연적인 관계가 없다. 리더가 권위적이라면, 그것은 구성원들이 그가 그룹을 통제하도록 조장했기 때문이다. 구성원들은 그들이 원하는 리더십 유형을 강화하는 경향이 있다. 흔히, 이는 인간이 하는 많은 선택과 마찬가지로 의도된 것이 아니다. 그러나 만일 그룹 내에서 나타나는 의사소통 행동이 리더의 통제력을 강화한다면, 구성원들 스스로 이미 자신들이 받고자 하는 리더십 스타일을 선택한 것이라 보아야 한다.

리더십 행위를 통제하는 한 가지 방법은 리더와 구성원들이 서로에게 무엇이, 왜 기대되는가를 말하는 '역할 협상'을 하는 것이다. 이것은 양 당사자들이 역할의 세부 사항을 조정하는, 일종의 '리더와 구성원들 간의 계약'으로 생각하면 된다.

효과적인 리더십에 있어서 이론은 많다. 그러나 우리는 소규모 집단의 문제해결 상황을 위한 리더십에 있어서 '적응적 접근법'을 신뢰한다. 적응적 접근법은 리더의 지휘를 매우 역동적인 변화의 과정으로 간주하고, 완벽한 리더가 되는 비법은 없다고 말한다. 모든 그룹은 조금씩 다르기 때문에, 유능한 리더는 그룹 내에서 구성원들의 요구와 상황에 반응해야 한다. 적응적 접근법에서는 효과적인 리더십은 특수한 환경과 구성원, 과제에 적응하고, 문제해결 측면에서 발생하는 모든 변화에 적응하는 데서 생긴다고 말한다.

리더와 구성원들 간의 계약을 체결할 때, 구성원들은 리더에 대해 바라는 점을 모두 표현해야 한다. 구성원들은 리더가 일정을 시행하고 일정을 계획하거나 실행에 옮길 때 구성원들의 동의를 얻어야 한다고 구체적으로 말할 수 있다. 또한 리더에게 각자에게 알맞은 과제를 할당해 줄 것을 요구할 수도 있고 구성원들이 동의하지 않은 일을 강제로 시킬 수는 없다고 확실하게 못 박을 수도 있다. 또한 리더에게 공식적 혹은 비공식적으로 회의를 이끌거나 혹은 다른 구성원에게 역할의 일부를 위임하라는 등 여러 가지 요구를 할 수 있다.

반면 리더는 앞으로 어떤 계획을 지니고 있는지, 자신의 장점과 약점에는 어떤 것이 있는지, 그리고 하기 편한 것과 불편한 것은 무엇인지를 구성원들에게 말할 수 있다. 대개의 경우, 분별력 있는 이들은 모두가 받아들일 수 있고 그룹의 목표에 건설적으로 작용할 합의 사항을 끌어낼 것이다.

리더십의 성격과 한도를 협상함으로써, 구성원들은 리더의 권위적인 통제를 피할 수 있다. 그들은 그룹이 최대의 능률과 능력을 발휘해 일을 하도록 돕고 이를 책임질 중심 인물을 둠으로써 상당한 이익을 거둘 수 있다. 그룹 회의에서 리더의 책임에 대해 결정한 내용은 반드시 의사록에 기록해 두도록 하라. 나중에 어려움이 닥칠 경우 서면 기록을 참고해야 할지도 모른다.

표준 의사일정의 중요 요소 중 하나는 그룹 구성원과 리더 양자가 그들이 완수한 일과 그들이 해야 할 일에 대해 깊이 생각하도록 만든다는 것이다. 개인의 책임을 강조하면 일을 완수하기가 쉬워진다. 구성원들이 자신이 하는 일이 중요한 변화를 일으킬 수 있다고 믿으면, 권위적인 리더에게 권력을 집중시킬 가능성이 적다.

유능한 리더가 되기 위한 조건

리더, 그것도 유능한 리더가
되기 위해서는
그룹 구성원들의 욕구를
충족하고 기한 내에 원하는
결과를 도출해낼 수 있는
리더십을 발휘할 수
있어야 한다.

유능한 리더로 남기 위해, 리더는 구성원들의 요구를 들어주고 그들의 기대를 충족시켜야 한다. 이런 의미에서 리더와 구성원의 역할에 대해 합의하는 것은 좋은 출발이다. 좋은 출발을 오랫동안 유지하기 위해서 리더는 구성원들과 상황을 분석하고, 헌신적 참여를 고취시키고, 변화하는 요구 사항에 항상 촉각을 세우고 있어야 한다.

구성원들의 요구를 분석하라

구성원들을 분석하기 전에, 리더는 우선 구성원들이 리더에게 원하는 바가 상당히 다양하다는 것을 알아야 한다. 많은 사람들은 민주적인 리더와 함께 일하기를 좋아한다. 그러나 어떤 사람들은 주도권을 장악하고, 심지어 가끔씩 엄하게 감독하는 지시적인 리더를 더 선호하기도 한다. 민주적인 스타일의 리더는 지시받는 것을 좋아하는 구성원들과는 함께 일하기 힘들고, 권위적인 스타일의 리더는 주도권을 지니고 이를 유지하는 데 익숙한 구성원들과는 함께 일하지 못할 것이다. 일찍이 저마(Jurma, W. E, Effects of leader structuring style and task orientation characteristics on group members, 1979)는 조직적이지 못한 사람들은 시스템을 확실히 해 줄 리더를 선호한다는 사실을 발견했다. 반면 조직적인 성격의 개인들은 지시를 너무 많이 받는 것을 달가워하지 않는 것으로 밝혀졌다. 따라서 리더는 그룹 전체에 대해서뿐만 아니라, 개별 구성원들의 요구와 그들이 선호하는 것에 맞추어 행동할 수 있어야 한다. 이는 결코 쉬운 일은 아니지만 말이다.

리더로서 상황을 파악하고 분석하고 적응하라

유능한 리더는 자신이 처한 특수한 상황을 분석하고 그 상황에 적응할 수 있어야 한다. 만약 그룹이 경쟁 상황에 직면해 있다면 리더는 시간 압박에 민감하게 반응해야 한다. 마감 시한은 다가오고 있는데 구성원들이 이를 심각하게 받아들이지 않는다면 이전의 지도 스타일은 바뀌어야 한다. 이런 상황에서 리더는 프로젝트가 확실히 완수될 수 있도록 평소보다 고압적이고 지령적인 태도를 보일 필요가 있다. 리더는 그룹과 구성원들의 장점과 약점을 알고, 구성원들 사이의 역할과 사태의 변화를 주시해야 한다.

가령, 한 그룹이 최근 프로젝트에서 좌절을 겪었다면 리더는 구성원들이 새로운 프로젝트를 시작할 때 격려의 말을 던짐으로써 힘을 북돋아 주어야 할 것이다. 반면, 최근 성공을 거두었다면, 리더는 지나친 자신감과 과도한 응집성이 초래할 위험을 견제해야 한다. 지나친 자신감은 토론중에 일어나는 건설적인 갈등을 막을 수 있기 때문이다.

결과적으로 리더는 그룹의 상황을 정확히 인지할 수 있어야 한다. 그룹의 상황과 구성원들에 대해 주의 깊게 고려하는 것이야말로 리더가 사용할 수 있는 가장 기본적인 도구이다.

구성원들의 헌신적 참여를 고취시켜라

가능한 한 헌신적이고 효과적으로 일하도록 각각의 구성원들을 설득하는 것은 리더가 해내야 할 또 다른 도전이다. 소규모 그룹의 리더는 구성원들과 개인적인 관계를 발전시킬 수 있다. 즉 어떤 사람은 격려해 주어야 하고, 어떤 사람과는 협동작업을 하는 것이 좋고, 어떤 사람에게는 지시를 내리는 것이 효과적인지 인간관계를 통해 파악할 수 있는 것이다. 다양한 방법을 통해 각 구성원들의 요구를 충족시킴으로써, 리더는 구성원들에게 만족감을 주며 더욱 효과적으로 일을 할 수 있도록 격려해야 한다. 만약 리더가 똑같은 형태의 리더십으로 모든 구성원 개개인을 다룰 수 있다고 생각한다면 큰 손실을 초래할 수 있다.

행동에 융통성을 가져라

구성원들과 상황을 분석하면 리더는 그룹이 원활하게 일하기 위해 무엇이 필요한지를 알 수 있다. 그리고 이를 바탕으로 지시를 내릴 수 있다. 유능한 리더는 광범위한 행동 유형을 알기 때문에 언제, 어떻게 각각의 행동을 지시하고 통제해야 하는지 알고 있다. 이것이 바로 리더가 행동에 융통성을 가질 수 있는 힘이 된다. 다음의 두 가지 예를 살펴보자.

첫째, 사만다의 경우를 보자. 그녀는 학생으로서 소규모 그룹의 리더로 활동하고 있다. 그룹 구성 초기에 그녀는 리더라는 지위를 잠시 제쳐 두고 아주 격의 없는 태도를 취했다. 그녀는 구성원들이 무엇이든 허심탄회하게 말하도록 장려했고, 잠깐 잡담을 나누느라 토론이 중단되는 것을 허용했으며, 그룹이 추구해야 하는 방향에 대해 종종 구성원들의 조언을 구했다. 그녀는 전형적인 민주주의적 지도자처럼 보였다. 그러나 구성원들의 참여도가 떨어지고 프로젝트 마감 시한이 점점 가까워지자, 사만다는 구성원들을 엄격히 통제하기 시작했다. 그녀는 많은 지시를 내렸고, 토론중 잡담을 억제했으며, 구성원들에게 특정한 하위 과제를 할당했다. 구성원들은 곧 능률적이고 효과적으로 일을 진척시켰고, 프로젝트를 완수할 수 있었다. 그들의 프로젝트 보고서는 모든 측면에서 높은 점수를 얻었다.

사만다는 각 단계에서 자신이 무엇을 해야 하는지 알고 있는 리더였다. 초기 모임에서 그녀의 목표는 협동 정신을 도모하고, 각 구성원이 지시받지 않은 상태에서 어떻게 일하는지 살펴보는 것이었다. 그룹과 개별 구성원들의 성향을 파악한 순간, 그녀는 자신의 역할을 규정할 수 있었다. 그룹이 더욱 열심히 일해야 하는 상황에 닥쳤을 때, 그녀는 이미 구성원들의 신뢰를 얻은 상태였다. 그리하여 구성원들은 그녀가 가하는 압력을 받아들이고 그녀의 지시를 따랐다. 사만다는 자신이 처한 상황을 분석했고, 프로젝트를 성공으로 이끌기 위해 필요한 조치를 적절하게 취했다.

두 번째로 브렌트의 경우를 살펴보자. 브렌트는 한 제조 회사의 하급 관리직으로 직장을 옮겼다. 그는 대학에서 인간관계학을 전공했고 참여적 결정이 바람직하다는 생각을 가지고 있는 사람이었다. 브렌트가 리더로서 맡은 첫 임무는 한 팀의 리더 역할을 하는 것이었고, 그 팀의 업무는 간부 교육 프로그램을 검토하고 이를 개선시킬 방법을 제안하는 것이었다. 브렌트는 자신의 생각대로 회사에서 자신과 유사한 위치에 있는 구성원들과 대등하게 일을 했고 열심히 짜신이 알고 있는 지식들을 사용했다. 보고서는 성공적이었다.

얼마 뒤 브렌트는 공장 노종조합을 관리하며 생산성을 증가시킬 방안을 제시하라는 지시를 받았다. 브렌트는 새로운 그룹을 이전과 같은 방법으로 운영하려고 했다. 그는 간부들을 대하듯 공장 노동자들을 예의바르게 대했다. 브렌트는 이것이 노동자들을 자신의 프로젝트에 참여시키는 데 도움이 될 것으로 기대했지만 노동자들은 그의 노력에 별 반응을 보이지 않았다. 노동조합 대표가 몇 가지 조언을 해주지 않았다면 그는 완전히 실패했을 것이다.

조합 대표는 브렌트에게 노동자들이 본래 경영진을 불신하고, 특히 그들을 동등하게 '대하는 체 하는' 간부를 의심하는 경향이 있다고 충고해 주었다. 노동자들은 그들이 회사에 얼마나 충실한지를 판단하기 위해 브렌트가 노동자들의 신뢰를 얻으려고 선심을 쓰는 것이라고 생각하고 있었던 것이다. 브렌트는 노동조합 대표의 조언에 대해 생각해보고 자신의 리더십 스타일을 바꾸었다. 그는 의사일정을 마련했고 구성원들에게 자신이 그들로부터 무엇을 원하는지 말해

주었다. 브렌트는 회사의 각 부서에 대해 구체적인 질문을 던지고,
명확한 정보를 수집할 것을 지시하며, 마감 시한을 정확히 정해 일을
시행했다. 이렇게 달라진 리더십을 보인 후 몇 차례 회의가 끝나자,
노동자들은 브렌트의 리더십 스타일에 반응하기 시작했고 곧 훌륭한
아이디어들을 내놓기 시작했다. 최종 보고서는 완벽했고 그 프로젝
트는 훌륭하게 마무리되었다.

위의 두 경우에서 알 수 있듯이, 리더의 의무는 특정한 과제를 수
행하는 사람들로 구성된 그룹의 잠재력을 파악하기 위해서 무엇을
해야 할지를 이해하는 것이다. 무엇이 필요한지 알아내려면, 리더는
필요에 따라 의사소통 및 행동 스타일을 바꿀 수 있을 만큼 융통성이
있어야 한다. 전반적으로, 대부분의 상황에서 사람들은 리더에게 공
통적인 몇 가지 사항을 기대한다. 그 기대 사항은 다음과 같다.

1. 구성원들이 수용할 수 있는 의사일정을 관리함으로써 문제해결
   과정을 위한 기초적인 가이드라인을 제공.
2. 토의된 내용을 요약할 것. 특히 의사일정의 한 항목에서 다음 항
   목으로 넘어가는 시점에서.
3. 결정의 원인과 결과를 제시함으로써 각기 다른 시간에 논의되는
   논점 간의 관계를 지적할 것.
4. 구성원들 간의 갈등을 해결하는 방법과 수단을 알고 이용함으로
   써, 갈등으로 인해 전체 프로젝트가 방해받지 않도록 보장할 것.
5. 일을 진척시키기 전에 의견일치를 할 수 있는지 시험하고 일단

합의된 의견을 기록할 것.
6. 구성원들에게 기록, 세부 계획, 조사 등을 위임할 것과 할당된
   과제가 확실히 완수될 수 있도록 구성원들을 관리할 것.

이러한 기본적인 책임은 대개의 상황에서 리더십과 관련이 있다. 이런 몇 가지 공통적인 책임 외에, 리더에게 요구되는 사항을 일반화하는 것은 위험하다. 각각의 그룹 상황은 독특하고, 독특한 요구와 방법을 필요로 하기 때문이다.

리더로서 그룹의
모든 상황을 체크하고 조절하라

우리는 이제껏 그룹이 무엇을 성취하고 성취하지 못하는가에 대해 누구보다도 리더에게 더 큰 책임이 돌아간다는 점을 살펴보았다. 리더는 그룹이 이끌어내는 결과에 대해 특별한 책임을 지기 때문에 다음의 네 가지 분야를 주의 깊게 준비해야 한다.

- 완벽한 의사일정의 결정과 배포
- 그룹과 그 구성원에 대한 분석
- 일을 진행하면서 직면할 수 있는 물리적 상황에 대한 대비
- 리더 스스로에 대한 끊임없는 성찰

완벽한 의사일정을 정하고 배포하라

유능한 리더는 토론에서 반드시 논의되어야 할 논점을 이해하고,

발전적인 방향으로 그 논점을 정리해야 한다. 수행해야 할 일의 내용을 확실히 파악하고, 그룹 구성원들에게 논리적인 의사일정을 배포하는 리더만이 프로젝트를 효과적으로 이끌 수 있다.

유능한 리더들은 종종 두 가지 토론 개요를 준비한다. 하나는 비공개적인 것이고 또 하나는 구성원들에게 배포되는 것이다. 비공개적인 개요는 주요 논점과 각 문제에 대한 리더 자신의 질문 혹은 관심 부분을 적는다. 여기에는 구체적인 질문이나 평가를 기록하되, 근거가 확실하지 않은 내용은 임시로 기재한다.

두 번째 개요는 표준 의사일정으로, 이는 구성원들을 위한 것이고 사전에 배포되어야 한다. 의사일정의 목적은 회의에서 무엇을 다룰 것인지를 구체적으로 통보하는 것이다. 이로써 구성원들은 생산적이고 세련된 토론을 준비할 수 있다. 회의에 앞서 리더가 공공 의사일정을 배포했을 경우, "오늘 이것에 대해 회의할 줄은 정말 몰랐어요. 그래서 보고할 준비를 못했는데요" 등과 같은 변명은 전혀 통하지 않을 것이다.

의사일정은 복잡하기보다는 간단한 편이 좋다. 모두에게 회의에서 다루어야 할 주제를 알리는 것이기 때문이다. 그룹의 첫 모임을 위한 표준 의사일정을 예로 들면 다음과 같다.

회의에서 토론해야 할 내용은 아래와 같습니다.

1. 이 그룹은 왜 조직되었는가?
2. 우리는 무엇을, 그리고 누구를 위해 일해야 하는가?
3. 이 그룹의 구성원들은 어떻게 선발되었는가? 우리는 그 과제에
   적절한 특별한 재능과 경험 등을 지니고 있는가?
4. 우리는 이 그룹을 어떻게 운영하기를 원하는가? 여러분은 리더
   인 나에게 무엇을 기대하는가? 회의 날짜와 시간 일정을 어떻
   게 세우는 것이 적당한가?

11월 12일 월요일 오후 4시, 메모리얼 홀 107호에서 시작될 첫 회
의 때 위의 항목에 대해 논의할 준비를 하고 오십시오.

이와 같은 의사일정을 받은 구성원들은 생산적인 토론을 위해 단
단히 준비를 하지 않을 수 없을 것이다.

그룹과 그 구성원들을 분석하라

구성원들에게 적응하기 위해 리더가 습득해야 하는 기본적인 지식
중 몇 가지를 더욱 면밀히 살펴보자. 첫째, 리더는 구성원들이 왜 그
룹에 지원했는지 혹은 지명되었는지를 알아야 한다. 자발적으로 지
원한 구성원인 경우, 그들은 흥미를 가지고 일에 매진할 것이다. 그

러나 그들의 지원 동기가, 완벽하게 전달되지 않은 정보나 편견에 있는 구성원에게는 주의를 기울여야 한다. 자신의 생각과 그룹의 목표가 다르다고 여겨지면 매우 불성실한 구성원이 될 가능성이 높기 때문이다. 과제에 참여하겠다고 지원하는 사람들은 보통 올바른 해결책에 대해 이미 자신의 의견을 지니고 있다. 지원자들은 언제든 탈퇴할 수 있으므로, 리더는 지원자들을 관리할 방법을 신중하게 분석해야 한다.

이와는 달리 지명된 구성원들과 일을 할 때, 리더는 어떤 주제가 문제가 되고 있으며 각 구성원의 참여를 어떻게 확보할 수 있는지를 파악해야 한다. 또한 리더는 지명된 사람들에게 주제에 대한 광범위한 참고 자료를 제공할 수 있어야 한다. 지명된 이들은 문제에 대해 한정된 지식을 지니고 있을 가능성이 높기 때문이다.

빈틈없는 리더들은 구성원들의 개인적 자질을 알아내고자 노력한다. 이들은 대개 초기 회의가 진행되는 동안 구성원들을 주의 깊게 관찰하면서 개개인이 지닌 특별한 재능이나 문제점을 인지한다(사만다의 전략을 기억하는가?). 리더는 이러한 관찰을 통해 각각의 구성원이 가능한 한 편안하고 유능해질 수 있도록 도울 수 있다.

예컨대, 풍부한 언변을 지닌 사람들은 그룹 내에서 상담자 역할을 할 수 있을 것이다. 또한 생각을 명료하게 표현하는 구성원들은 그룹을 대표하는 일을 맡길 수 있고, 꼼꼼한 성격을 지닌 사람들은 정보 수집과 분석 업무에 배치할 수 있다. 각자의 재능에 맞춰 일의 분배가 가능해지는 것이다. 여기서 리더의 과제는 그룹의 목표에 건설적으로 기여할 수 있는 각 구성원의 잠재력을 알아낼 방법을 찾는 것이다.

여기서 한 가지 주의할 점이 있다. 리더는 반드시 개개의 작업량을 똑같이 분배해야 한다. 간혹 리더가 과제의 대부분을 특별히 유능한 한 구성원에게 할당하는 경우가 있다. 이는 일을 확실히 완수할 수 있는 좋은 방법처럼 보이지만, 과도한 업무를 부여받은 구성원은 화를 내거나 지치게 될 것이고, 결과적으로 후에 일을 적게 하거나 태도가 불량해질 수 있다. 또한 일을 적게 받는 구성원의 사기를 저하시킬 수도 있다.

리더는 관찰을 통해 개인적 자질 외에 구성원들의 행동 성향을 알아내고 관리할 방법을 찾아낼 수도 있다. 가령, 리더는 토론을 일방적으로 이끌어가는 경향이 있는 사람들을 제어하고, 소극적인 사람들을 격려하는 방법을 찾아야 한다. 이를 통해 평상시에 매우 생산적이었던 구성원이 불안해하거나 참여도가 떨어지면 그 사람을 따로 불러 혹시 개인적인 문제가 있는지 알아내야 한다. 일에 대해 스트레스를 받고 있거나 혹은 개인적 위기를 겪고 있는 구성원은 당장은 그룹에 많은 기여를 할 수 없을지도 모른다. 그러나 리더가 보여주는 격려와 이해심은 그 개인이 앞으로 그룹에 기여할 가능성을 열어 두는 것이다. 이를 기억하라.

그룹 전체가 어떤 구성원의 의견을 거부하면 그 구성원은 소극적인 태도를 보일 수 있다. 이럴 때 리더는 다른 분야에서 그 사람을 격려하거나, 그의 의견이 거부된 이유를 설명하고 그룹이 다시 모임을 갖기 전에 의견을 수정하도록 도와줄 수 있다. 토론중에 사람들은 간혹 격렬하게 논쟁하기도 한다. 이때 상대에 대한 적개심을 남겨 두는 것은 현명하지 않은 일이다. 만일 두 명의 구성원이 격렬한 논쟁을 벌인다면, 리더는 두 사람 사이에 나쁜 감정이 남아 있지는 않은지 비공식적으로 확인하는 것이 좋다. 리더는 두 사람을 각각 따로 방문해 차를 마시러 가는 등, 이들의 감정을 달래고 그룹 내에서 좋은 관계를 유지할 수 있도록 도와야 한다.

문제해결 그룹에서 리더의 주요 의무는 각각의 구성원이 그룹에 유능하고 중요한 사람이 되는 방법을 찾도록 돕는 것이다. 개별 구성원들을 이해하기 위해 시간과 노력을 투자하는 리더는 그들이 그룹에 기여할 수 있도록 만들 수 있다. 이것이 가능해질 때 그 그룹은 다양한 개인들이 함께 일하면서도 하나의 단위로 기능하는 유기성을 얻게 될 것이다.

그룹이 맞닥뜨릴 물리적 상황을 고려하라

그룹이 맞닥뜨리는 물리적 상황을 고려하는 것은 과제와 대인관계를 컨트롤하는 문제보다는 덜 중요하나, 여전히 계획의 중요한 일면이다. 리더는 물리적 환경이 효과적인 문제해결에 기여할 수 있도록 노력해야 한다. 즉 가구, 설비, 비품이 과제를 수행하는 데 걸림돌이 되지 않도록 준비해야 한다.

대개의 경우, 가구를 분산 배열하면 모든 구성원들의 상호작용이 가능해지기 때문에 훌륭한 선택이라 할 수 있다. 리더는 구성원들이 편안한 좌석(예를 들면 푹신한 의자)을 필요로 하는지, 아니면 보다 격식을 차린 테이블과 의자를 필요로 하는지 파악해야 한다. 편안한 상태에서 토론에 참여하는 것이 좋을까? 기록을 해야 할까? 정신을 바짝 차리고 있는 것이 힘들지는 않을까? 리더는 이런 질문을 던져보면서 환경에 대해 결정을 내려야 한다.

설비와 장비 역시 중요하다. 모임 장소 가까이에 화장실과 같은 편의시설이 있는가? 회의 도중 일어나거나 기지개를 켜거나, 주변을 돌아다닐 만한 공간이 있는가? 리더는 주변 환경이 지나치게 산만하지는 않은지도 고려해야 한다. 과제의 성격에 따라 누군가의 기숙사나 아파트보다는 도서관 회의실에서 만나는 것이 더 현명할 수도 있다. 전화벨 때문에 회의가 중단되거나 다른 사람들이 끼어들면 회의가 굉장히 더디게 진행될 수 있기 때문이다.

필자가 아는 어떤 그룹은 8시간 동안이나 회의를 했다고 불만을 터뜨렸다. 조심스레 질문을 건네 본 결과, 회의 도중 레슬링 시합을 시청하느라 휴식시간을 연장하곤 했다는 사실이 드러났다. 이 경우 회의 장소가 지나치게 편안한 것이 문제가 되었다.

따라서 리더는 시간과 과제의 성격을 고려해 회의 장소를 선정해야 한다. 이 밖에 과제를 수행하기 위해서 인터넷이 연결된 컴퓨터나 복사기가 필요한 경우도 있다. 적절한 시설과 장비를 갖추는 것은 그룹이 일을 훌륭히 진척시키는 데 필수적인 요소이므로 주의를 기울여야 한다.

비품 역시 중요하다. 리더는 여분의 종이와 펜을 지급해야 한다. 가끔씩 구성원들은 회의 장소에 필기구를 지니지 않고 오기도 한다. 회의가 한 시간 이상 계속된다면 다과를 제공하는 것도 좋다. 간식시간 동안 휴식을 취하면서 구성원들이 원기를 회복해 새로운 활력으로 다시 의제에 집중할 수 있도록 하면 효과적이다.

늘 스스로를 분석하고,
자신과 그룹의 리더 역할이 맞는지 확인하라

리더는 다른 사람들에게 영향을 미칠 수 있는 자신의 잠재력은 물론, 장점과 약점을 알아야 한다. 구성원들이 리더인 당신으로부터 무엇을 원하는지 반드시 숙지하도록 하라. 그리고 당신이 제공할 수 있는 것과 제공할 수 없는 것에 대해 정직하게 말하라.

어떤 구성원들은 엄격한 권위를 가진 리더를 원할 수도 있고, 리더가 강력한 진행 역할을 수행하기를 기대하거나, 리더로부터 업무의 할당 혹은 분위기 역할을 요구하기도 한다. 만약 구성원들이 누군가가 의사일정과 모든 세부 사항에 대한 계획을 작성해주기를 원하는데 당신이 그 역할을 하기 어렵다면, 리더 역할을 재고하는 것이 현명할 것이다.

그룹에 서로 원만하지 못한 구성원들이 있다면 리더는 갈등을 해결할 수 있어야 한다. 그러나 리더로서 갈등을 해결할 능력이 없다고 판단되면, 이 일은 당신에게 적합하지 않은 것이다. 만일 당신이 '책임을 지고', '사람들에게 해야 할 일을 지시하고' 혹은 '구성원들의 집중적인 주목을 받는 것'이 좋아서 리더를 꿈꾸는 사람이라면, 토론 그룹의 리더보다는 군대에서 성공할 방법을 찾는 게 나을 것이다.

결국 리더는 자신의 리더십 스타일을 구성원들의 요구에 따라 맞추어야 한다. 훌륭한 리더는 자신의 고유성이나 가치를 희생하지 않고도, 구성원들의 요구를 들어주는 동시에 다른 논제에 대해 그룹이 리더의 의견을 받아들이도록 설득할 수 있다.

신중하게 리더로서의 행동을 선택하라

리더가 어떤 행동을 취하느냐는 각 구성원, 더 나아가 그룹 전체의 분위기와 인식에 큰 영향을 미친다. 따라서 리더는 자신의 말과 행동 하나하나를 이성적으로 선택해야 한다.

리더는 일을 성취하는 데 성공할 수도 있고 실패할 수도 있다. 그룹의 목표를 얼마나 효율적으로 성취하는가는 리더가 어떤 행동을 선택하는가에 달려 있다. 리더가 선택한 행동은 다음의 다섯 가지 부분에 영향을 미친다. 즉 '리더에 대한 구성원들의 인식', '서로에 대한 그리고 그들 자신에 대한 구성원들의 인식', '그룹 전체에 대한 구성원들의 인식', '실질적인 논점에 대한 구성원들의 의견', '토의의 속도'가 그것이다. 시스템적 관점과 마찬가지로, 이러한 다섯 가지 부분은 모두 서로에게 영향을 미친다.

리더에 대한 구성원들의 인식에 영향을 미치는 행동

의식적이건 무의식적이건, 리더는 구성원들이 그를 어떻게 인식하는가에 영향을 미친다. 일부 유능한 리더는 의식적으로 자신이 다른 구성원들에게 어떤 모습으로 보이는가를 관리하고, 이에 따라서 다른 이들에게 자신이 미치는 영향을 관리한다. 사교적이며 구성원들에게 격의 없이 행동하는 리더는 구성원들이 그를 편하고 겸손하며 한 팀의 일원으로 인식하도록 만든다. 이는 구성원들이 편안함을 느끼도록 하고 리더와 구성원간의 지위 차이를 최소화하는 데 유익할 수 있다. 또한 지명된 리더가 먼저 주도권을 장악한 후, 구성원들에게 그가 딱딱하지 않으며 전체 업무를 혼자 지휘할 생각이 없다는 것을 보여주고 싶을 때 적절한 방법이기도 하다. 그러나 너무 격의 없이 행동한 나머지 나중에 엄격한 통제가 필요할 경우 실패하지 않도록 주의하라.

리더는 정식적인 절차와 지시적 발언을 내보일 과제 지향적이고 유능해 보일 수 있다. 이러한 태도는 시간이 촉박할 때, 혹은 집단이 산만해 보일 때 사용하면 적절할 것이다. 대개의 경우, 과제에 대해서만 이야기하고 사교적 여담을 억제하는 리더는 구성원들이 사무적 태도를 보이도록 만든다. 또한 구성원들이 과제에 대해 작업하기를 원하지 않도록 만들거나, 강요를 받고 있다는 생각을 갖게해 불만을 품도록 만들 수 있다. 따라서 리더는 '자신에 대한 반발이 생길 가능성'과 '그룹의 일을 진척시킬 필요'를 비교해 스스로의 행동을 결정해야 한다.

리더는 그룹에 속해 있는 동안 다양한 지도 스타일을 적절하게 사용할 수 있어야 한다. 지시만 해야 하는 날이 있는 반면, 온화한 민주주의적 태도가 적합한 날도 있다. 또 때로는 유능한 구성원들이 일하는 모습을 지켜보기만 해야 할 수도 있다. 리더는 대부분 지시적인 대화를 통해 구성원들과 관계를 맺으므로, 리더의 입장이라면 구성원들에게 제시하는 이미지와 그러한 이미지를 확실하게 얻을 방법에 대해 생각해 보아야 한다. 반면 구성원의 입장이라면 리더가 왜, 그리고 어떻게 의무를 잘 이행하는 것처럼 보이는지 스스로에게 질문을 던져보라. 질문을 던져 봄으로써, 몇 가지 흥미로운 사실을 알게 될지도 모른다.

서로에 대한, 그리고 그들 자신에 대한 구성원들의 인식에 영향을 미치는 행동

기업에서의 거의 모든 업무는 각 구성원 모두가 전체 단위에 영향을 미치는 협동 작업으로 이루어져 있다. 게다가 모든 구성원들은 집단의 전체 분위기에 영향을 주고받으며, 그 분위기는 참여를 북돋우거나 저하시킬 수 있다. 이러한 이유로 인해, 리더는 구성원들 자신에 대한, 그리고 서로에 대한 구성원의 견해에 어떻게 영향을 미치고 싶은지 신중하게 생각해야 한다.

구성원들을 인정하는 리더는 구성원들의 목표를 향한 헌신도와 그룹에 도움이 되고자하는 동기를 끌어올린다. 구성원들이 그룹을 위해 무엇을 하건 그것은 인정받을 가치가 있고, 특별한 공헌은 특별한 칭찬을 받을 만하다. 리더는 개개인의 훌륭한 성과에 주목하는 말을 함으로써 구성원들 간의 상호 지지에 대한 본보기를 보일 수도 있다. 구성원들을 진심으로 인정해주면, 그룹 전체의 자긍심이 강화되고 자기 자신과 서로에 대한 존중심이 높아진다. 물론 칭찬을 지나치게 많이 해서 칭찬이 무의미해지지 않도록 주의해야 한다. 마찬가지로, 한 명이나 두 명의 구성원에게 과도한 칭찬을 남발하는 것을 경계해야 한다. 그룹 내부의 분열을 초래할 수 있다.

리더는 각 구성원이 하는 말에 관심을 나타냄으로써 구성원들에 대한 존중심을 더욱 높일 수 있다. 회의에서 구성원이 발언할 때 하품을 하거나 낙서하는 것은 개인의 자신감에 상처를 주는 행위이다. 타인이 발언할 때 산만하거나 지루한 태도를 보이는 리더는 구성원들에게 다른 사람의 발언을 존중할 필요가 없다고 말하는 것이나 마찬가지이다. 따라서 리더는 언제나 존중심을 나타내는 행동을 보여주어야 한다. 이러한 유형의 행동은 구성원들이 하나의 '팀'으로서 그들 자신과 서로를, 그리고 그들의 일을 존중하도록 고무한다.

리더의 행위는 구성원들이 그들 자신을 인식하는 방식과 작업에 어떻게 적응하는 것이 적절한가에 대한 생각에 영향을 미친다. 따라서 각 구성원의 참여도와 성취, 능력을 면밀히 검토함으로써, 리더는 그룹 내 구성원들의 역량 발전에 기여할 수 있다. 아울러 기록하고, 의견서를 제출하고, 조사 내용을 보고하는 일을 맡을 사람들을 지명함으로써, 리더는 그들의 능력을 보일 기회를 줄 수 있다. 이것이 구성원들의 사기를 높일 것임은 자명하다.

구성원들의 시간 엄수와 회의 참여도 상승은 규칙위반 여부를 감시하고 통제함으로써 가능하다. 구성원들이 토론에 불참하거나 지각을 하기 시작하면, 리더는 구성원들이 토론에 불성실해도 괜찮다는 생각에 젖기 전에 재빨리 불만을 표현해야 한다. 규범은 언제나 빠른 시간 내에 형성되므로, 리더는 신속하게 행동해야 한다. 한 번 이상 결석한 사람에게 사유서를 쓰도록 요구하거나, 지각한 구성원에게 토론이 이미 시작되었고 지각은 정시에 온 사람들에 대한 모욕임을 상기시킬 수도 있다. 규범을 지키지 않는 것이 여러 사람에게 피해를 입히는 일임을 상기시킴으로써, 리더는 무거운 벌칙을 주지 않고도 기강을 강화할 수 있다. 또한 리더는 다른 구성원들에게 지각과 장기 결석이 용인되지 않을 것임을 보여줘야 한다. 잊지 말라. 리더는 규범을 세우는 주체이다.

그룹 전체에 대한 구성원의 인식에 영향을 미치는 행동

구성원들이 자신이 속한 그룹을 어떻게 생각하는가는 그들이 어떻게 참여하고 무엇을 성취하는가에 깊은 영향을 미친다. 유능한 리더는 구성원들이 그룹의 목표를 중요한 것으로, 그리고 토론의 초점으로 여기도록 노력한다. 리더는 구성원들이 참여를 개인적인 점수를 얻는 수단이라고 생각하지 않도록 최선을 다해야 한다. 이런 태도는 그룹 내에 불필요한 경쟁을 부추겨, 명확한 결론을 도출하기 어렵게 만들 수 있다. 리더는 구성원들의 팀 적응을 촉진하는 방식으로 행동해야 한다. 또한 리더는 특정 구성원들을 선발해 특별한 특권을 부여하거나 괴롭히는 행동을 해서는 안 된다.

외부에서 이 그룹이 재능 있고 유능하다고 생각하도록 구성원들을 효율적으로 배치하고, 역할을 다할 수 있도록 돕는 것이 리더가 주로 해야 할 일이다. 리더는 그룹의 발전을 강조하고 과거에 거두었던 성공을 상기시켜야 한다. 구성원들의 특정한 재능을 강조하는 것 역시 그룹 전체의 자신감을 높일 수 있다.

리더는 또한 그룹의 슬로건 혹은 로고를 만들어 구성원 스스로 소속감과 자긍심을 갖도록 할 수 있다. 물론 슬로건이나 로고를 만드는 데에는 구성원 모두가 참여하도록 해야 그 효과가 크다. 예컨대 한 그룹은 '시너지스틱 솔루션스 *Synergistic Solutions*(시너지 효과를 얻는 해결법이란 의미 – 옮긴이)'를 그룹 명으로 정했다. 이러한 그룹명과 슬로건 '함께 일하자, 이론과 현실을 잇기 위해!'는 하나의 힘으로서, 구성원들이 어떤 목적을 갖고 있는지를 상기시키는 데 도움이 되었다.

그룹의 실질적인 견해에 영향을 미치는 행동

리더들은 결과에 가장 큰 책임을 지니고 있기 때문에 그룹이 생산적인 방향으로 움직이도록 하기 위해 특별한 노력을 쏟아야 하고, 적절한 결론을 끌어내야 한다. 때로 구성원들은 실현 가능성이 매우 적은 이상적인 계획에 끌리거나, 진심어린 충고를 마음에 들지 않는다는 이유로 거부하기도 한다. 이전 상황에서 리더의 의무는 결정을 재검토하고 선입견을 멀리하면서, 무엇을 성취할 수 있는지 현실적으로 생각하도록 구성원들을 설득하는 것이다.

그러나 일반적으로 리더는 구성원들에게 막대한 영향을 미치기 때문에 자신의 주장을 너무 강하게 주장하지 않도록 노력해야 한다. 물론 간혹 의견을 피력해야 할 때가 있지만, 이때 리더는 자신의 개인적 견해와 리더로서의 지위와 관계된 견해를 구별해야 한다. 가령, "간부 위원회는 지금 우리가 논의중인 계획을 절대 수용하지 않을 겁니다. 그들은 이제껏 간부의 특권을 제한하자는 우리의 제안을 모두

거절했어요. 정책에 정말로 어떤 영향을 미치기를 원한다면, 좀 더 강력한 선책을 찾아내야 할 겁니다"라고 말하는 것은 리더로서의 역할을 반영하는 말이다. 이와는 대조적으로 "나는 그것을 믿지 않아요. 나는 대안을 원합니다"라고 말하는 것은 너무나 개인적인 표현이므로 다른 이들의 지지를 받기 힘들다.

리더는 또한 의사일정을 계획할 때 구성원들이 논점을 어떻게 인식하는가에 영향을 미치게 된다. 리더는 사전에 배포된 의사일정 가운데 특정 항목을 강조함으로써 어떤 논점이 중요한지 보여줄 수 있다. 또한 의사일정 항목의 순서를 조정함으로써 판단력에 영향을 미칠 수도 있다. 리더는 몇 가지 해결이 수월한 문제를 앞에 배치해서 그룹 구성원들이 성취감을 느끼며 더욱 어려운 문제에 접근할 수 있도록 돕는다.

토론 속도에 영향을 미치는 행동

어떤 토론은 성과물도 없으면서 영원히 끝나지 않을 것 같은 느낌을 줄 때가 있다. 한편, 어떤 토론은 너무 빨리 진행되어 일사천리로 결정을 내리기도 한다. 유능한 리더는 구성원들이 능률적인 속도로 일하도록 장려함으로써 이러한 극단적 상황을 피하려고 노력한다. 이를 통해 일을 너무 빨리 진행시켜 성급한 판단을 내리거나 반대로 너무 느리게 진행해 모든 사람들이 지루함을 느끼는 일이 없도록 한다.

리더는 각각의 의사일정 항목에 제한 시간을 둠으로써 토론 속도에 영향을 줄 수 있다. 한 토론에서 논의해야 할 일이 너무 많을 때,

구성원들에게 일을 완수할 수 있다고 설득하고 능률적인 분위기를 조성하는 것은 리더의 의무이다. 각각의 의사일정 항목에 제한 시간을 둠으로써, 리더는 구성원들이 의사일정에 맞추어 나아가며 일의 진척 상황을 파악하고, 목표에 전념하도록 도울 수 있다.

리더는 간혹 특정한 주제를 마무리함으로써 일의 진행을 촉진할 수 있다. 가령, 토론에서 다루어져야야 할 첫 주제에 대해 서면으로 제출하는 리더가 있다고 생각해 보자. 그녀는 회의를 소집해 구성원들에게 이번 회의 시간에 보고서를 완성해야 한다고 말한다. 회의가 끝난 후에는 보고서 작성자들에게 오늘 토론의 결과를 회의에 참석한 모든 구성원들에게 복사해서 배부할 것을 요청한다.

이러한 행동으로 인해, 보고서 작성자들은 리더가 이미 보고서의 내용을 승인했고, 이번 회의의 초점은 보고서 방식을 수정하는 것임을 알 수 있었다. 구성원들은 그 문제에 대해 좀더 오래 논의하기를 원했을 수도 있다. 그러나 리더는 그 보고서가 확실하다는 것을 알았으므로 자신의 권위를 행사한 것이었다.

토론의 속도를 늦추기 위해, 리더는 질문을 던지거나 생각한 것을 자세히 설명하도록 할 수 있다. 언제나 구성원들이 논제에 대해 성급한 결론을 내리지 않도록 하는 것은 리더가 반드시 체크해야 할 사항이다. 리더는 "잠깐만요, 릭. 당신이 방금 제기한 의견의 세부 내용을 이해하지 못했어요" 혹은 "정확한 기록을 위해서, 기본 사항 몇 가지를 분명히 설명하도록 합시다" 혹은 "이 방법밖에 생각해내지 못했지만, 이게 유일한 해결책은 아니라고 봐요. 뭔가 다른 대안을 생각해낼 수 있는 사람은 없나요?"라고 말할 수도 있다. 이러한 유형의 질문도 구성원들이 그들 자신의 생각에 대해 비판적이고 신중하게 생각하도록 만든다. 만약 그렇지 않은 경우 리더는 직접적으로 그렇게 하도록 설득해야 한다.

리더는 우리가 방금 고찰한 다섯 가지 특질 내에서 그룹에 영향을 주는, 설득력을 지닌 대표자이다. 리더가 취하는 각각의 행위, 각각의 발언은 집단의 분위기, 개별 구성원들의 투자, 결과로서 얻는 성과의 질에 영향을 줄 수 있다.

언제든 리더로 나설 수 있는 자질을 갖추도록 하라

모든 구성원들은 그룹의 리더십에 관심을 가져야 한다. 리더는 목표를 성취하는 그룹의 능력에 직접적인 영향을 미치기 때문이다. 모든 구성원들은 그룹 전체가 필요로 하면 리더의 지위로 옮길 준비가 되어 있어야 한다. 리더가 다른 약속이나 병으로 인해 자리를 비우거나 그룹의 의사결정에 영향을 미치지 않기 위해(집단사고의 경우처럼) 고의로 회의에 참석하지 않을 수도 있기 때문이다.

건설적인 분위기를
그룹 내에 확산시켜라

리더는 그룹 내에 건설적인
분위기가 확산되도록
노력해야 한다.
그룹 구성원들의 협동성과
개방성을 높이고,
서로를 존중하는 표현을
사용하도록 조정하라.

이상적인 건설적 분위기(그룹에서는 '대인관계 상태'로 규정됨)가 갖는 특징은 협동성, 개방성, 언어 사용의 민감성이다. 이러한 요소는 생각의 자유로운 표현, 이견에 대한 진지한 고려와 이해, 특정한 논점에 대해 개인의 입장을 초월하는 공동 목표 의식을 촉진시킬 수 있으므로 중요하다.

협동성을 높여라

협동 작업을 강조하는 대화는 협동적 태도를 마련하는 기초가 된다. 리더가 '우리, 우리의, 우리를, 우리 위원회, 상호 관계'라는 말을 사용하면 각 구성원들은 그룹에 대한 소속감을 더욱 더 높일 수 있다.

☑ 당신은 그룹에서 공식적으로 정해 놓은 표준 언어를 사용하는 토론에 참여한 적이 있는가? 혹은 그런 언어가 단 하나도 존재하지 사용하지 않는 토론에 참여한 적이 있는가? 이 두 그룹에서 서로 다른 점을 경험했는가? 어떤 면에서 다른가?

리더는 그룹의 특징을 나타내는 언어를 선택하는 것 외에, 그룹 내에서 다른 이들을 격려하는 의사소통 방식을 선택할 수도 있다. 설득력 있는 설명에 대해 다른 구성원을 칭찬하거나 논리 정연한 생각에 지지를 나타내는 것은 당신이 다른 구성원들에게 관심이 있음을 보여준다. 설사 당신이 동의하지 않는다 하더라도, 협력적인 태도를 보여주는 것은 가능하다. 또한 어떤 생각에 대해 명확하고 자세한 설명 혹은 더 많은 증거를 요구할 수도 있다. 당신이 동의하지 않는다고 솔직히 말하는 것, 그리고 상대방과 함께 당신이 지닌 이견의 근거를 알아내어 서로 합의점을 찾아내는 것은 모두 협동성을 고취하고 그룹 내에 건설적 분위기를 확산시킨다.

팀에 대한 협동적 태도를 조성하기 위해서는 대개 의견이 누구에게서 나왔는가는 접어두는 것이 현명하다. 엘렌이 X를 제안하고 레비가 Y를 내놓았다면, '엘렌의 견해와 레비의 견해'를 비교하지 말라. 그러한 접근법은 그룹 내의 대립을 초래할 가능성이 있고, 엘레와 레비 사이에 경쟁을 부추길 수 있다. "그럼 두 가지 방법이 제기되었군요. 토론을 시작합시다"라고 말하는 편이 더 낫다. 누구의 생각이냐보다, 두 가지 생각이 제기됨으로써 그룹이 이익을 얻을 수 있다는 사실이 훨씬 더 중요하다. 그룹의 모든 사람들은 이 두 가지 의견에 대해 충분히 고려하고 평가하기를 원할 것이다.

개방적인 분위기를 조성하라

능률적인 토론의 특징은 개방성, 즉 조소나 협박, 혹은 비난을 당할 우려 없이 자유롭게 스스로의 생각을 표현하고 탐구할 수 있는 분위기를 갖는다는 사실이다. 협동성처럼, 개방성 역시 토론 진행중에 구성원들의 선택하는 의사소통 방식을 통해 형성되고 지속된다. 개방적인 분위기를 조성하기 위해서는 구성원들 모두가 적극적이고 적절한 태도로 참여하도록 노력해야 한다(Harper and Askling, Group communication and quality of task solution in a media production organization, 1980).

당신이 다른 구성원들을 신뢰하고 있고 당신 또한 신뢰받을 만한 사람이라는 것을 표현하고 싶다면 모욕적인 평가를 하지 않도록 주의하라. 성실하게 노력한 사람이 곤란함을 느껴서는 안 된다. 가혹한 비판이 행해지면, 토론이 중단될 수도 있다. 누가 피라니아 *piranha*(남미산 민물고기, 날카로운 이빨로 사람과 가축도 물어 죽임 : 옮긴이)우글거리는 물에 뛰어들고 싶겠는가? 설사 어떤 사람의 발언이 어리석다고 생각될지라도, 그 발언에 대해 사려 깊게 표현해야 한다. 당신의 반응은 표면적으로 나타나는 것 이상으로 강한 영향을 미친다. 즉 당신의 반응으로 인해 다른 구성원들은 자신의 의견이 어떻게 취급될 것인가를 알게 되며, 이것은 그룹의 전체적인 분위기에 영향을 주게 되는 것이다.

리더가 생각을 발언하는 방식에 따라 그 그룹의 개방성은 강화하거나 저하될 수 있다. 효과적인 토론을 위해서는 모든 구성원들이 다른 의견, 혹은 비판이나 수정에 대해 개방적 태도를 지니고 있다는 것을 암시하는 방법으로 의견을 발표하도록 하는 것이 바람직하다. 이 말은 소심해지라는 것이 아니라, 독단주의와 열광적 행동을 경계하라는 말이다. "이 일을 하는 데 또 다른 방법이 있는지 고려할 수 있겠군요" 혹은 "우리 모두가 확실하게 논의할 만한 제안을 한 가지 하겠어요"와 같은 표현은 토론 방식을 개방적으로 만들고 협동심을 불러일으킨다.

구성원 모두가 언어 사용에 민감할 수 있도록 하라

2부에서 논의했듯이, 상대의 느낌을 고려하면서 말하는 것은 말하는 사람과 듣는 사람, 그리고 의사소통 자체를 존중하는 태도이다. 수사학적으로 민감한 의사소통은 말하는 사람과 듣는 사람의 권리와 의무에 대해 균형 잡힌 인식을 위한 것이다. 증오에 찬 발언을 한다 해도 자유롭게 말할 수 있는 권리에 의해 제재를 받지는 않을 테지만, 사려 깊은 토론자는 의도적으로 다른 사람의 기분을 상하게 하거나 상처를 주는 말은 절대 하지 않을 것이다.

유능하고 민감한 경청과 발언은 토론을 완전한 하나로 만든다. 이 두 가지는 토론과 건설적인 갈등의 조정을 위한 이상적인 분위기를 조성한다는 점에서 모두 중요하다. 유능한 그룹 구성원으로서 당신은 신중히 표현하고, 신중히 말을 선택하고, 청중을 존중해야 한다.

토론에서 갈등의 역할

갈등은 한 그룹 혹은
팀을 해체시킬 수도 있다.
하지만 잘 관리하면
오히려 결론에 도달하는 데
더 효과적으로 작용할 수도
있다. 리더라면 갈등을
효율적으로 이용하라.

누군가와 의견 차이로 심하게 갈등하게
되는 상황에 처했다면 어떻게 반응할 것인
가? 어떤 사람들은 호기심에 "어디 한번 부
딪쳐 봐?"라고 생각할 수도 있다. 반면 어떤
사람들은 어떻게 해서든 갈등을 피하려 하
고자 할 것이다. 사람들은 갈등 상황에서 서로 다르게 반응한다. 따
라서 그룹 토론중에 갈등이 발생한다면 협상을 통해 가능한 한 최선
의 선택을 내려야 한다. 갈등이 그룹 문제를 해결할 때 반드시 필요
한 중요 요소라는 사실은 이미 밝혀진 바 있다. 그러나 많은 사람들
은 갈등을 회피하려 들기 때문에, 갈등을 생산적으로 만드는 것은 그
룹이 이를 어떻게 효과적으로 다루는가에 달려 있다. 한 가지 확실한
것은 갈등을 적절히 조정하는 그룹은 한층 더 효과적인 해결책을 얻
게 된다는 사실이다. 우드(Wood, J. T., Constructive climate in discussion
: Learning to manage disagreements effectively, 1977a)는 갈등이 갖는 장

점을 다음의 세 가지로 제시했다.

☑ 당신은 어떤 사람이 '갈등'이란 단어를 말할 때 어떤 생각이 드는가? 그 용어에 대해 나름대로 정의를 내려보고, 친구 두 명에게도 스스로 갖고 있는 갈등에 대한 정의가 무엇인가를 물어보라. 혹시 당신이 내린 정의와 그들의 정의와 다른가? 이제 친구들에게 갈등에 대해 어떻게 생각하는지 물어보라. 그들의 정의와 생각이 서로 일치하는가? 당신이나 당신의 친구들이 갈등을 거북하게 느낀다면, 특히 갈등의 어떤 점을 거북하게 느끼는가?

1. 갈등은 그룹이 다양한 생각을 기꺼이 받아들일 수 있게 한다.

갈등은 구성원들이 문제의 다양한 면을 광범위하게 이해할 수 있도록 돕는다. 문제해결 토론의 첫 목표는, 해결하려고 하는 문제를 이해하는 것이다. 이 단계에서는 배경 자료를 신중히 검토하는 것이 필요하다. 즉, 책임과 의무가 갖는 특성과 문제의 배경에 관한 다양한 의견을 살펴보아야 하는 것이다. 이때 한 구성원이 다른 구성원들이 인식하지 못하는 것을 알아차릴 수도 있으므로, 따라서 구성원들이 과제에 대해 서로 다른 해석을 제공하면서 겪는 갈등은 유익하다.

2. 갈등은 다양한 견해의 표현을 장려하고, 따라서 그룹이 더 많은 의견 중에서 최종 해결책을 선택할 수 있게 한다.

만일 그룹이 문제해결 단계에서 무관심해지거나 혹은 처음으로 제시된 해결책을 무조건적으로 채택하려는 경향을 보인다면, 성급하게도 피상적으로로밖에 검토되지 않은 해결책을 택할 수 있다. 또한 그룹이 건설적인 '갈등'을 규범의 일부로 확립하지 않았다면, 구성원들은 다른 사람의 의견에 대해 비판하거나 해결책을 제시한 사람에게 이의를 제기하려 하지 않을 것이다. 만일 전체적인 문제해결 과정이 한 사람이 해결책을 말하고 나머지 다른 사람들이 동의하는 것에 불과하다면, 훌륭하고 시스템적인 문제해결의 본질은 실종된 것이나 마찬가지이다. 근거가 뚜렷하고 훌륭한 해결책은 대개 여러 다양한 대안들에 대한 활발한 토론에서 나온다.

3. 건전한 갈등에 의해 야기된 흥분은 구성원들 사이에 상호작용과 참여를 자극한다.

논점에 초점이 맞춰진 건설적인 갈등은 구성원들의 관심을 높이고 그들의 참여도를 높인다. 이견이 환영받고 진지하게 고려될 때, 각 구성원은 주저하지 않고 자발적으로 자신의 의견을 내놓고 다른 사람들의 생각에 사려 깊고 정직하게 반응할 것이다. 이러한 토론이야말로 참으로 흥미로운 것이다. 토론의 창조성은 건설적인 갈등과, 다른 의견을 합리적인 것으로 받아들이는 태도, 각각의 견해에 주의 깊게 반응하는 태도를 통해 풍부해지는 것이다. 예리한 사고를 자극할 다른 의견이 없으면, 토론은 활발하지 않고 지루해지기 십상이기 때문이다. 갈등의 역할은 참으로 중요하지만, 그 진가는 갈등을 적절히 조정할 수 있을 때에만 얻어진다. 갈등을 잘 조정하지 못하면, 구성원들은 아무 이익도 없이 부정적인 결과만을 얻을 가능성이 높다. 따라서 리더와 구성원들 모두는 그룹 전체의 잠재적 가치를 성취하기 위해 갈등을 조정하는 방법을 모색해야 한다.

갈등의 유형

갈등은 분열적인 것과 건설적인 것을 잇는 선 위에 존재한다. 갈등에 관한 모든 사례가 이러한 양극단의 중간 어딘가에 해당되겠지만, 여기서는 갈등을 양극단(분열적 갈등, 걸설적 갈등)에 한정해 분석해 보겠다. 이는 당신에게 이상적인 갈등 조정의 특징과 그 반대의 경우에 대한 개념을 알려줄 것이다.

먼저 **분열적 갈등**에서 나타나는 두드러진 특징 중 하나는 한 사람 혹은 한 파벌만이 승리를 할 수 있다고 생각하는 구성원들 간의 경쟁의식이다. 이런 상황 하에서는 공동의 목표를 성취하는 것보다 자신의 승리가 더 중요하다. 이런 이유로 구성원들은 최선의 해결책을 이용해 모두가 승리하겠다는 그룹의 목표를 잃기 쉽다. 어떤 구성원들은 자신의 의견에 대한 자존심이 너무 강해서, 비판이나 이견을 개인적인 공격으로 받아들이는 경향을 보일 수도 있다. 가령, 밥이 자신의 생각이 가장 훌륭하다고 생각하고 타협하기를 거절한다면, 그 때문에 토론 과정은 중단될 것이다. 또한 그는 다른 사람들이 그의 견해가 지닌 약점을 지적할 때 과도한 적개심을 보일 수도 있다. 그가 '승리' 할 수 없다면 그는 토론 절차를 계속 방해하려 할 것이고, 따라서 구성원 모두는 불편을 느끼게 될 것이다.

분열적인 갈등 상황에서는 구성원들 모두 불안과 위협을 느끼기 때문에 방어적, 공격적으로 행동하거나 분노를 품고 탈퇴할 수도 있다. 토론에서 구성원들이 탈퇴하는 것은 매우 중요한 의견을 잃어버리는 것과 같다. 그러나 만일 그들이 공격적인 행동을 계속 한다면 그룹 내의 관계는 파괴될 수도 있다. 따라서 분열적인 갈등이 오랫동안 지속되도록 방치한다면, 그룹은 파벌을 형성할 것이고, 협동 정신은 사라지며, 타협의 가능성은 발생하지 않을 것이다. 때로 그룹 내에서 두 명의 구성원이 얼굴을 마주보고 싸우는 상황이 일어날 수도 있다. 이 때 리더는 두 사람에게, 서로에게가 아니라 그룹 전체에게 의견을 말하라고 설득해야 한다. 모든 구성원들이 두 사람의 의견을 듣고 입장을 밝히면, 두 사람은 그들의 생각이 진지하게 고려된다는 것을 깨닫고 화해할 수 있다. 이것이 협상과 타협의 본질이다.

건설적 갈등은 구성원들이 이견을 통해 공동의 목표를 달성할 수 있다는 것을 이해할 때 발생한다. 건설적 갈등 상황에서 이견은 그룹 전체의 이해관계를 고려해 조정된다. 또한 구성원들은 상대방의 생각에 동의하지 않더라도, 서로가 자유롭게 의견을 제시할 수 있도록 격려한다.

가령, 그룹이 초기에 건설적인 갈등 분위기를 조성한다면 질문은 위협이 아니라 오히려 최선의 결정을 내리기 위한 방법으로 간주될 것이다. 예컨대 레이가 그룹에 의견을 하나 제기하고, 즉시 크리스티가 다음과 같은 질문을 던지기 시작하는 상황을 생각해보자. "그 정보를 어디에서 얻었나요? 비용이 얼마나 들 지 생각해 보셨나요?" 토론 분위위가 건설적이기 때문에, 레이는 그녀가 그 생각이 그룹 목표에 유익한지 확인하기 위해 질문을 하고 있다는 것을 안다. 그러한 건설적인 분위기가 조성되어 있지 않으면, 레이는 방어적인 태도를 취하게 되고 곧 분열적인 갈등이 일어나게 될 것이다.

　결과적으로 건설적인 갈등은 다른 사람을 개인적으로 공격하지 않으면서 그들의 의견을 비판적으로 검토하고 질문하는 것을 의미한다. 건설적인 갈등의 또 다른 이점은 구성원들이 다른 이들에게 자신이 제기하는 생각을 비판하고, 질문하고, 혹은 수정하도록 권하는 경향이 있다는 것이다. 이때 토론의 초점은 인격이 아니라 문제에 맞춰지고, 의사소통의 경로는 항상 열려 있게 된다. 갈등을 건설적으로 조정하면 모든 사람에게 득이 된다. 구성원들은 문제에 대한 시각을 넓히고, 다른 의견이 갖는 상대적인 이점을 비교해 대안을 세우며, 다양한 해결책을 얻을 수 있기 때문이다. 아울러 서로의 이견에 대해 이성적이고 생산적으로 이야기하는 것이 가능하다는 것을 알게 되면 서로를 신뢰하고 존중하게 된다.

☑ 분열적 갈등을 경험했던 그룹 상황에 대해 설명해보라. 그 상황은 어떻게 해결되었는가? 당신이 건설적인 갈등을 경험한 그룹 상황에 대해 설명해보라. 그 상황은 어떻게 조성되었는가?

갈등의 해결 유형

갈등 반응 유형에는 회피,
적응, 경쟁, 타협, 협동이 있다.
이 중 무엇이 가장 바람직한
해결 유형인지는
당신이 직접 판단하라

건설적인 분위기를 이룩하기 위해 아무리 노력한다 해도, 어느 시점에서는 분열적 갈등에 직면할 수 있다. 이때 사람들이 자주 사용하는 '갈등 반응 유형'을 알고 있다면, 더욱 신속하고 효과적으로 갈등을 해결할 수 있다. 갈등 반응 유형이란 양식화된 반응, 즉 갈등 상황에서 개인이 가장 빈번히 사용하는 대응 방식을 말한다(Wilmot and Hocker, Interpersonal conflict, 5th ed., 1998). 사람들은 일방적으로 한두 개의 갈등 유형을 사용하며, 나머지는 좀처럼 사용하지 않는다. 그러나 그룹의 유능한 리더가 되기 위해서는 각 상황을 분석하고 그 상황에 적합한 유형을 사용해야 한다. 킬만과 토마스(Kilmann, R. H., & Thomas, K. W., Developing a forced-choice measure of conflict-handling behavior, 1977)는 다음의 갈등 유형들을 적절히 결합해 사용해야 한다고 주장한다. 갈등 반응 유형에는 회피, 적응, 경쟁, 타협, 협동이 있다.

먼저 '회피'는 갈등 상황에 있을 때 사람들이 보이는 가장 흔한 반응이다. 갈등 상황에 빠졌을 때 사람들은 갈등을 피하기 위해 상황 자체를 피하거나, 집단에서 아예 탈퇴를 하거나, 재빨리 화제를 바꾼다. 샤본이 갈등 상황을 해결할 때 사용하는 주된 방법이 바로 회피이다. 그녀는 한 가지 사안에 대해 구성원들이 동의하지 않으려 한다는 것이 느껴지면, 처음에는 대수롭지 않게 생각하려고 노력한다. 그리고 반대자들의 주의를 돌리기 위해 구성원들 사이를 돌며 가벼운 농담을 던진다. 하지만 그것이 별 효과가 없을 만큼 상황이 심각할 때는 자리에서 일어나 잠시 밖에 나가 있는 방법을 택한다. 회피는 육체적 혹은 언어적 폭행의 우려가 있을 때 적절한 방법이다. 하지만 이것은 그룹 토론에서 몇 가지 문제를 초래할 수도 있다. 샤본이 농담을 하고 돌아다닐 때, 다른 구성원들은 그녀가 토론을 진지하게 받아들이지 않는다고 생각할 수 있다. 그러면 다른 구성원들은 그녀가 그룹에 대해 갖고 있는 성실성에 대해 잘못된 추측을 하게 된다. 아울러 샤본이 토론장을 떠나 밖으로 나가게 되면, 그녀는 더 이상 발생한 문제를 해결하는 데 아무런 도움을 줄 수가 없다. 또한 그룹은 그녀의 참여를 받아들일 중요한 기회를 놓치게 된다. 하지만 그룹에서의 대인 관계를 손상시킬 만큼 부정적인 말을 할 듯한 기분이라면, 오히려 진정될 때까지 나가 있는 것이 좋을 것이다.

'적응'은 자신의 욕구를 희생해서라도 항상 다른 구성원들에게 양보하는 반응 유형이다. 스페인 출신인 자비에르는 자신과 상대방(국적이 다른) 사이에 갈등이 생겼을 때, 그것을 문화적 차이 때문에 발생하는 어쩔 수 없는 일이라고 생각하는 경향이 강하다. 그래서 그는 종종 갈등 상황을 다른 관점으로 바라보려 노력한다. 하지만 자비에르는 자신이 그룹에 동화되지 못했다고 느끼고 있다. 유감스럽게도 그는 자신을 적응자일 뿐이라고 생각한다. 이런 이유로 자비에르는 자신을 외부인으로 여기고, 최대한 문제를 일으키지 않으려 노력한다. 그는 그룹의 모든 사람들과 잘 지내기를 원하므로, 다른 의견을 내놓기보다 그룹 전체의 생각에 자신의 의견을 양보한다. 그룹은 화기애애한 분위기를 유지하겠지만, 구성원들은 자비에르의 통찰력 있는 관점으로 더 나은 해결책을 얻을 수 있는 기회를 놓치게 된다.

'경쟁'은 참여자가 갈등을 경쟁으로 간주하고 승리하기 위해 가능한 모든 노력을 기울이는 반응 유형이다. 라이언은 이 유형을 빈번하게 이용하는 사람 중 하나이다. 갈등이 있을 때마다, 그는 다른 모든 사람들이 넌더리를 내고 포기할 때까지 그의 의견을 주장한다. 라이언에게 있어 그가 옳은지 그른지의 여부는 중요하지 않다. 그는 단지 '승리'해야 한다. 경쟁 유형은 공동 목표를 중시하는 그룹 토론을 중단시킬 위험이 가장 크다. 반면 즉시 결정을 내려야 할, 중대한 일이 있을 때는 적절하게 사용될 수도 있다. 그런 경우 리더는 해결을 지시해야 할 것이다.

'타협'은 참여자들이 서로 조금씩 양보하는 유형이다. 가령, 로라는 훌륭한 타협가이다. 그녀는 대개 두 입장의 '중간 지점'을 정확하게 인식한다. 그리고 그 중간 지점을 이용해 쉽게 타협점을 이끌어낸다. 정보가 모두 수집된 상태라면 타협은 때로 그룹 토론에 유용하게 작용할 수 있다. 한 방향으로 결정을 내릴 수 없는 경우에는 구성원들이 공평하게 타협하는 것이 현명하다.

'협동'은 다른 구성원들과 함께 정보에 대해 세심하게 검토하는 것을 의미한다. 해석과 의견에 대한 논의는 모든 구성원들이 합의에 도달할 때까지 계속된다. 협동은 문제해결 토론에서 가장 유용하게 사용할 수 있는 유형이다. 그러나 어떤 경우에는 엄청난 시간을 소요하기도 하므로, 적절하게 사용할 수 있어야 한다. 따라서 리더는 토론 과정에 충실하고 협동 과정에 적합한 분위기를 유지하기 위해 노력해야 한다. 당신이 속한 그룹이 성급하거나 무관심하다면, 아마도 협동은 일어나지 않을 것이다. 따라서 협동을 통해 갈등을 조정하고자 한다면 모든 사람이 자신의 생각을 말할 권리가 있고, 문제를 비판적으로 분석할 준비가 되어 있다는 것을 확실히 알려주도록 하라. 협동을 허용하는 분위기는 문제해결 과정을 한층 더 효과적으로 만든다.

이제 이러한 정보를 어떻게 이용할 수 있겠는가? 당신이 이 중에서 어떤 유형을 가장 자주 사용하는지 생각해보라.

당신은 상황에 따라 반응 유형을 바꾸는가, 아니면 항상 똑같은 유형을 사용하는가?

그룹 토론을 해치는 집단사고를 경계하라

아무런 갈등 없이 모든 구성원들이 하나의 의견에 만장일치를 한다면, 그것은 그 그룹 내에 집단사고가 팽배해 있다는 증거다. 여기서는 집단사고의 특징과 징후에 대해 살펴본다.

GROUP DISCUSSION

토론 과정에서 아무런 갈등도 일어나지 않으면 무슨 일이 발생할까? 모든 구성원들이 열정적으로 서로의 의견을 수용하고 동의할 때, 그 그룹은 '집단사고'의 희생양이 될 수 있다. 저명한 사회학자 어빙 재니스(Janis, Victims of groupthink, 1972)는 집단사고를, 개별 구성원들이 그들의 개인적 생각과 태도를 억제함으로써 합의에 도달하고 그룹에서 다정하고 협력적인 관계를 유지하는 현상으로 규정했다.

집단사고는 두 가지 중요한 특성을 지닌다. 첫째, 집단의 구성원들은 무의식적으로 자신의 의견과 비판적 태도를 억제하는 것이다. 누군가가 공개적으로 일어나 "반대하지 맙시다"라고 말을 하는 것은 아니다. 대신 구성원들은 조사해야 할 주제, 마땅히 제기되어야 할 질문, 이의를 제기해야 할 견해를 파악하지 못한다. 무의식적으로 서로의 의견에 비판을 가할 생각을 하지 못하게 되는 것이다.

둘째, 집단사고는 개인의 심리적 관점으로 설명할 수 없다. 그것은 집단상호 작용이 일어나는 동안 발생하는 활동으로 인해 야기되는 집단현상이다. 의견일치를 강조하는 전체 규범이 그룹을 점유하기 때문에 구성원들의 비판 능력은 마비된다. 그들은 어디서 다른 의견을 내놓아야 할지 알 수 없게 된다. 따라서 (예상할 수 있듯이) 형편없는 결정에 도달하기가 쉽다.

물론 구성원들 간의 만장일치가 꼭 나쁜 것은 아니다. 때로 사람들은 합리적인 수단(추론, 증거)에 설득되어 자신의 견해를 바꾸고 이를 통해 만장일치를 이끌어낼 수도 있으니 말이다. 이것을 '사리에 맞는 동의'라고 하며, 이는 그룹 토론에서 매우 중요한 것이다. 그러나 사람들이 단지 소란을 일으키고 싶지 않기 때문에 생각을 바꾸거나 비판적으로 생각하기를 멈출 때, 그 결과는 전체 그룹과 그룹의 목표에 해가 된다.

집단사고는 문제해결 과정을 훼손하고, 일단 뿌리를 내리면 감지하기가 어렵기 때문에 리더는 물론 모든 토론자들이 초기 징후를 알아차리는 것이 중요하다.

집단사고의 징후

모든 그룹은 어떻게 일치에 도달할 것인가에 관한 규범을 지닌다. 그러나 집단사고는 알지 못하는 사이에 발생하기 쉬우므로 리더는 집단사고의 다음 네 가지 징후에 대해 알아두어야 한다.

- 토론이나 검토 없이 합의를 수용함.
- 그룹의 주된 의견에 반박할 수 없다고 생각함.
- 바람직하지 않은 정보를 합리화함.
- 외부인들에 대한 부정적인 생각을 정착시키고 장려함.

그룹이 합의를 가장 중시하는 것처럼 보이고 어떤 조건에서도 이를 기꺼이 받아들일 때, 이것이 바로 집단사고의 징후이다. 어떤 생각이 처음 제기될 때, 다른 구성원들이 동의의 뜻으로 고개를 끄덕이거나 말로 적극적인 찬성을 나타내는가? 만일 그렇다면 당신은 집단사고를 경험하고 있는 것이다. 이러한 상황에서 구성원들은 질문을 하거나 증거에 이의를 제기하지 않고, 논쟁을 하지도 않는다. 이는 일반적으로 평온한 상태를 이루기 위해 구성원들이 비판적 사고 능력을 무의식적으로 차단했기 때문이다. 각각의 구성원은 '만일 우리가 동의한다면, 그 생각은 분명 옳은 것이다' 고 생각하기 때문에 계속 안심을 한다.

획일적인 일치를 이루는 상황에서, '우리' 라는 감정은 개인들의 권리에 대한 존중을 짓누른다. 이견을 내놓는 사람은 누구라도 집단의 적, 발전의 장애, 바람직하지 않은 인물로 간주된다. 만일 '바람직하지 않은 사람들이' 계속 다른 의견을 보인다면, 그들은 집단 밖으로 조금씩 밀려날 것이다. 만일 저항한다면, 그들은 쫓겨날 것이다.

집단사고의 두 번째 주요 징후는 구성원들이 그룹의 주된 의견을 반박할 수 없다고 믿는 것이다. 이러한 착각은 그룹이 일을 잘 못할

리 없다고 구성원들이 확신하고 있을 때 발생하기 쉽다. 일반적으로 구성원들은 자신이 속한 그룹이 무한한 힘을 지니고 있고 실수를 할 리 없다고 생각한다. 당연히, 이러한 태도는 성급한 결정을 초래하고 의견을 충분히 분석하지 못하게 한다. 그룹이 더 이상 건전한 회의론을 지니지 않는다면, 구성원들의 이견 여부를 확인하지 않을 때 계획에 문제가 내재되어 있을 가능성을 고려하지 않는 잘못을 저지를 수 있다. 무엇보다도 심각한 상황은 아무도 잘못을 알아차리지 못할 수도 있다는 점이다. 구성원들은 정보가 충분하지 않을 가능성도 무시한 채, 일치를 유지하는 데에 최우선적인 관심을 두기 때문이다.

합리화는 집단사고의 세 번째 징후이다. 이는 그룹의 계획을 방해하는 증거를 최소화하는 것이다. 구성원들은 그룹이 중시하는 만장일치와 올바름을 유지하기 위해, 맞지 않는 정보를 합리화한다. 합리화는 구성원들이 불리한 증거를 올바른 것으로 단정하고, 경고를 근거 없는 것으로 무시하고, 모든 이견을 논쟁을 좋아하는 태도로여겨 거부하고, 반대하는 사람들의 의견을 무조건적으로 논박하도록 만든다.

☑ 프로젝트를 마치고 다른 사람에게 당신의 작업 결과를 검토해 달라고 부탁한 적이 있는가? 그 사람이 제안을 할 때 어떤 반응을 보였는가? 당신은 그들이 잘 알지도 못하면서 떠든다고 즉시 합리화하는가? 그들이 정말로 프로젝트를 제대로 이해하지 못한 걸까? 합리화를 하기 전에 주의 깊게 생각해보라.

집단사고의 네 번째 징후는 외부인들에 대해 부정적인 생각을 세우고 이를 키우는 것이다. 이런 상황에서 그 그룹에 소속되지 않은 사람은 누구든 '적'으로, 혹은 구성원 자격을 지닌 정선된 소수보다 열등한 사람으로 낙인찍힐 수 있다. 집단사고에 빠진 구성원들은 외부인들을 경쟁자로 규정함으로써 자신을 강화한다. 적과 싸우기 위해 한층 더 단단히 뭉치는 것이다. 이는 흔히 팀 스포츠에서 사용되는 전략이다.

또 다른 경우, 구성원들은 그룹 외부에 있는 이는 누구든 무능하거나 쓸모없는 사람으로 정형화시킨다. 이러한 사고방식은 그룹의 사기를 높일 수도 있지만, 문제에 대해 흥미로운 의견을 제공할 수 있는 근원을 제거한다는 위험을 만들 수 있다. 고립된 사고는 대개 제한된 해결책으로 나타남을 기억하라.

어떤 집단도 집단사고에 면역되어 있지 않다. 따라서 구성원들이 집단사고 현상의 초기 경고 징후를 인지할 수 있는 것이 중요하다. 스스로 그룹 전체의 견해에 너무 빨리 동의한다는 것을 발견하면 집단사고에 빠진 것은 아닌지 의심해보라. 그룹과 의견이 다른 외부인들의 생각을 무시하고 있음을 깨닫게 되면 주의해라. 당신이 그룹의 힘을 지나치게 신뢰한다는 것을 알아차렸을 때, 한 발짝 뒤로 물러나 당신의 태도를 재고해 보도록 하라.

집단사고에 대한 해결책

일단 집단사고가 자리를 잡고 규범이 되면, 대개의 경우 손 쓸 수 있는 방법은 거의 없다. 지금부터는 집단사고가 발전되지 않는 그룹 분위기를 조성하는 데 유익한 세 가지 방법을 알아볼 것이다. 이 방법은 당신이 집단사고의 초기 징후를 간파했을 때, 이에 적절히 대처하는 데 도움이 될 것이다.

1. 구성원들 사이에 지위의 차이를 최소화하라.

고위직의 구성원들은 다른 일반 구성원들에게 영향을 미칠 가능성이 있다. 따라서 그룹의 모든 구성원들은 전체 구성원들의 다양한 조사를 위한 질문을 환영하는 분위기를 확립하려고 노력해야 한다. 이를 달성하는 유용한 요소 중 하나는 다른 의견이 제기된 후에 고위직 개인에게 발언 기회를 주는 것이다. 아울러 고위직 구성원 자신도 스스로의 행동을 감시해야 한다. 가령 다른 구성원들이 한 사람의 생각을 아무 비판 없이 받아들이고 있음을 알아채면, 리더는 그 점에 대해 집단을 일깨우고 다른 사람들이 참여할 때까지 비판이나 제안을 삼가야 한다.

2. 구성원들이 의견에 대해 이의를 제기하지 않는다면, 악마의 대변인(결점만 지적하는 사람)를 지목해라.

누군가가 모든 생각에 이의를 제기하고, 소수의 의견을 대변하는 역할을 한다면, 집단사고를 방지할 수 있다. 이를 위해 한 구성원이 고압적인 태도를 취하지 않고도 '악마의 대변자' 노릇을 할 수 있을 것이다. 사실, 악마의 대변인 역할이 잘 실행된다면 이러한 태도는 다른 구성원들에게 전파될 수 있다. 또한 외부인을 회의에 배석시켜 악마의 대변인 역할을 해달라고 요청해도 좋을 것이다.

3. 토론에서 이견을 정당화하는 규범을 마련해라.

질문과 이의 제기가 개인의 자만이 아닌, 그룹의 목표를 진척시키기 위한 방법임을 보여주는 것이 중요하다. 따라서 처음부터 이런 풍조를 만들어야 한다. 모든 구성원들은 질문과 비판을 활성화시키기 위해 겸손한 태도로 생각을 발표한다("우리가 …해야 한다고 생각합니다" 보다 "X에 대해 어떻게 생각하세요?"라는 표현을 이용하는 등으로). 구성원들이 마음껏 비판적으로 분석할 수 있는 분위기가 조성되기 시작하면 효과적인 결정을 얻는 데 도움이 된다.

효과적인 토론 분위기 정착을
해치는 징후들

앞에서 우리는 그룹 토론에 가장 이상적인 분위기를 정착시키기 위해 어떤 조치가 취해져야 하는가에 대해 살펴보았다. 그러므로 이제 당신은 당신이 어떤 토론 분위기가 효과적인지 원하는지 대략 알고 있을 것이다. 효과적인 분위기를 확립하고 지속시키기 위해서는 문제가 될 수 있는 징후가 나타나고 있지는 않는지 항상 주시해야 한다.

만일 경고 징후 중 하나라도 발견이 된다면, 부정적인 분위기가 자리를 잡기 전에 경고 징후를 바로 잡아야 한다. 예를 들어, 구성원들의 표현이 격해지고 있다면 리더가 적절한 의사소통 방법이 어떤 것인가를 시범 보일 수도 있다. 또한 인신공격적 태도를 보이는 사람에게 휩쓸리지 않고 토론을 본래 논점으로 되돌려 놓는다면, 훌륭한 본이 될 수 있다. 아마 다른 사람들은 당신의 토론 스타일을 칭찬하며,

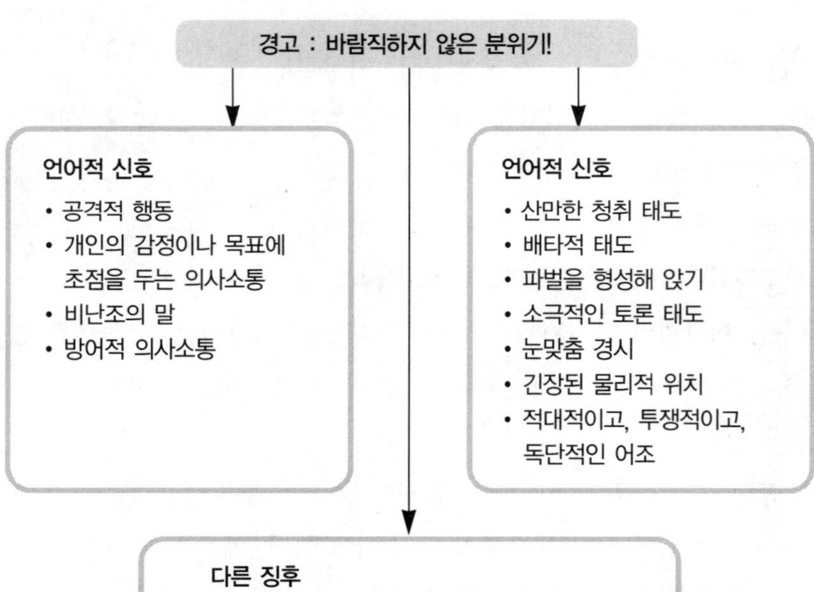

건전한 분위기

언어적 신호
• 균형 잡힌 활발한 상호작용
• 의견의 차이 표현
• 인격이 아닌 논점에 집중
• 그룹 목표를 강조하는 발언
• 지지 발언보다 질문이 많음

비언어적 신호
• 편안한 자세
• 빈번한 눈맞춤 eye contact
• 평등한 좌석 배치
• 같이 앉는 파벌이 없음
• 주의 깊은 경청

경고 : 바람직하지 않은 분위기!

언어적 신호
• 공격적 행동
• 개인의 감정이나 목표에
  초점을 두는 의사소통
• 비난조의 말
• 방어적 의사소통

언어적 신호
• 산만한 청취 태도
• 배타적 태도
• 파벌을 형성해 앉기
• 소극적인 토론 태도
• 눈맞춤 경시
• 긴장된 물리적 위치
• 적대적이고, 투쟁적이고,
  독단적인 어조

다른 징후
• 과도한 응집이나 응집성 부재
• 비판적이고 사려 깊은 사고 부족
• 집단사고의 존속
• 구성원들 간의 신뢰 부족
• 협동적으로 일하려는 노력 부족

그 스타일을 본받아 자신도 이성적으로 토론하는 사람이 되고 싶어 할 것이다.

과제 작업을 중단하고 분위기를 분석하는 것 역시 적절하다. 이는 감수성 훈련 과정과는 전혀 달라야 한다. 구성원들이 그렇게 행동하는 동기를 세세하게 분석하거나 아마추어적 정신분석을 할 필요는 없다. 그러나 그룹에서 어떤 현상이 일어나고 있는지 정중하게 이야기하고, 공동의 문제점을 바로잡을 몇 가지 방법을 함께 생각해 내는 것은 가능하다. 이를 통해 토의를 이끌어가기 위한 몇 가지 유용한 규칙을 고안해 낼 수 있을 것이다.

가령, 우리가 관찰한 한 집단은 토론의 분위기를 분석하고 상호작용이 경쟁적이 된다는 것을 알아차렸다. 그 문제를 바로잡기 위해 그들은 다음과 같은 토론 규칙을 만들었다.

- 다른 사람이 말하는 도중에 끼어들어서는 안 된다. 발표자는 할 말이 끝날 때까지 발언권을 지닌다.
- 어떤 의견에 대한 첫 반응으로 부정적인 의견이 제기되어서는 안 된다. 만일 어떤 생각을 비판해야 한다면, 그 생각의 가치 있는 측면과 도움이 될 점을 인정하는 반응이 나온 후에 이루어져야 한다.
- 누군가가 이야기를 하는 중에 구성원들 사이에 잡담이 오가서는 안 된다.
- 두 명 내지 그 이상의 구성원들이 의견 차이를 해소하지 못하면, 함께 만나 서로 수용할 수 있는 견해를 이끌어내야 한다.

이 그룹은 이러한 규칙이 문제해결의 효율성을 저해하기 시작하는 몇몇 바람직하지 않은 습관을 차단하는 데 유용하다는 사실을 발견했다. 여러 번의 회의에 걸쳐 앞서 규칙을 엄격히 시행하자, 리더는 더 이상 토론 방식을 규제할 필요가 없어졌다. 그들은 색다르고 생산적인 토론 방식을 발전시켰고, 그 결과 한층 더 건전한 토론 분위기가 조성되었다.

갈등을 잘 관리할 수 있는 사람이 훌륭한 리더다

갈등은 문제해결에 꼭 필요한 본질적인 요소이나, 적극적으로 조정되어야 하는 것이다. 갈등을 조정하는 절차는 당신의 그룹경험을 긍정적이고 효과적으로, 혹은 부정적이고 비효과적인 것으로 만들 수 있다. 따라서 리더는 구성원들 모두가 건설적인 분위기를 조성할 수 있도록 그룹을 이끌어야 한다. 만일 이견을 자유롭게 말할 수 있는 편안한 분위기가 자리를 잡으면, 구성원들은 심각한 의견 차이(갈등)를 훌륭한 해결책을 찾는 유용한 방법으로 전환할 수 있을 것이다.

효과적인 토론을 위한
리더의 역할

1. 리더 선발하기 : 리더를 선발하는 방법에는 한 사람을 리더로 지명하거나 누군가 리더로 나타나기를 기다리는 방법, 여러 구성원이 리더의 역할을 나누어 갖는 방법(즉, 리더 없이도 그룹이 잘 돌아가기를 바라기)이 있다.

2. 유능한 리더의 요건 : 유능한 리더라면 첫째 구성원들의 요구를 정확하게 분석하고, 둘째, 리더로서 그룹이 처한 상황을 파악·분석·적응하며, 셋째 구성원들의 헌신적 참여를 고취시킬 수 있어야 한다. 이 밖에 상황에 따라 행동을 변화시킬 수 있는 융통성도 필요하다.

3. 리더로서 그룹을 지도하기 위한 전략
- 리더에 대해 구성원이 갖는 인식에 영향을 미쳐라.
- 서로에 대한, 그리고 그들 자신에 대한 구성원들의 인식에 영향 미쳐라.
- 그룹전체에 대한 구성원의 인식에 영향 미쳐라.
- 그룹이 가지고 있는 실질적인 견해에 영향을 미쳐라.
- 토론을 효과적으로 이끌어서 더 빠르고 명쾌하게 결과를 도출하도록 하라.

4. 토론에서 갈등의 역할과 유형, 그 해결 방법
- 갈등의 역할
  - 갈등은 그룹이 다양한 생각을 기꺼이 받아들일 수 있게 한다.
  - 갈등은 다양한 견해의 표현을 장려하고, 따라서 그룹이 더 많은 의견 중에서 최종 해결책을 선택할 수 있게 한다.
  - 건전한 갈등에 의해 야기된 흥분은 구성원들 사이에 상호작용과 참여를 자극한다.
- 갈등의 유형에는 한 사람 혹은 한 파벌만이 승리를 할 수 있다고 생각하는 구성원들의 경쟁의식에서 비롯되는 분열적 갈등과 구성원들이 서로의 이견을 존중하고 이를 통해 공동의 목표를 달성할 수 있다는 것을 이해할 때 발생하는 건설적 갈등이 있다.
- 갈등의 해결 유형에는 회피, 적응, 경쟁, 타협, 협동이 있다.

표준 의사일정 1단계
토론자로서 자신의 **책임과 의무** 이해하기

표준 의사일정 1단계의 목표

표준 의사일정의 1단계 목표는 자신이 속한 그룹의 목적을 정하고, 그것을 확실하게 이해하는 일이다. 이것이 선행되어야 그룹 토론을 할 수 있는 토대가 마련된다.

많은 그룹은 눈앞에 놓인 논점을 재빨리 이해하고 한시라도 빨리 과제에 착수하고 싶은 나머지, 종종 토론의 시작 단계를 은근슬쩍 넘어가려는 모습을 보인다. 이것은 리더의 잘못이기도 한데, 흔히 토론을 주재하는 의장이나 리더는 "여러분들 모두, 우리가 왜 여기에 모였는지는 알고 있으리라 생각합니다. 따라서 그 이야기를 하느라 시간을 낭비하진 않겠어요"라고 말함으로써 토론의 시작 단계를 무시하는 것이다.

하지만 토론에 참여하고자 모인 사람들 대부분은 유감스럽게도 자신들이 왜 그 자리에 있는지를 아주 막연하게 알고 있는 경우가 많다. 이 경우 누군가가 나서서 용감하게 그 토론의 방향을 제시해 달라는 요구를 하기는 사실상 어렵다. 예를 들어 직장에서 이루어지는 회의의 경우, 주재자에게 이 회의의 방향에 대해 설명해 줄 것을 요구하면 자신이 능력 없는 사람으로 비쳐지지나 않을까 하는 걱정이 앞서기 때문이다. 이런 생각이 회의 참석자 모두의 머릿속에 박혀 있는 한 그들이 그 회의의 방향에 대해 정확하게 숙지하고, 효율적인 성과를 얻어내기란 거의 불가능하다. '다른 모든 사람들이 일의 추이를 이해하고 있는데 나 혼자 나서서 무식함을 드러낼 필요는 없다'고 단정하고는 질문하는 일을 자제할 것이기 때문이다.

그렇다면 만일 어떤 집단이 자신들이 토론하고 결과를 얻어내야 할 과제에 대해 명확히 알지 못한다면 어떤 일이 발생할까? 문제의 본질과 그 문제를 해결함으로써 얻고자 하는 뚜렷한 목적을 알지 못하면, 구성원들은 자신도 모르게 권한 이상으로 행동하거나 일을 형편없이 처리하고, 있지도 않은 문제를 만들어서 해결(?)하거나, 자신에게 할당된 문제를 제대로 해결하지 못하는 경우가 생길 수 있다. 굳이 말하지 않아도 알겠지만, 이런 일이 집단 내에서 자주 발생하게 되면 작게는 회사의 자금을 쓸데없는 일에 낭비하게 되며, 크게는 회사 이미지 자체를 망칠 수도 있다.

합리적인 주제 선택

만약 어떤 프로젝트가 주어졌고 그 안에서 작은 단위의 주제를 선택해 토론을 진행시켜야 한다면 구성원 모두는 신중한 선택을 해야만 한다. 대부분의 사람들은 자신이 좋아하는 과제를 연구할 때 더욱 의욕을 느낀다는 것을 기억하라. 또한 주제는 '실행 가능한 것'이어야 한다. '인종 편견을 어떻게 없앨 수 있을까?' 혹은 '테러에 대한 미국의 정책은 무엇이어야 하는가?' 등은 매우 복잡한 과정을 거쳐야만 결과가 나올 수 있는 문제들이다. 또한 결과가 나온다고 해도 현실적으로 작은 규모의 그룹에서 해결할 수 없는 일이기도 하다. 따라서 해결할 수 없는 문제에 시간을 낭비하기보다는, 그룹의 수준에 맞는 문제, 실행될 수 있는 해결책을 지닌 문제에 초점을 맞추어 토론 주제를 선택하라.

일반적으로 '실행 가능한' 질문은, 예컨대 "인종 편견과 싸우기 위해 우리 대학 학생들이 할 수 있는 일 중 가장 중요한 두 가지는 무엇인가?" 정도일 것이다. '대학에서의 인종차별'에 관한 질문에 초점을 맞춤으로써, 그리고 '할 수 있는' 두 가지 행위에 초점을 둠으로써 이 프로젝트에 시간을 낭비하지 않게 될 것이다. 총장에게 결론으로 도출된 해결책을 전달해 직접 시행할 수도 있을 것이다.

당신의 권한을 확인해라

그룹의 권한을 결정하는 것은 합리적 주제를 선택하는 것, 혹은 그룹의 책무를 분석하는 것과 직접적인 관계가 있다. 그룹이 계획을 제대로 이행할 힘을 지니고 있지 않다면, 금요일 수업을 없애는 멋진 계획을 마련하는 데 몇 달을 소요하는 것은 쓸모없는 일일 것이다.

흔히 학교에서 형성된 그룹은 거의 힘이 없다. 아무도 권력을 쥐지 않기 때문이다. 이런 그룹은 예산도 없고, 해결해야 하는 일은 모두 그룹의 구성원들이 직접 한다. 그들은 책임은 안고 있지만, 권한은 지니지 않은 것이다. 그러나 힘이 없는 그룹이라도 많은 것을 획득할 수 있다. 공동체 개선 모임, 사회운동 모임, 불만에 찬 노동자 모임, 항의운동 모임은 모두 권위나 재력 없이, 그리고 권력이 거의 없는 상태에서 시작하는 것으로 알려져 있다. 그러나 때로 그러한 그룹은 전체 공동체나 조직을 바꾸어 놓는다.

일단 그룹에 주어진 권한을 인식하면, 절대로 그 한도를 넘어서서는 안 된다. 때로 그룹은 상사를 비난하거나 경계를 넘는 충고, 혹은 식견 없는 권고를 하기도 한다. 가령, 당신이 속한 그룹이 직원들의 사기를 높이는 방법을 제안해야 할 의무가 있다고 하자. 당신이 특별 행사를 계획하는 데 집중하고 있고 특별 행사 위원회의 의장이 당신의 사장이라면, 당신은 경계선을 넘어서, 의견을 제안하지 않았다는 이유로 사장을 무능력한 사람으로 보이게 만들 수 있다. 그러나 그룹 구성원들에게 명령 계통과 집단의 지위 관계를 이해시키면, 당신은 상사들이 더 기꺼이 받아들일, 따라서 이행될 가능성이 더 큰 계획을 제시할 수 있다.

그룹이 절대적인 권한을 가지고 있건 권한이 아예 없건, 구성원들은 그들이 어떤 상황에 직면해 있는지 즉시 이해해야 한다. 그러면 그들은 시간 낭비나 실수를 하지 않을 것이다.

할당된 과제를 명확히 알라

우리는 가끔씩, 그룹 전체가 할당된 문제를 정확히 잘 알지 못하는 상황에서 일을 진행시키는 어이없는 상황을 목격할 때가 있다. 이런 상황에서 그룹이 해결해야 할 일의 본질을 명확히 이해시키는 데 시간을 투자하지 않으면, 각 구성원들은 자신의 생각에 따라 일을 할 것이고, 따라서 엄청난 문제들이 발생할 것이다. 이 책의 저자 중 한 사람은 승진 후보를 추천하는 교수 위원회에서 일한 적이 있다. 그런

데 위원회의 의장은 위원들이 어떤 방식으로 후보자를 평가해야 하는지에 대해 분명히 설명해 주지 않았다. 결국 구성원들은 각 후보자가 제공한 자료를 놓고 몇 시간 동안 논의한 뒤에야 서로 다른 방법으로 교수진을 심사하고 있다는 것을 알아차렸다. 어떤 사람들은 후보 교수 본인이 제공한 정보만을 참조했다. 반면 후보들을 전부터 알고 있는 사람들은 후보자들이 제공하지 않은 정보까지를 선정기준으로 삼고 있었다. 그러나 일단 구성원들이 그들의 의무(제공된 정보만을 심사하는 것)를 이해하고 나자, 그들은 이전처럼 논쟁을 많이 벌이지 않고도 더욱 빨리 결론에 도달할 수 있었다.

할당된 과제 혹은 책무를 이해하기 위한 주요 질문

항상 할당된 과제가 무엇인지 반드시 확인한다.
다음 질문에 대한 명확한 답을 얻어내라.

- 어떤 결과가 요구되는가? (정식 문서로 보고서를 내야 하는가? 아니면 청중 앞에서 발표를 해야 하는가?)
- 당신이 문제를 선택하는가? (반드시 당신의 한계를 먼저 파악하도록 하라.)
- 어떤 지시를 내릴 것인가? (모든 구성원들이 그것을 확실히 이해하게 하라.)
- 어떻게 평가를 받을 것인가? (모든 사람들이 같은 평가를 받는가? 무책임한 사람을 통제할 방법은 무엇인가?)

언제 일이 끝날지 예상해라

여기서 이해해야 할 다른 중요한 문제는 문제가 해결되었는지, 과제가 마무리되었는지를 구성원들이 언제, 그리고 어떻게 알게 될 것인가이다. 어떤 그룹에게는 이것이 아주 간단한 일일 수 있다. 그 그룹의 논의점이 특정 자리에 적합한 후보자들을 평가하는 일이라면, 이것은 추천 목록을 제출할 때 끝나기 때문이다. 그러나 일부 그룹은 일이 언제 끝나는지를 알기가 어렵다. 하지만 기간상의 한도를 정하는 것은 일의 능률을 높이는 데에 매우 큰 영향을 미친다. 따라서 그룹의 리더는 언제 일이 끝날 것인가를 판단하기 위해, 문제점을 미리 예상하고 목표를 정하는 토론을 실시해야 한다.

가령, 사회 문제에 관심이 있는 시민들로 구성된, 번잡한 도로에서의 교통사고를 줄이기 위해 노력하는 그룹은 '교통사고율 제로'를 최종 목표 혹은 해결책으로 정할 수 있을 것이다. 그러나 이런 목표를 성취하려면 무한대의 시간이 걸릴 수 있으므로 몇 가지 중간 해결책을 마련해야 한다. 즉 ① 시의회에 교통량 조사 요청하기, ② 시청 교통과에 신호등 설치를 요청하기, ③ 교통 신호등 설치하기, ④ 러시아워에 순찰대를 추가할 것을 경찰에 진정하기가 그것이다. 그룹은 이러한 목표 중 대다수를 성취했을 때, 일이 마무리될 것이라고 생각한다. 대부분의 그룹은 해결책을 구두나 서면으로 보고하는데 이는 곧 프로젝트가 완성되었다는 최종 지표에 해당한다.

표준 의사일정 1단계의 결과

과제에 대한 준비 토론은 그룹이 해결책, 그룹의 권리, 특권, 임무, 의무에 대해 무엇을 알아야 하는지에 초점을 두어 진행되어야 한다. 이러한 사항이 분명해지면, 그룹은 원하는 목적을 성취하는 일에 착수할 수 있다. 이 토론 단계가 끝나면, 구성원들은 책무에 대해 이해하고 있는 바를 서면으로 기록해 놓아야 한다.

그룹이 알고 있는 내용에 대한 기록

구성원 중 한 명은 반드시 기록자가 되어야 한다. 어떤 그룹, 특히 조직 내에서 기능하는 그룹은 토론 내용을 기록하는 사람의 도움을 받는데, 그는 회의 의사록을 준비하고 배포하는 책임을 맡는다. 기록을 하는 것은 시간이 걸릴 터이지만 분명히 할 만한 가치가 있고, 또 필요한 것이다. 후에 프로젝트 중간에 누군가가 어떤 결정이나 의견에 대해 의심을 할 수도 있기 때문이다. 어떤 말을 했는지 생각해내려고 애쓰는 것보다 서면상의 기록을 참고하는 것이 훨씬 더 믿을 만하다.

<blockquote>당신은 결정된 내용을 전혀 기록하지 않는 그룹의 회의에 참여한 적이 몇 번이나 있는가? 그 그룹의 구성원들은 아마도 "그런데 지난 회의 때 우리가 결정한 사항이 무엇이었죠?"라고 서로에게 물을 것이다. 기록하지 않으면 지난 결정사항들에 대해 다시 기억을 더듬어 생각해내야 하는 비효율이 발생한다. 그러나 꼼꼼히 기록을 해두면 시간을 낭비하거나 화를 낼 필요가 없어진다.</blockquote>

책임과 의무에 대한 질문

어떤 그룹, 특히 명령 계통상 더 높은 부서에서 조직된 그룹에서는 해결해야 할 문제에 대한 책임과 의무가 서면으로 정확하게 기록된다. 이것은 책무를 부여하는 권위자와 그룹 사이에 일종의 계약과 같은 구실을 할 수 있다.

따라서 그룹은 책무와 관계된 모든 질문을 빠짐없이 목록으로 작성해야 한다. 설사 몇몇 구성원들이 질문을 이해하고 있다고 생각하더라도 말이다. 그룹은 첫째 가장 적절한 의사소통 유형을 결정할 수 있도록 권한의 한도를 조사하고, 둘째 책무를 부과한 사람에게 접근할 수 있는 최선의 방법을 검토해야 한다.

리더가 직접 중재자 역할을 해야 하는가, 아니면 공식적인 토론 진행자가 지명되는 것이 나은가? 기업의 경우, 상사에게 질문을 하기에 가장 적합한 사람은 누구인가? 사장이나 부사장 혹은 최고 경영자

의 경우는? 이때 그룹은 어떻게 인식될 것인가? 빈틈없고 철저한 집
단, 혹은 성가신 집단으로 인식될 것인가? 1단계를 마쳤을 때, 그룹
은 지금까지 토의된 모든 논점과 이해한 내용을 기재한 의사록을 가
지고 있어야 한다.

표준 의사일정 1단계에서
구성원의 과제

표준 의사일정 1단계에서 구성원들은 자신의 포지션과 행동범위, 그룹에 대한 기대치 등을 설정하고, 다른 구성원에 대한 이해도를 높여야 한다.

이 책의 앞 단원에서, 우리는 토론을 위한 기본적인 지침을 제공했다. 이러한 지침을 이해하고 이를 지지하며 표현할 행동을 선택하는 것은 그룹 토론의 모든 단계에 걸쳐 구성원의 중요한 의무이다. 이것은 특히 1단계에서 확실히 적용된다. 모든 구성원들이 정보를 숙지한 상태에서 열정적으로 참여하면, 앞으로 전개될 토론을 위해 협조적인 분위기와 유형을 확립하는 데 도움이 된다. 이는 그룹의 철저함, 능률성, 궁극적인 생산성에 기여하는 효과적인 상호작용과 관계를 위한 토대를 마련한다.

동료들과 친해지기

무슨 일이든 시작하기 전에, 당신과 함께 일하는 사람들을 아는 것이 중요하다. 이를 위해 잡담을 하는 것도 좋지만, 각각의 사람이 어떤 동기로 그룹에 소속되어 있는가에 주목할 필요가 있다. 또한 구성원들이 그룹에서 일하는 것의 어떤 점을 좋아하고, 어떤 점을 싫어하는지를 알아보는 것이 좋다. 졸업반 학생들과 프로젝트를 하면서, 학생들이 다른 사람들을 신뢰하는 것이 꺼림칙하다고 말하는 것을 들은 적이 있다. 그들이 이러한 불편함을 느끼는 것은 막연한 기대 때문이다. 어떤 구성원들은 수업 외 시간에도 일을 할 것을 기대하지만, 다른 구성원들은 그렇게 하는 것을 내켜하지 않는다. 또한 어떤 구성원들은 'A'를 받고 싶어하고, 또 어떤 구성원들은 'C'에 만족한다. 이처럼 기대와 동기가 상충할 때, 그것이 초기에 해결되지 않으면 많은 문제가 초래될 수 있다. 초기에 서로의 차이를 알고 있으면, 그룹은 더욱 효과적인 방식으로 작업량을 분배하고 모두에게 이익이 될 분위기를 조성할 수 있다.

각 구성원의 기대와 헌신 정도를 아는 것 외에도, 구성원들이 가지고 있는 능력과 선호하는 일에 관한 목록을 작성하는 것 역시 좋은 생각이다. 최선의 결과를 얻으려면, 구성원들은 자신이 좋아하며 탁월한 능력을 발휘할 수 있는 과제를 할당받아야 한다. 누가 협동 작업을 좋아하는가? 누가 혼자 일하기를 좋아하는가? 혼자 일하는 것을 더 좋아하는 사람은 훌륭한 연구원이 될 것이다. 누가 집단이 필요로 하는 전문 기술 혹은 전문 지식을 가지고 있는가? 누가 기록을 하고 회의 일정을 세우는 일에 가장 적합한가? 꼼꼼한 성격의 구성원들은 기록자와 교정자의 역할을 훌륭하게 해낼 수 있다.

이러한 문제들을 논의하는 시간을 가짐으로써 그룹은 의견을 나누고, 책무를 이해하고 완수하는 데 있어 오해를 피할 수 있다.

선택권 행사하기

당신이 그룹의 운영 방식을 어느 정도 통제한다는 것을 늘 기억하라. 당신은 과제의 본질에 대해 질문을 던지는 선택을 할 수 있다. 만일 리더가 "우리 모두 우리가 왜 여기에 모였는지 알고 있지요"라고 말문을 열었는데 그의 판단이 의심스럽다면, 질문을 하라. 알지 못하는 바가 있다면 그전부터 확실히 파악해야 효과적인 그룹 토론이 될 수 있다.

그룹 내에서 의견 주장하기

그룹 과제에 착수하기 전에 구성원들 서로는 상대방을 정직하고 솔직하게 대해야 한다. 만약 가족이나 다른 일 때문에 전력을 다해토론에 참여하지 못할 것 같다면, 긴장감이 팽배해지기 전에 지금 그 사실을 밝혀서 해결책을 도출할 수 있도록 하라. 만일 프로젝트에 착수하고자 하는 동기가 생기지 않는다면, 정직하게 말해라. 그러나 또한 사실을 말함으로써 초래될 결과를 각오하라.

어떤 구성원들은 당신의 정직성을 높이 평가하겠지만, 일부는 당신의 태도를 달가워하지 않을 것이다. 당신이 다른 사람들로부터 기대하는 것과 당신이 그룹에 기꺼이 제공할 것을 명확히 밝혀 두라. 이것을 초기에 분명히 해두면, 그룹은 훨씬 더 능률적으로 프로젝트를 수행할 수 있다. 알다시피, 그룹 내의 문제들은 갈등과 불명확한 기대에서 연유한다.

☑ 당신이 새로 몸담게 될 팀은 프로젝트 평가에서 'C' 정도의 평가만 받아도 흡족해 할 사람들로 가득 차 있다. 그들은 모두 최소한의 일들만 하기를 원하고, 프로젝트에 전력을 투구하고자 하는 열의가 없다. 그러나 당신은 언제나 프로젝트에서 'A'를 받는 사람이고 이번 프로젝트도 그만큼의 성과를 얻고 싶다. 그렇다면 당신은 팀 내의 다른 사람들과 어떤 협상을 할 수 있을까?

융통성 발휘하기

현대 사회는 제한된 시간 안에 많은 것을 해낼 것을 요구한다. 물론 구성원들은 각각의 개인적인 일정이 빠듯하게 짜여져 있겠지만, 그룹을 위해 어느 정도 융통성 있는 모습을 유지해야 한다. 한 그룹으로서 효과적으로 기능하려면 회의를 열어야 한다. 그러나 이때 모든 구성원들에게 이상적인 회의시간을 찾는 것은 좀처럼 가능하지 않다. 당신은 아마도 "저는 수요일 9시에서 9시 30분까지만 시간이 돼요. 주중 다른 시간에는 다른 일을 해야 해요"라고 주장하는 누군가와 일한 적이 있을 것이다. 사실 이 사람은 금요일 오후 3시나 수업 시작하기 전인 오전 7시에 모임을 가질 수 있지만 그 시간에 다른 것을 하기를 원한다. 이 사람은 융통성이 없다.

그러나 모든 사람의 일정에 맞추어 회의 시간을 조정할 수는 없다. 따라서 일정을 훑어보고, 협상을 하고, 모든 사람에게 가장 좋은 시간을 찾아내라. 정말로 좋은 시간이 없다면, 여러 가지 옵션을 고려하라. 즉 이번 주는 한 구성원이 힘들고, 그 다음 주는 다른 한 구성원이 불편하다고 한다면, 그 두 사람이 서로 타협점을 찾도록 조절하는 것이다. 혹은 소그룹 단위로 나눈 후, 각 하위 그룹의 대표가 다시 모이는 식으로 회의를 진행하는 것은 어떨까? 항상 선택권은 있기 마련이다. 간혹 한 가지를 선택하려면 상당한 타협이 필요하지만 말이다.

회의 진행 시간을 결정할 때도 현실적이어야 한다. 30분으로 예정된 회의가 준비 부족이나 예기치 않은 문제로 두 시간이나 지속될 수도 있다. 따라서 효과적으로 회의를 진행하고자 한다면 현실적인 계획을 마련하고 뜻밖의 지연에 대처할 수 있어야 한다.

책임 있는 구성원이라면 예기치 않은 사건으로 일정에 차질이 생겼을 때 시간을 투자하고 융통성을 발휘해야 한다. 따라서 당신이 일이나 가족의 요구가 그룹의 요구와 상충된다고 생각되면 초기에 그룹을 탈퇴하는 것이 바람직하다. 중요한 시기에 헌신적인 구성원들이 다른 누군가의 일을 대신해야 하거나 다른 덜 헌신적인 구성원들의 태만함을 메워야 한다면 전체적으로 무척이나 힘들어 질 것이다.

질서 정연한 진행과 과제에 대한 집중 유지하기

이것은 대개 리더의 의무에 해당되지만, 구성원들 역시 그룹 내의 질서를 유지하는 데 도움을 줄 수 있다. 회의 초기에는 약간의 사교적 요소가 필요하지만, 과제를 마무리하기 위해서는 과제에만 집중할 수 있어야 한다. 두 구성원이 잡담을 하는 바람에 마크가 회의에 집중을 하지 못한다고 하자. 만약 그 두 사람의 잘못을 공손히 지적하지 않을 경우, 마크는 회의에 손해를 끼칠 수 있다.

성급한 결정 피하기

간혹 그룹의 한 구성원, 혹은 구성원들 전체는 문제를 너무 서둘러 해결하려고 하는 경향을 보인다. 리더와 구성원들은 항상 이러한 상황을 피하도록 노력해야 한다. 과제를 완수하고 싶은 마음에 구성원들이 주제에 대해 투표를 실시하자고 강요할 수도 있다. 너무나 일찍 한 가지 해결책을 선택하면, 아직 수집되지 않은 관련 정보를 고려할 수 없게 된다. 그러나 수집되지 않은 정보에서 여러 생각을 이끌어내 최고의 대안을 제공할 수도 있으므로, 성급한 결론은 금물이다.

구성원으로서 자신의 이미지 확립하기

구성원들이 인식하는 당신의 이미지는 초기 회의에 형성될 가능성이 크다. 1단계를 거치는 동안 당신은 토론에 다양하게 기여하는 데 집중해야 한다. 즉 정보를 제공하고, 토론을 이끌고, 다른 사람들의 생각을 비판적으로 분석하여 당신이 그룹의 모든 과제에 흥미가 있는 참여자임을 구성원들에게 알릴 수 있어야 한다. 만일 당신이 그룹에서 지도자의 역할이나 기록 같은 전문적인 일을 하는 데 흥미가 있다면, 초기에 그러한 관심을 밝혀라.

표준 의사일정 1단계에서
리더의 의무

표준 의사일정 1단계에서는
합리적인 방법으로
리더를 정하고,
선택된 리더는 앞으로
어떤 방식으로 그룹을 이끌어
나갈 것인지에 대한
아우트라인을 설정해야 한다.

만일 할당된 일에 대해 리더가 지명되어 있지 않다면, 그룹 구성원들은 누가 리더의 역할을 할 것인지 결정해야 한다. 리더가 없는 토론도 가능하긴 하지만, 책임이 어디에 있는지 알지 못하면 효과적으로 토론을 진행하기가 어렵다. 누군가가 기록을 하고, 권위자와 연락을 하고, 세부 과제를 위임하는 일에 책임을 져야 하는 것이다. 따라서 토론의 1단계에서는 누가 어떻게 리더십을 발휘할 것인가를 합의하는 일은 필수적이다.

☑ 덴젤과 타마라는 둘 다 이번 프로젝트의 리더가 되기를 원한다. 두 사람 모두 자신이 그 자리를 차지하는 것이 당연하다고 생각한다. 또한 자신이 리더가 될 수 없는 그룹에서는 일하고 싶어하지 않는다.
이 문제를 어떻게 처리해야 할까?

리더십 스타일 선택하기

그룹 구성원들이 어떤 유형의 리더십을 바라는지 알아내는 것이 중요하다. 가령 프로젝트에 대한 관심이 한정되어 있고 명령을 따를 때 가장 훌륭히 일을 하는 구성원들로 이루어진 그룹은 권위적인 리더와 일할 때 효과가 좋을 것이다. 반면 어떤 그룹은 생각을 통합하고 협동적인 리더를 필요로 할 수도 있다. 이런 그룹에는 민주적인 리더가 적합할 것이다. 리더는 적절한 리더의 유형에 관계없이, 리더십 스타일이 그룹 결정에 따라 정해진다는 사실을 알아야 한다. 구성원들은 자신들의 기대와 일치하지 않는 방식으로 지도를 받는다면 반발할 것이기 때문이다.

리더십 역할에 대해 준비하기

리더가 되기로 동의한 사람은 의사일정 계획, 토론의 의장 역할, 상급자와의 연락 대행이라는 부가적 책임을 지닌다. 만일 리더가 준비를 하지 않은 상태로 토론에 참석한다면, 그 그룹이 효율적으로 운영될 가망은 거의 없다고 봐야 한다.

리더십 스타일 결정하기

리더십 스타일은 초기 회의에서 조성되기 쉽다. 리더는 구성원들이 자유롭게 의사를 밝히도록 북돋음으로써, 그리고 그들의 질문에 주의를 기울임으로써 참여를 장려한다. 만일 즉시 답변할 수 없는 질문이 제기되면, 리더는 다음 회의에 누가 그 대답을 준비할 것인지를 분명히 해 두어야 한다. 리더는 일을 분배하는 것을 두려워해서는 안

된다. 다른 사람들에게 질문을 넘김으로써, 리더는 다른 구성원들이 리더십을 발휘하는 것을 환영함을 밝혀야 한다. 이를 통해 다른 구성원들이 리더십 행위에 참여하도록 장려할 수 있다. 그룹의 일을 진척시키는 데 필요한 상호 협동 정신을 조성하려면 함께 일을 해야 한다. 물론 이것이 반드시 구성원들이 서로 사귀고 좋은 친구가 되어야한다는 것을 의미하지는 않는다. 그보다는 모든 구성원들이 식견이 있고 자발적이며 다른 사람들의 노력에 적극적으로 반응해야 함을 의미한다.

리더십 책임 맡기

리더들은 때때로 부정적인 책임을 맡는다. 한 구성원이 그가 맡은 작업을 하고 있지 않을 때, 처음으로 그 문제를 제기하는 사람은 대개 리더이다. 따라서 리더는 교실에서나 기업에서나 불편한 지위일 수 있다. 그룹에 구성원을 탈퇴시킬 수 있는 규칙이 있다면, 리더는 그 방침을 알고 이를 지켜야 한다. 물론 이러한 어려운 결정은 기꺼이 회의를 통해 결정해야 한다. 물론, 구성원들에 대한 기대치가 처음부터 명확하다면, 자신의 몫을 수행하지 않는 구성원을 다루기는 훨씬 더 수월해진다. 그러나 그것이 정당할 때조차도, 많은 사람들이 동료의 수행 능력을 비판하기를 꺼리기 때문에, 이러한 일을 수행하는 것은 어렵다. 부정적인 상황을 다루어야 하는 리더의 책임에 대해 생각해보라. 만일 그런 역할을 하고 싶지 않다면, 리더로 지원하지 않는 것이 현명하다.

☑ 당신은 한 팀의 리더이다. 그런데 팀 구성원 중 한 명인 스테파니가 네 번 열린 회의 중 세 번을 결석했다. 게다가 딱 한번 회의에 참석했을 때에도 그녀는 토론에는 전혀 관심을 기울이지 않고, 자리에 앉아서 자신의 개인적인 일을 처리하는 데 시간을 보냈다. 스테파니는 자신에게 할당된 보고서를 제출하기는 했지만, 보고서의 질이 너무나 형편없어서 누군가가 다시 보고서를 올리는 것이 더 나을 지경이다. 결국 리더인 당신은 다음 회의가 끝난 후 스테파니와 개인적으로 면담 시간을 갖기로 마음먹었다. 당신은 그녀에게 무슨 말을 할 것인가?

마무리하기

첫 단계에서 리더가 해야 할 최종 의무는 모든 합의 내용을 기록하고 나머지 회의를 위한 계획을 세우는 것이다. 다시 한번 말하지만, 모든 사람이 이용할 수 있도록 꼼꼼한 기록을 남기는 것은 첫 토론 때부터 시작되어야 한다.

자신의 책임과 의무에 대한 계약서 작성

표준 의사일정 1단계의 마지막 과정은 앞에서 언급한 모든 과정들을 숙지한 후 앞으로 자신의 의무와 책임을 다하겠다는 계약서를 작성하는 것이다. '계약서' 라는 이름이 붙긴 했지만, 이것이 실제로 어떤 법적인 효력을 갖고 있는 것은 아니다. 단지, 자신의 책임과 의무에 대해 기술해 놓음으로써, 처음 토론에 임할 때 가졌던 생각과 의도를 잊지 않고, 효율적인 토론을 행할 수 있도록 스스로를 채찍질하기 위한 하나의 방안으로 사용되는 것이다. 따라서 계약서를 작성한 후에는 리더에게 제출하거나, 본인 스스로 간직해도 무방하다. 이 계약서에 대한 영감을 캐롤 C. 아놀드 *Carroll C. Arnold* 의 《진지한 구두 소통을 위한 무언의 계약 *Unspoken Contract for Serious Oral Communication* (1974)》에서 얻었다. 다음 페이지에 이에 대한 실례가 제공될 것이다. 특별한 서식이 있는 것은 아니므로, 당신이 이 방법을 처음으로 도입하는 리더라면, 구성원들을 대상으로 실제로 계약서를 작성할 것을 제안할 수도 있다.

계약서에 적힌 책임과 의무에 대한 선서는, 그룹의 모든 구성원들이 스스로 완전히 이해하고 있는 어떤 한 문제에 대해, 실질적인 멤버로서 협력하고 도우며 일할 수 있는 발판을 마련해준다. 1단계를 성공적으로 마쳤으므로, 이제 구성원들은 문제를 해결할 수 있는 확실한 기초를 갖춘 셈이다.

나의 책임과 의무에 대한 계약서

내가 여기에 온 것은 시간을 낭비하면서 한가롭게 잡담을 하거나, 나 자신의 개인적이고 감정적 문제를 해결하기 위해서가 아니다. 또한 친구를 사귀거나 적과 싸우려고 이곳에 있는 것도 아니다. 나는 한 가지 목적을 위해 이곳에 왔고, 다른 사람들 역시 나와 같은 목적을 품고 여기에 있는 것이라 생각한다. 나는 그들이 무조건 내 의견에 동의하거나 내가 하는 일을 지지해줄 것이라고 기대하지 않는다. 그러나 나는 나 외의 다른 구성원들도, 우리를 이곳에 모이게 한 이유인 집단 프로젝트 성취를 이루는 데 합리적으로 헌신하리라 기대한다.

나는 나 혼자 이 문제를 해결할 수 없다는 것을 안다. 만일 내가 혼자 할 수 있었다면, 그렇게 했을 것이다. 왜냐하면 나는 그룹의 형태로 다른 사람들과 일을 하면 시간과 노력이 배로 든다는 사실을 알고 있으며, 다른 모든 사람들처럼 내가 할 수 있는 최선의 일을 가능한 가장 쉽고 간단한 방법으로 하는 것을 좋아하기 때문이다.

우리는 모두 강점과 약점을 지니고 있다. 따라서 나는 우리가 함께 모여 자신의 강점을 활용하고 약점을 극복할 수 있기를 바란다.
나는 거리낌 없이 말하고, 내 의견을 다른 이들에게 알릴 의무가 있다. 만일 내가 그저 여기에 앉아 있기만 한다면, 나는 나 자신과 다른 사람들의 시간을 낭비하게 될 것이다. 나는 내 생각을 명확히 제시해야 한다. 그리하여 다른 사람들이 내 생각을 충분히 이해하고 그것을 분별 있게 비판할 수 있게 해야 한다. 그리고 나는 비판적으로, 그러나 적대적이지 않은 방식으로 다른 사람들의 생각을 경청해야 한다. 발언된 것을 분석하고 내 분석 결과를 보고하는 것이 내가 해야 할 일이다.
나는 문제해결이 대충할 수 있는 일이 아님을 안다. 나는 나의 열정과 성급함을 억제하고 논리적이고 효과적이고 합리적인 해결책에 도달할 가능성을 높일 단계를 따를 준비가 되어 있다.

나는 필요할 때 내 의견을 옹호할 의무가 있다. 그러나 거친 표현을 쓰고, 그룹을 분열시키거나 다른 구성원들을 공격할 권리는 없다. 나아가 개인적, 도덕적으로 헌신하거나 이해하는 것을 억지로 자제하지도 않을 것이다. 그럼에도 나는 결코 독단적이어서는 안 된다. 나는 다른 이들에게 내 방식을 강요하지 않을 것이며 다른 이들의 의견을 인정할 것이다. 합의된 의견이 대체로 불완전하다는 것을 알지만, 합의를 끌어내는 데 참여해야 한다. 내가 틀릴 때, 나는 그것을 인정해야 한다. 그리고 나는 내 생각이 다른 구성원들의 생각처럼 수정될 수 있다는 것을 이해해야 한다. 논쟁은 종종 유용하며, 그것이 상당한 시간을 요구하더라도 나는 논쟁을 존중하고 그것을 통해 배워야 한다. 만일 우리가 돌이킬 수 없이 분열되면, 나는 분열 자체가 우리에게 '답'이 될 수 있다는 것을 인정할 것이다.

나는 그룹 내의 다양성을 포용할 의무가 있다. 나는 사람들이 나와 다르다는 것을 안다. 사람들은 신념과 가치관, 태도가 저마다 다르다. 나는 다른 사람들이 나와 다른 신념과 태도, 가치관을 지니고 있다고 해서 그들이 틀렸다고 생각하지 않도록 노력할 것이다. 나는 다른 사람들의 말에 귀를 기울일 수 있도록 항상 열린 마음을 유지하려고 노력할 것이다. 그러나 여전히 다른 의견을 지니고 있을 때, 내 견해를 정중히 제시할 것이다. 나는 언어적으로 민감한 태도로 말하며, 그룹의 다양성을 무시하기보다 그것을 존중하는 방법을 찾아 볼 것이다.

나는 그룹이 간혹 실패한다는 것을 안다. 그룹이 실패하는 것은 개인들이 성급하고 비합리적이거나 산만하고 권태로워지기 때문이다. 나는 이런 '토론에서 치명적인 죄악'을 피하기 위해 조심해야 한다. 만일 내가 속한 팀이 실패하면, 나는 무엇이 잘못되었는지 알아내려고 노력할 의무가 있다. 그러나 나는 또한 서로를 비난해봤자 아무 이익도 얻을 수 없다는 것을 안다. 따라서 실패를 통해 배우고, 다음번에 더욱 잘 해낼 수 있는 방안을 강구할 것이다. 이와 반대로, 만일 성공하면 나는 지나친 자신감을 물리쳐야 한다. 각각의 새로운 집단, 각각의 새로운 문제는 그 자체가 도전이다. 역사적으로나 과학적으로 들여다보아 결과를 예측할 수 있는 것은 아무 것도 없다.

그것이 내가 이 팀의 일원으로서 활동하면서 얻는 기쁨이다. 나는 내가 기여할 수 있다는 것을 알고, 그렇게 함으로써 더욱 인간다운 인간이 될 수 있을 것이다.

1. 목표

문제해결에 들어가기에 앞서 그룹이 구성된 이유와 문제에 대해 정확하게 이해한다.

- 우리는 왜 여기에 있는가?
- 우리는 어떤 권한을 가지고 있는가?
- 우리는 어떤 결과를 얻을(혹은 얻어야 할) 것인가?
- 누가 그것을 얻을 것인가?
- (결과를 보고 받을) 그들은 보고서를 통해 어떤 일을 계획할 것인가?

2. 결과

- 각 구성원들에게 분배된 책임과 의무에 관한 적절성.
- 주어진 과제에 대한 기초적인 서면 보고서 작성.
- 과제에 대해 이해한 내용 기록.

3. 구성원의 과제

- 과제의 본질에 대해 질문을 던지고 대답하는 과정을 통해, 문제에 대한 이해를 높인다.
- 그룹 구성원으로서 개인이 짊어져야 할 책임과 의무에 대한 질문을 던진다.
- 문제해결과 관련된 권위자에게 건의할 질문을 정리한다.
- 토론의 전체 일정을 정하고 합의하는 과정에 참여한다.

4. 리더의 의무

- 구성원들이 과제를 제대로 이해할 수 있도록 필수적으로 해결되어야 할 질문을 정리하고 던짐으로써, 활발한 의견 개진을 이끈다.
  - 권위자로부터 얻은 정보를 전달하고 해석한다.
  - 그룹의 대표로서 권위자나 상부와 연락을 취한다.
  - 구성원들이 합의하고 이해한 내용은 반드시 기록하도록 한다.

표준 의사일정 2단계

질문을 통한 문제의 분석과 표현법 선택

표준 의사일정 2단계의 목표

한 프로젝트 팀이 주차 문제를 해결하
라는 주제를 할당받았다. 이에 대해 지니는
"새 주차장이 필요해요!"라고 주장한다. 반
면 탐은 불법 주차에 대해 딱지를 붙이는 것
이 더 낫다고 말한다. "아뇨, 아닙니다. 우리
에게 필요한 것은 외부 지역으로 운행하는 셔틀버스를 운영하는 겁
니다"라고 데니스는 또 다른 주장을 펼친다. 이 그룹은 난관에 부딪
힐 것이다. 그들은 초기 단계를 훌쩍 넘어 주제를 듣자마자 5단계로
넘어가 해결책부터 연구하고 있기 때문이다. 그들은 반드시 필요한
단계, 즉 문제를 정의하고 분석하는 일을 거치지 않았다. 언제나 문
제를 해결하기 위해서는 문제를(그리고 무엇이 그것을 초래하고 있는지
를) 완전히 이해하고, 해결책에 영향을 줄 수 있는 변수를 인식해야만
한다. 따라서 위의 그룹은 문제와 관련된 모든 가능성을 먼저 파악해
야 한다. 누가 주차에 어려움을 겪고 있는가? 조금 멀리 떨어진 곳에

주차 공간이 있는데 한참을 걸어야 하기 때문에 짜증을 내는 것인가? '주차 문제' 는 대개 몇 시에 시작되는가?

구성원들은 해결책을 이행하는 데 영향을 미치는 변수를 이해해야 한다. 가령, 회사에서 직원들의 주차난을 해결하기 위해 자금을 얼마나 지원해 줄 것인가? 물리적 공간을 확보할 수 있는가? 물론 예산이 없다면, 주차장 건립을 제기하는 것은 시간 낭비일 것이다. 만일 그룹이 현재 상황에 영향을 미치는 모든 요소를 고려하기도 전에 해결책을 찾는다면 이러한 질문에 대해서는 아무런 답도 얻을 수 없다. 이런 일이 당신의 그룹에 일어나게 하지 말라!

> ☑ 당신은 구성원들이 즉시 해결책에 초점을 맞추는 회의에 참여한 적이 있는가? 구성원들이 서로 완전히 다르게 이해하고 있을지도 모르는 논점을 '해결' 하려고 들기 전에, 문제를 철저히 규명하도록 다른 이들의 주의를 돌리려고 노력했는가?

문제를 파악하기도 전에 해결책에 집중하는 것은 실로 위험하다. 토론의 후기 단계에서는 해결책에 대한 이견이 생산적일지도 모르지만, 구성원 전체가 문제의 정확한 본질에 대해 합의하고, 토의를 이끌어갈 질문들을 명확히 정할 때까지는 좀처럼 유용하지 않다. 2단계의 주요 목표는 이러한 두 과제를 완수하는 것이고, 이 단원은 그 방법에 대해 설명할 것이다. 문제를 이해하고 훌륭한 조사를 이끌어 낼 질문을 만드는 것에 시간을 투자함으로써, 그룹은 작업을 능률적이고 생산적으로 만들어 만족스러운 결과를 이끌어낼 가능성을 증대시킬 수 있다.

문제의 배경 탐구하기

일단 문제가 주어지면 그 문제에 대해 다각도로 살펴본 후 본격적인 토론 과정에 들어가야 한다. 이때 체계적인 질문을 던질 수 있어야 문제를 파악하는 데 도움이 된다.

대개의 경우, 과제를 맡을 때 그 문제에 대한 명확한 정의가 없는 경우가 많다. 예를 들어 '근로자들의 사기 저하 원인' 이라는 주제가 주어졌을 때, 그 문제를 풀어야 할 사람이 근로자가 아닌 상급자라면 근로자의 사기에 뭔가 문제가 있다는 것을 깨닫는다 해도 단박에 자세한 내용을 밝혀낼 수는 없다. 따라서 문제를 정확히 규명하기 위해서는 구성원 전체가 다음 페이지에 나오는 질문들 중 일부 혹은 전부에 대해 답을 찾아낼 수 있어야 한다.

문제를 명확하게 파악하기 위해서, 구성원들은 다음 페이지에 나올 질문들 중 적절하다고 여기는 것을 일부분 혹은 전부 사용할 수 있다. 여기서 목표는 단순히 질문을 던지는 것이 아니라 문제의 배경을 더욱 잘 이해할 수 있도록 가능한 한 많은 참고 자료를 모으는 것에 있음을 잊지 말아야 한다. 결코 질문을 위한 질문을 해서는 안 된다. 일이 논점이 어떻게 제기되었는가?

- 누가 그것이 문제라고 결정했는가?
- 그것은 틀에 박힌 평가의 결과인가?
- 비상 상황인가?
- 문제의 근거에 관한 정보를 누가 제공했는지 조사하라.

어떤 문제인가?

- 근로자들 문제
- 사장 문제

다른 문제에서 발생했는가?

(때로 문제에 대한 해결책이 새로운 문제를 초래할 수 있다.)

문제에 대해 연구하는 다른 사람이 있는가?

누군가가 불평을 제기했는가?

- 누가 불평했는가?
- 누가 난처한 상황에 처했는가?
- 상황이 얼마나 심각한가?
- 난처함을 겪은 경우가 단 한 번 뿐인가?

단지 문제를 예상하고 있는 것은 아닌가?

- 문제가 앞으로 발생한다는 증거가 있는가?
- 우리가 과민 반응을 보이고 있는 것은 아닌가?

전에 이 논점이 제기된 적이 있는가?

- 계속 재발하는 문제인가?
- 그 결과는 무엇이었나?
- 어떻게 마무리되었는가?

- 어떤 다른 집단이 그 문제를 제기했었는가?
  - 정부?
  - 민간 시민 단체?
- 그것이 어떤 효과를 가져왔는가?
- 다른 집단의 경험으로부터 무엇을 배울 수 있나?
- 우리와 비교할 수 있을 만큼 유사한 집단이었는가가?

다른 사람들은 그 문제를 어떻게 처리했는가?

- 그냥 묻어두었는가?

부분적으로 해결했는가?

- 그들은 무엇을 해결했는가?
- 무엇을 놓쳤는가?
- 남은 결과는 무엇인가?
- 이전의 해결책이 바람직하지 않은 부작용을 가져왔는가?
- 그런 예기치 않은 결과에 대해 어떤 조치가 취해졌는가?

이전의 조치에서 우리가 배울 것이 있는가?

부분적으로 해결했는가?

- 어떤 면에서 조건이 유사한가?
- 어떤 면에서 조건이 다른가?
- 어떤 면에서 그룹 성격이 유사한가?
- 어떤 면에서 구성원들이 비슷한가?

단 주어진 질문에 대해서는 자료를 찾고 분석해서, 문제를 해결하는데 기본 바탕이 될 지식들을 구축해야만 한다. 또한 문제를 파악하는 단계에서 성급하게 해결책을 논의하는 것을 자제해야 한다. 해결책을 논의하다보면, 해결책을 찾기 위한 질문들에 모든 신경이 집중될 수 있기 때문이다. 각 단계에 맞는 질문 형태가 있음을 기억하라.

문제 이해를 위한
효과적인 질문 던지기

문제의 배경을 이해한 후에는 그것을 직접 말로 옮겨 질문을 던져야 한다. 질문의 질에 따라 그 그룹이 나아가야 할 바가 명확해질 수도, 그 반대가 될 수도 있다. 효과적인 질문 기법에 대해 살펴보자.

일단 문제의 배경을 이해하면, 이제 질문을 말로 표현할 때이다. 2단계의 목적은 그룹의 모든 구성원이 주어진 의제를 확실히 이해하는 것이다. 만일 모두가 목표를 명확히 알고 있다면, 그룹은 그 다음 일에 성공적으로 착수할 수 있다. 질문을 정확히 말로 표현하는 것은 사고를 자극하기 때문에, 다각적인 분석을 가능하게 한다.

폭넓은 질의가 가능하도록 명확하고 현실적이고 개방적인 질문을 하라. 그룹 구성원들을 분열시키고, 논쟁을 초래하거나 단정조의 질문은 피해야 한다.

의도를 명확히 밝히는 질문을 하라

질문은 누가(질문의 주어) 무엇(조사 대상)을 할 것인가를 명확히 밝혀야 한다. "우리가 무엇을 해야 하는가…?"로 시작하는 질문은 토론 그룹이 행동을 취할 것임을 의미한다. "회사가 무엇을… 해야 하는가?"로 시작하는 질문은 회사에서 '누가' 행동할 것인가를 구체적으로 밝히지 않는다. 그 질문의 적합한 주어는 대개 그 프로젝트를 부과한 부서이다. "마케팅 부서에서 무엇을 해야 하는가?"

질문을 적절하게 표현하는 일은 대수롭지 않게 보일 수도 있지만, 표현을 아주 약간만 바꾸어도 그 주제가 다른 방향으로 나아갈 수 있다는 점에 주목할 필요가 있다. 이 단계를 경시하거나 서둘러 통과하는 잘못을 저질러서는 안 된다.

현실적인 질문을 하라

다음의 두 가지 예에 대해 생각해 보자.

나쁜 선택 : 대규모 신입사원 선발에 대한 반대 의견을 무마하기 위해서, 회사는 어떤 조치를 취해야 할까요?
좋은 선택 : 내년도 신입사원 선발 목표는 어떻게 세워야 할까요?

당신은 나쁜 선택이 왜 비현실적인지 알겠는가? '반대' 라는 말은 불분명하고 구체적이지 않다. 반면 '신입사원 선발 목표' 라는 말은 명확한 의미를 갖는다. 따라서 좋은 선택을 한 집단은 목표를 세우고, 신입사원을 몇 % 정도 선발해야 하는지를 명확하게 알 수 있다. '명확하지 않은 실체를 무마하는 것에 초점을 두는 것' 보다 '효율적인 신입사원 선발 프로그램에 초점을 두는 것' 이 훨씬 더 현실적이다. 당신은 당신의 계획이 과연 무엇을 '무마' 시키는가를 판단할 방법을 지니고 있지 않을 것이다. 우리는 우리의 목표를 위해 일할 수 있지만, 다른 것들을 통제할 수는 없다.

우리가 앞 장에서 논의했던 것을 이용하면, 현실적인 질문에 초점을 맞추기가 쉬워진다.

> **나쁜 선택** : 회사 내에서 혈연, 지연에 따른 줄서기 행태를 어떻게 없앨 수 있을까요?
> **좋은 선택** : 줄서기 행태를 없애기 위해 우리 회사 직원들에게 제시할 수 있는 효과적인 행동은 무엇일까요?

'좋은 선택' 의 질문에는 누가 무엇에 대해 어떤 행동을 취해야 하는가가 매우 명확하게 제시되어 있다. 이런 질문은 현실적이고, 해결책을 쉽게 도출할 수 있다.

개방적인 질문을 하라

개방적인 질문은 폭넓은 질의를 허용한다. 반면 폐쇄적인 질문은 단순한 '예' 나 '아니오' 의 답만 얻을 수 있다.

예1

- 폐쇄적 : 노인들을 위한 주택공급에 대해 뭔가 해야 하지 않을까요?
- 폐쇄적 : 노인들에게 아파트나 공동 주택을 제공해야 하지 않을까요?
- 개방적 : 노인들을 위한 주택 공급과 관련된 주택 법안 766조항에 대해 우리는 국회위원에게 어떤 조언을 제공할 수 있을까요?

예2

- 폐쇄적 : 성과 측정 요건을 변경해 달라는 직원들의 요구를 들어줘야 할까요?

- 개방적 : 경영진은 직원들에게 어떤 성과 측정 요건을 제시해야 할까요?

논쟁을 초래하거나 단정조의 질문을 피하라

단정조의 질문이란 어떤 것일까? 단정조의 질문은 사실상 질문 속에 해결책을 포함시킴으로써 해결책을 제안하는 것이다. 이런 질문은 폭넓은 해결책을 검토할 수 있는 구성원들의 능력을 제한하기 때문에 위험하다. 단정조의 질문을 예로 들면 다음과 같다. "어떻게 회사 내의 주차 공간을 늘릴 수 있을까요?" 이런 것은 '해결책' 질문으로도 불린다. 그룹은 이미 질문 속에 해결책, 즉 '주차장을 늘리는 것'을 제안했다. 질문을 던지기 전에 문제에 대한 탐구를 조금만 하게 되면, 그룹은 사실상 회사 주변에 주차 공간이 많다는 것을 알아낼 수 있을 것이다. 일반 직원들이 주차 문제를 겪는 것은 회사 건물 안에 있는 상당한 주차 공간이 경영진이나 그 밖의 방문자들을 위해 과도하게 비워져 있기 때문이다. 그러나 만일 사람들이 위와 같이 단정조의 질문을 한다면 그룹은 그 사실을 절대 알지 못할 것이고, 새 주차장을 마련하자는 그들의 제안은 결국 회사의 자금을 상당량 소요할 것이다. 결국 공간의 효율적인 활용을 하지 못한 채 쓸데없는 곳에 자금을 낭비하는 결과를 가져오는 것이다.

이보다 더 나은 질문은 다음과 같다. "모든 사람들이 매일 주차 공간을 확보할 수 있도록 우리가 할 수 있는 일은 무엇일까요?" 이 질문에 대한 답은 단순히 주차를 할 수 있는 공간의 확보일 수도 있고, 아니면 주차장을 효율적으로 사용하기 위해 어떤 계획안을 수립하는 것일 수도 있다. 이 질문 속에는 해결책이 암시되어 있지 않다. 따라서 그룹은 좀더 많은 대안을 생각하고 효과적인 전략을 수립할 수 있게 된다.

답변 없는 질문과 답변할 수 없는 질문을 구분하라

해리 웨인버그는 그의 저서 《지식과 존재의 단계 *Levels of Knowing and Existence*》에서, 질문을 정확하게 표현하는 방법을 제시했다. 웨인버그는 답변 없는 질문과 답변할 수 없는 질문을 구분한다. 답변 없는 질문은 답이 있긴 하지만 질문이 제기되지 않은 것이다. 예를 들자면, "만일 그런 경우가 있었다면, 어떠한 종류의 기계 고장이 작년에 발생했던 버스 사고에 영향을 주었는가?"와 같은 질문이다. 안전교육 전문가들에게 묻거나 작년의 교통사고 자료를 참고하면 그 버스 사고에 관해 알 수 있을 것이다. 그리고 그 사고의 원인이 버스의 기계에 있었는지 아니면 그 밖의 다른 곳에 있었는지를 대충은 파악할 수 있다. 다시 말해, 모든 사례에 대해 판단을 내릴 수는 없겠지만 전문 보고서를 참고하면 대개 정확하고 일반적인 대답에 근접할 수는 있는 것이다. 따라서 위의 질문은 답변 없는 질문이라 할 수 있다.

"가정이 갖는 도덕적 역할이 직원들의 회사 생활에서의 성실도에 어떤 영향을 미치는가?" 이런 질문은 매우 흥미로운 철학적 토론이 될 수도 있지만, 실제의 사건이나 일과 연관지을 수 없는 단어가 너무 많이 들어가 있다. 설사 전문가들이 모여 가정에서의 도덕성, 직원의 성실성, 회사 생활의 다양한 면을 측정하기 위한 설문지를 만들었다고 하더라도, '신뢰성, 확실성, 계획 절차' 등에 대해 상당한 논쟁이 있을 것이다. 우리 모두가 '도덕성'이라는 단어를 각기 다르게 정의하듯이, 경계가 불분명한 단어에 대한 정보는 어디에서 찾아야 하는지조차 분명하지 않기 때문이다. 따라서 이러한 질문은 답변할 수 없는 것이다.

이보다는 "만일 관계가 있다면, 가정의 불화와 직원들의 이직 사이에 어떤 관계가 있을까?"라고 질문하는 것이 더 유용할 것이다. 이러한 표현은 적어도 인터뷰 대상자들에게 던질 수 있는 구체적인 질문을 몇 개 더 이끌어 낸다. 그러나 이런 질문에 대한 답변은 이직을 하고자 하는 사원들을 위한 정책 수립에는 여전히 미흡할 것이다.

이것은 질문에 대해 또 다른 결론을 이끌어낸다. 질문이 답변 할 수 있는 것이라고 해서 그 질문이 반드시 물어볼 가치가 있는 것은 아니다. 어떤 사람은 야구 시합이 비 때문에 취소되면 팬들이 얼마나 안타까워하는지를 조사하고 싶어 할 수도 있다. 설사 실망감의 정도를 측정할 수 있다 하더라도, 그 해결책은 무엇일까? 질문은 그룹이나 그 그룹이 대표하는 조직에 중요한 어떤 논점과 관련이 있을 때에만 토론 그룹에 유용하다.

당신의 질문이 책무에 나타나 있는 문제를 가리키고, 답변할 수 있고, 질문할 가치가 있으며, 전에 제기된 적이 없고, 이 단원의 앞부분에서 제시한 표현 기준에 부합하는지 확인하라.

질문에는 사실에 관한 질문,
가치관에 관한 질문,
정책에 관한 질문 등
세 가지 유형이 있다.
유형을 명확히 구분하고,
적절히 안배하여 던지는 질문은
당신의 정보수집력을
놀랄 만큼 향상시켜 줄 것이다.

일단 모든 구성원이 만족할 만큼 당신의 질문을 말로 표현했다면, 그것이 사실이나 가치관에 관한 질문인지 혹은 방침에 관한 질문인지를 결정하는 것이 중요하다. 이러한 차이를 이해하면 그 다음 단계에서 초점을 맞추는 데 도움이 될 것이다. 또한 질문의 유형을 결정한 후에는 당신의 그룹이 실수를 저질렀다는 사실을 알아낼 수도 있을 것이다. 주저하지 말고 질문을 문제에 더욱 적합하게 고쳐라.

사실에 관한 질문

가장 간단한 질문은 사실에 관한 질문, 즉 어떤 것이 어느 정도 존재하거나 존재하지 않는지 혹은 그것의 본질이 무엇인지를 묻는 질문이다. "우리 대학의 학생들은 어떤 정신적 문제를 겪고 있나요?"나 "작년에 예산이 어떻게 지출되었습니까?"는 사실에 관한 질문이다.

이런 질문은 비교적 사실에 입각한 일반적인 결론을 끌어낸다.

가치관에 관한 질문

그룹의 구성원들은 가치관에 관한 질문 역시 다루어야 한다. 그러한 질문은 '바람직성', '가치관' 혹은 '가치'의 문제를 다루고, 종종 특정한 태도를 받아들이거나 거부하는 진술로 표현된다.

가령 "대학이 소수 민족 학생들을 모집하는 것이 바람직할까요?"는 가치관에 관한 질문이다. 일반적 행동 방침에 대한 적합성과 도덕성에 대해 묻기 때문이다. 그룹은 학교 내의 소수민족 학생 비율에 관한 사실을 수집하고, 그 비율 정도가 전체 인구를 대표하는지 결정해야 할 것이다. 그룹은 학생 집단이 더욱 다양해지는 것이 어떤 가치가 있는지 숙고해야 한다. 그 질문에 대한 답을 결정하기 위해서는 전체 학생들의 다양성이 증가할 때 얻을 수 있는 이점에 대해서도 논의해야 할 것이다.

어떤 그룹은 구성원들에게 서로의 의견, 생각, 해석을 나눌 기회를 제공하기 위해 존재한다. 가치관에 관한 질문은 주로 '훌륭한 책' 혹은 '훌륭한 생각'에 대해 논의하는 그룹에서 중점적으로 다룬다. 활발한 토론과 격렬한 의견 교환은 토론과 통찰력, 사고를 날카롭게 만들어 줄 수 있지만, 보통 이러한 유형의 토론은 문제해결에 이르는 정식 결정을 도출하지는 못한다. 이 책에서 우리가 초점을 두는 것은 목적이 있는, 문제해결을 위한 그룹 토론이다. 따라서 문제해결을 위해 만들어진 그룹에서 가치관에 관한 질문은 정책 결정을 끌어내는 하나의 요소로서만 사용되어야 한다.

가치관이 깔린 질문은 진상조사가 끝나고 그룹이 토론을 계속 할 필요가 있는지 결정해야 할 때 사용되는 것이 바람직하다. 즉 "이 상황이 행동을 정당화할 만큼 심각한가?", "우리가 진상조사에서 발견한 여러 상황에 어떻게 우선순위를 부여해야 하는가?", "노력과 자원의 대부분을 어디에 쏟아야 하는가?" 이러한 것들은 모든 종류의 정책 결정 토론에 내재되어 있는 질문이다. 어떤 경우든, 가치 질문에 대한 토론은 진상조사 후 문제해결 토론을 중단하고 모든 사람이 상황이 중대하다는 사실에 동의하는지 확인한 후 실시하는 것이 좋다. 만일 그 문제가 관심을 정당화할 만큼 심각하지 않다면, 그에 대한 토론은 중지해도 된다.

정책에 관한 질문

문제해결 집단과 가장 자주 연관되는 질문의 유형은 정책에 관한 질문이다. 정책에 관한 질문은 어떤 개인, 집단, 대리인 혹은 조직이 할 수 있는 행동과 관계가 있다. 예컨대 "더 많은 사원들이 학습에 동참하도록 하기 위해서는 어떤 행동 계획을 수립할 수 있을까요?" 와 같은 질문이 이에 속한다. 행동은 어떤 행사에 관한 결정일 수도, 어떤 문제를 처리하기 위한 프로그램을 계획하는 것이나 진행중인 사업을 위한 정책 지침을 만드는 것일 수도 있고, 그러한 모든 것이 결합된 것일 수도 있다. 이러한 유형의 문제해결에 착수하는 집단은 결정을 내리고, 권고를 하거나 정책을 이행할 수 있다.

본래 이러한 그룹은 당초 그룹을 결집시킨 사건이나 상황에 적용되는 행동 방침이 확실하고 가능성이 있으며 바람직한지를 다룬다.

가령, "포리스트 슬로우 시의회는 B지역 재구획 정책으로 어떤 것을 공표해야 하는가?"는 정책에 관한 질문이다. 왜냐하면 그 질문은 집단이 재구획에 관한 행동 계획을 고안해내도록 하기 때문이다. 소수 민족 학생을 모집하는 것이 바람직한가를 묻는 그룹이 '대학이 어떤 구체적인 책임을 져야 한다'고 결정한다면, 이에 따라 정책에 관한 질문을 제기할 수 있다. "대학이 소수 민족 집단출신의 학생들을 어떻게 모집할 수 있는가?"가 그것이다. 물론 정책 질문에 관한 토론을 하기 전에 "소수 민족 집단 출신 학생의 모집 현황은 어떤가?"라는 질문에 대한 진상조사 토론이 선행되어야 할 것이다.

정책에 관한 질문은 대개 자료수집을 수반한다. 'B지역을 재구획'하는 문제에 들어가기에 앞서 그 지역과 주변 지역에 대해 완전히 조사해야 한다. 정책에 관한 질문은 대부분 가치 토론은 물론이고 광범위한 진상조사를 포함한다.

표준 의사일정 2단계의 결과

표준 의사일정 2단계를 거치고 난 후에는 일단 모든 구성원들이 문제의 배경에 대한 일치된 견해를 가지고 있어야 한다. 그래야만 앞으로 그 문제를 해결할 방안을 도출할 때 혼선을 빚거나 갈등이 생기는 것을 방지할 수 있다. 그 다음으로는 문제에 대한 다각도의 검증이 이루어져 있어야 한다. 여러 가지 질문을 통해 문제를 분석하고, 그 문제를 해결하기 위해 가장 먼저 해야 결정해야 할 사항과 후에 결정해도 되는 사항이 명확해져야만 순차적으로 다음 단계를 계획하고 실천에 옮길 수 있다. 또한 문제해결을 위한 전반적인 계획도 수립할 수 있다.

아울러 각 구성원들은 문제해결을 위해 자신이 해야 할 일에 대해서 명확하게 이해하고 있어야 한다. 문제를 아무리 잘 파악하고 있어도, 각 구성원이 어떤 일을 해야만 하는지 알지 못한다면, 중복된 일을 하거나 꼭 필요한 일을 누락시킬 수도 있기 때문이다. 이런 실수가 재빨리 발견된다면 그나마 낫겠지만, 결론을 도출해야 하는 부분에서 발견된다면, 문제에 대한 이해부터 다시 시작해야 하는 낭패를 볼 수 있음을 기억하라.

따라서 불필요한 노력과 시간의 낭비를 방지하기 위해서는 표준 의사일정 2단계를 마친 이후에 구성원들 모두는 다음과 같은 상태에 도달해 있어야 한다.

- 모든 구성원들은 같은 방식으로 문제를 이해한다.
- 모든 구성원들은 현 단계에서 문제해결의 어느 부분에 도달해야 할 것인가를 안다.
  - 사실 알아내기
  - 현재 상황 평가하기
  - 문제해결하기
  - 결정 내리기
  - 방침 마련하기
- 모든 구성원들은 그들이 문제의 징후나 원인, 혹은 양자를 검토하고 있는가의 여부를 알고 있다.

GROUP

DISCUSSION

이 단계에서 모든 구성원들은 문제에 대한 다양한 질문을 통해, 문제의 본질을 명확하게 이해하고 있어야 한다. 이 단계에서 문제가 발생하면 전체 토론 자체가 수포로 돌아갈 수 있다.

이 단계는 매우 중요하다. 만일 이 단계를 이해하지 못하면, 당신은 혼란에 빠지고 결국에는 그룹 전체의 발전을 방해할 수도 있기 때문이다. 이 단계는 주로 당신이 질문을 통해 문제에 대해 동료들과 같은 방향으로 이해하고 있는가를 확인하는 것에 대해 집중적으로 다룬다. 다른 사람들과 상황을 다르게 보고 있다는 생각이 들면, 당신은 이를 말해야 할 의무가 있다. 이 시점에서는 공통의 이해가 필수적이기 때문이다.

모든 구성원들이, 질문을 말로 표현할 때 다른 이들이 명확하게 이해할 수 있게 노력한다면 그룹은 몇 가지 큰 난관을 피할 수 있다. 가령, 질문의 배경을 대강 검토한다면 그룹 전체는 문제의 원인을 잘못 이해하여 문제를 해결하지 못하거나 일부만을 처리하는 해결책을 제안할 수 있다. 게다가 질문이 모두가 이해할 수 있는 방식으로 표현되지 않으면, 토론의 나중 단계에서 불필요한 논쟁에 휩싸이게 될 수 있다.

이 단계의 토론에 참여하지 못한 구성원은 다음 단계의 토론에 참가했을 때, 토론이 시간 낭비였고, 개인들이 자유로운 의사 개진을 하지 못하도록 억압 받았으며, 그룹 지도부가 전력을 투구해 문제에 집중하지 않았다는 느낌을 받을 수 있다. 또한 때때로 다른 사람들의 의견에 마지못해 동의할 수밖에 없었다는 피해의식을 느낄 수도 있다. 그러나 이러한 모든 불만들은 문제에 대한 질문을 명확히 규정하는 단계에서 자신의 책임을 경시한 개인들에게서 비롯된 것이다.

당신은 문제, 그리고 문제의 본질과 엄정성에 관한 질문을 제기해야 한다. 다른 사람들이 문제에 대해 보고하거나 설명하는 것을 들을 때면, 어떤 정보가 빠져 있고 그것을 어디에서 얻을 수 있는지를 생각하라. 빠진 정보를 지적함으로써, 그룹이 분별 있고 포괄적인 진상 조사가 가능하게끔 문제를 표현하도록 도울 수 있다.

예컨대, 이러한 과정이 프로젝트를 수행하는 한 과정이라면, 상사에게 당신이 던진 질문에 대해 평가해 달라고 요청해도 좋을 것이다.

표준 의사일정 2단계에서 리더의 의무

표준 의사일정 2단계에서의 리더의 의무는 토론 과정과 내용에 대한 '요약, 새로운 자료 소개, 갈등 조정, 기록, 일의 진행' 등이 될 것이다. 2단계를 거치면서 목표와 결과, 구성원들의 의무가 모두 주어졌으니 리더의 의무도 분명히 정해져야 한다. 2단계에서 리더는 그룹 구성원들이 해결책이 아닌 문제에 초점을 맞추도록 각별히 신경을 써야 한다. 이것은 그룹의 모든 구성원들이 문제를 같은 방식으로 이해하도록 함으로써 가능하다. 아울러 문제해결에 있어 자신의 의무가 무엇인가를 검토하도록 하는 것도 이 단계에서 리더가 해야 할 중요한 몫이다.

리더는 참고 자료를 완전히 이해해야 하고, 구성원들이 활용할 수 있는 자원을 파악해야 한다. 그룹에 참가한 지 얼마 되지 않은 리더라면 특별한 배경 자료를 준비할 시간이 없을 것이므로, 2단계가 끝나기 전에 반드시 이러한 정보를 알아내고 확보해야 한다. 리더는 필요한 정보를 입수할 수 있을 때까지 그룹이 다음 단계로 건너뛰는 것을 제지해야 한다. 또한 그룹의 정보수집 활동을 조정하고, 의무가 적절하게 분배되고 완수되고 있는지 확인해야 한다.

문제에 대한 충분한 이해가 이루어졌다는 확신이 들면, 이제 질문에 대한 합의를 끌어낼 때이다. 그룹을 이끄는 리더는 구성원들의 모든 기여를 이끌어내기 위해 문제에 관한 질문을 말로 표현하는 데 능숙해야 한다. 즉, 리더는 구성원들에게 가장 적절한 질문을 하는 방법을 제시하고, 모든 구성원들의 참여를 자극할 만한 제안을 내놓는 '컨설턴트' 가 되어야 할 것이다.

그룹 구성원들이 질문의 정확한 표현에 합의하면, 리더는 그 질문을 의사록에 기재할 것을 기록자에게 상기시켜야 한다. 이 모든 과정이 끝난 후에야 그룹은 의사일정의 다음 단계로 나아갈 수 있다. 기록자는 문제점에 대한 질문, 그리고 그 의미와 범위에 관해 필요한 모든 정의와 합의 내용을 포함한 기록 사본을 배포해야 한다.

이제 초기 두 단계를 마쳤으므로 이제 정보를 수집하고 평가하는 문제로 넘어가자. 다음 단원에서는 당신에게 필요한 자료, 수집한 정보의 중요성과 정확성을 판단할 수 있게 해 주는 지침을 제공할 것이다.

1. 목표

- 문제가 무엇인가에 대한 그룹 구성원 전체의 합의 이끌어내기.
- 문제해결을 위해 고려해야 할 최대 범위를 구체화하고 이에 대한 적절한 질문 시안을 도출하기.
- 토론 과정에서 던질 질문의 유형에 대해 합의하기.
- 해결안을 이끌어낼 때, 어느 것에 초점을 둘지 합의하기(징후 혹은 원인).

2. 결과

- 문제에 대한 적절한 이해와 궁극적인 해결책을 이끌어낼 수 있는 정확한 질문 도출.

3. 구성원의 과제

- 문제의 본질에 대한 질문 던진다.
- 문제의 본질과 상황의 심각함에 대한 최초의 의견을 올바로 인식한다.
- 문제의 원인과 흐름에 대한 정보 제공한다.
- 문제에 대한 연구를 시작하고, 문제해결을 위해서는 어떤 자료를 통해 어떤 정보를 얻어야 하는지 파악한다.
- 질문의 표현 방법에 대해 여러 가지 대안을 제안한다.

4. 리더의 의무

- 반드시 모든 구성원들이 문제를 명확히 이해하도록 돕는다.
- 구성원들이 토론의 다음 단계에 문제없이 참여하도록, 각자의 역량에 맞는 과제를 할당한다.
  - 원인 및 징후에 대한 올바른 파악을 돕고, 그것이 어떻게 해결되어야 하는가에 대한 구성원들의 의견 모은다.
    - 사실, 가치관, 정책에 관한 질문 사이의 차이를 구성원들에게 이해시키고, 어떤 유형의 질문을 추구할 것인지 합의를 이끌어낸다.
      - 그룹의 이해가 질문에 정확히 표현되도록 한다.
        - 토론 시 나왔던 질문과 답변 모두가 정확히 의사록에 기재되도록 한다.

표준 의사일정 3단계

진상조사

문제해결에 '필요한 정보'를 찾아라

충분한 정보가 없으면, 그룹 토론은 기껏해야 자유 토론에 머물 수밖에 없다. 따라서 토론을 효과적으로 만들기 위해서는 적절한 정보가 필요하고, 정보를 찾기 위해서는 구성원들 모두가 상당한 노력을 기울여야 한다. 그러나 많은 그룹에서는 이 과정이 매우 어렵다는 이유만으로 표준 의사일정 3단계를 기피하곤 한다. 반면 어떤 그룹은 너무나 많은 (거의 쓸데없을 정도로 많은) 정보의 늪에 빠져 갈피를 못 잡기도 한다. 당신이 속해 있는 팀은 어떤 문제에 부딪혀 있는가? 그 문제를 명확하게 파악하기 위해서 어떤 노력을 기울이고 있는가? 단원에서 우리는 이 두 문제를 해결하는 방법에 대해 설명할 것이다.

일전에 필자는 한 대학의 도서관에서 위원회를 만들어, 대학 운영에 관한 통계 자료를 수집해 만든 보고서를 본 적이 있다. 하지만 그

보고서는 색인도 없이 미국 통계 개요 *Statistical Abstract of the United States* 전체를 뭉뚱그려 놓은 것에 불과했다. 물론 자세히 살펴보면 그 안에 필요한 모든 정보가 수록되어 있었지만, 정보의 양이 워낙 방대했기 때문에 정말로 쓸모 있는 정보를 찾기란 거의 불가능했다. 따라서 이런 식의 보고서는 정보나 자료 조사에 하등의 도움이 되지 않는다. 문제를 명확하게 파악할 수 있도록 돕기보다는 오히려 머릿속을 복잡하게 만들고 문제의 본질을 벗어나도록 하는 경우가 더 많기 때문이다.

이제 우리가 살펴볼 표준 의사일정 3단계의 '진상조사' 에서는 문제의 본질을 파악하기 위해 필요한 정보를 '주의 깊게 찾는 과정' 에 대해 다룰 것이다. 본격적인 토론에 들어가기 전에 각 구성원은 문제를 해결하기 위해서 어떤 정보가 필요한지를 이해하고, 그것을 찾아내고 평가하는 일에 직접적으로 참여할 수 있어야 한다. 따라서 진상조사는 그 어떤 과정보다도 계획성 있고 세심하게 시행되어야 한다.

진상조사를 위한 기본적인 질문

진상조사 활동을 좀더 효율적으로 하기 위해서는 먼저 문제의 본질을 파악하고 있어야 한다. 따라서 문제를 제대로 파악하고자 한다면 사안을 두고 다음의 질문들을 던져보도록 하라. 어떤 종류의 토론에서건 아래에 나오는 질문을 사용하면, 토론에서 불필요한 과잉 정보에 지루함을 느끼거나 무엇을 해야 할지 모르고 천정만 바라보는 일을 줄일 수 있다.

1. 문제의 증거와 징후는 무엇인가?

- 누가 문제가 있다고 보고했는가?
- 그 보고는 어떤 증거를 토대로 하고 있는가?
- 이전에 일어나지 않았던 어떤 일이 지금 일어나고 있는가?
- 이전에 일어났었던 어떤 일이 지금은 일어나지 않고 있는가?

– 누가 무엇에 대해 불평을 하고 있는가?

하우스 베이유 강둑과 인접해 있는 세 마을, 트래버스티, 머드싱크, 포리스트 슬로우에 대해 생각해 보자. 이 세 마을 중 한 곳인 트래버스티에 새 공장이 문을 열자 대다수의 근로자들이 살고 있는 머드싱크에서는 아침, 저녁마다 출퇴근 전쟁이 일어나기 시작했다. 게다가 근로자들이 트래버스티로 출근하기 위해서는 포리스트 슬로우를 통과해야만 한다. 결국 트래버스티에 공장이 생김으로써 인접한 세 마을 모두가 심각한 교통난에 시달리게 된 것이다. 특히 포리스트 슬로우는 중심가로서 수많은 사람들이 드나드는 곳이었기 때문에 교통 문제가 더욱 심각했다. 포리스트 슬로우 도심의 상인들은 교통이 너무 복잡해서 사람들이 물건을 사러 들를 수가 없을 정도라고 불평하고 있다. 또한 트래버스티 공장의 경영진은 교통이 혼잡해서 근로자들이 항상 지각을 한다고 불평을 늘어놓고 있다. 또한 머드싱크의 근로자들은 매일 출퇴근을 하며 겪어야 하는 긴장 상태에 대해 매우 불만스러워 하고 있다. 이 세 마을 모두 전체적으로 그다지 쾌적한 상황이 아닌 것이다.

2. 이러한 징후의 결과는 무엇인가?

– 누가 영향을 받고 있는가?

– 얼마나 심각한 영향을 받고 있는가?

– 그 영향은 어떤 면에서 중요하게 다루어야 하는가?

위의 세 마을을 보면, 사실상 모든 사람들이 불쾌해 하고 있음을 알 수 있다. 포리스트 슬로우 시민들은 자신들의 마을이 교통 통로로 사용되고 있다는 것에 분개하고 있고, 머드싱크의 근로자들은 출퇴근 시간마다 겪어야 하는 북새통 때문에 화가 나 있다. 이것은 일을 시작하기도 전에 심각한 스트레스를 불러일으키기 때문에 근로자들의 작업 능률에 큰 영향을 미친다. 또한 공장의 경영진은 '왜 트래버스티 같이 교통편도 좋지 않은 곳에 공장을 세웠을까?' 하고 후회한다.

3. 전에도 이런 현상이 일어난 적이 있는가? 그렇다면, 그 일은 어떻게 처리되었는가?

– 현재 문제가 발생하고 있는 세 마을, 혹은 상황이 비슷한 다른 지역에서는 이전에 이 문제를 어떻게 처리했는가?

이 지역에서는 그전에 지금과 같은 심각한 교통 문제가 발생한 적이 한 번도 없었다. 세 마을은 모두 사람들이 느긋하게 움직이는 작고 평온한 지역이었기 때문이다. 그러나 하류에 있는 배피트 市에서는 움배트빌에서 웨플스버그로 향하는 교통 흐름 혼잡을 완화하기 위해 새로운 도로를 건설할 필요가 있었다. 물론 이 도로 건설에 드는 비용의 일부는 주정부가 지원했다.

4. 무엇이 그러한 상황을 초래했는가?

– 사람들이 불만을 갖게 된 동기는 무엇인가?

- 왜 그 공장은 트래버스티에 위치를 정했는가(트래버스티 마을 의
  회가 시행하는 세금 환급 프로그램과 관계가 있을까)?
- 왜 근로자들 대부분은 머드싱크 출신인가(머드싱크가 세 마을 중
  가장 인구가 많다는 것과 최근 머드싱크에 있던 머시 공장이 파산했다
  는 사실은 어떤 관계가 있을까)?

원인은 찾기 쉬울지 몰라도, 그 해결책을 찾기는 사실 매우 어렵
다. 이쯤에서 위원회는 교통 문제에 주력할 것인지(징후에 초점) 혹은
그 지역의 전체적인 경제 조건에 손을 쓸 것인지(원인에 초점) 결정을
내려야 한다.

5. 이해관계에 있는 다른 단체나 전문가들은 이 문제에 대해 무엇이라고 말한 것인가?

- 우선 위원회는 이 분야의 전문가로서 누가 적합한지, 그리고 그
  들이 어떤 문제에 핵심적인 능력을 발휘할 수 있는지를 규명해야
  한다. 교통 전문가, 인사 전문가, 입법부 관계자, 지역사회 계획
  자 중 한 사람이 필요한가? 아니면 이 사람들 모두가 필요한가?

6. 문제가 빠른 시일 내에 처리되지 않으면 어떤 일이 발생할까?

- 문제가 하루 빨리 처리되지 않았을 때 나타날 결과를 추정하는
  것이 무엇보다도 중요하다. 그 중 경제적 결과는 상상력을 동원
  하지 않아도 예측할 수 있다. 이 문제를 해결하기 위해 공장이
  철수할 수도 있다. 그러나 만일 공장이 그 지역에 계속 남아 있

다면, 포리스트 슬로우의 도심은 엉망진창이 될 것이다.

7. 새로운 정보의 견지에서 볼 때, 현재 우리의 가장 큰 문제는 무엇인가?

– 당초 제기된 가장 포괄적인 문제는 '포리스트 슬로우 마을 의회가 도심 지역 내의 교통 상황을 바꾸기 위해 무엇을 할 수 있을까?' 였을 것이다. 현재의 상황은 변화가 필요할 만큼 심각한가? 지역사회에 대한 재계획 문제가 제기되어야 하는가? 세 마을의 상호 의존 관계에 대해 연구해야 하는가? 다음 단계로 넘어가기 전에 위원회가 가장 먼저 처리 가능한 문제에 착수할 수 있도록, 질문은 적절히 수정되어야 한다.

문제를 해결해야 하는 그룹은 맡은 바 임무를 진척시키기 위해 사실을 수집해야 한다. 정보를 제대로 수집하기만 하면, 지금의 상태가 전혀 문제될 것이 없다거나 현재 벌어진 일에 대해서 전혀 손을 쓸 수 없다는 사실을 명확하게 파악할 수 있다. 즉각 어떤 문제에 대해서는 조치를 취해야 한다는 것을 알 수도 있고, 혹은 장기적인 프로그램을 택해 점진적으로 문제를 해결해야 한다는 사실을 알아낼 수도 있다.

때로 정보를 수집하고 나면 현재 고려중인 문제가 실제로는 전혀 문제가 아님을 발견할 수도 있다. 새로운 정보를 토대로 그룹의 각 구성원은 발생하고 있는 일에 대해 정확한 판단을 내릴 수 있으며, 이러한 일련의 과정을 통해 질문을 수정하고 다시 어떤 분야에 초점

을 맞추어 진상조사를 할 것인가를 파악할 수 있다. 진상조사는 질문
이 명확해지고 새로운 질문을 처리할 수 있을 만큼 충분한 정보를 수
집할 때까지 계속되어야 한다. 진상조사를 할 때에는 지나치게 비판
적 자세를 갖는 것도 문제가 될 수 있지만, 그렇다고 모든 정보가 수
집될 때까지 기다리려고 하지도 말아야 한다. 그것은 결코 불가능하
기 때문이다.

　위원회의 구성원들은 어디에서 정보를 찾아야 하는지 이미 알고
있을 것이다. 도서관에서 자료를 찾을지, 인터넷 검색엔진을 사용할
지, 전문가들과의 인터뷰를 통해 정보를 많이 얻어야 할지를 말이다.
만일 문제에 관한 정보를 어디에서 찾아야 할지 모른다면, 도서관에
서 자료를 찾거나 관련 분야의 전문가와 즉시 만나 조언을 듣는 것도
바람직하다.

정보를 평가하는 기준

정보는 여러 형태로 나타난다. 사실, 일반론, 정의, 권위에 대한 진술과 추론된 결론 등으로 말이다. 각각의 정보는 신빙성, 적격성, 시기성, 관련성, 충분함을 기준으로 평가되어야 한다. 이는 특히 인터넷에서 검색한 정보를 판단할 때 중요한 판단기준이 된다.

신빙성

그 정보를 믿을 수 있는 확실한 이유가 있다면, 그 정보는 신뢰할 만한 것이다. 어떤 진술이 믿을 만한(편파적이 아닌) 출처에서 얻은 것이고, 확인할 수 있으며(다른 곳에도 같은 내용이 언급되어 있는가?), 다른 정보와 모순되지 않는다면, 그것은 신뢰할 수 있다. 그러나 흔치 않거나 독특해 보이는 진술이 있다면 이런 것에는 반드시 조사가 뒤따라야 한다. 가령, 여러 지역에서 일어난 매출액 손실을 조사하고 있는 중에 한 판매원이 75%의 이익을 올렸다는 보고를 받는다고 하자. 그러면 정보가 부정확한 것은 아닌지, 혹은 특수한 상황 때문에 그러한 특수한 사실이 초래된 것인지 조사하는 것이 현명하다. 신빙성을 평가할 때는 정보에 편견과 선입견이 포함되어 있지 않은지 주의 깊게 검토해야 한다.

예를 들어 당신이 어떤 사고의 목격자로부터 정보를 얻는다면 어떻게 그 사람이 그 장면을 목격할 수 있었는지, 그리고 그 사람이 실제로 무엇을 보았는지 알아내야 한다. 때때로 목격자들은 그들이 본 장면에 너무 놀라 중요한 세부사항을 놓치는 경우가 있다. 또 목격자들은 편견 때문에 자신이 보고 싶어 하는 것만을 보기도 한다. 이런 이유로 목격자의 증언을 확인하는 것이 중요한 것이다. 범죄사건 전문 변호사들은 흔히 목격자의 증언은 믿을 수 없고, 추가 증거조사를 통해 논박할 수 있는 경우가 다반사라고 말하곤 한다. 타이어 자국은 차가 오른쪽으로 회전했음을 나타내는 데도, 목격자의 눈에는 차가 왼쪽으로 돌았던 것처럼 보일 수 있다. 이런 경우에는 물리적 증거 쪽이 신빙성이 높다.

적격성

정보를 제공하는 사람이 자신이 목격한 것을 이정확하게 전달하는 능력은 그 정보의 적격성을 가능하게 한다. 교육받지 않은 신입 사원들은 직접 기계 조작을 관찰하면서도 자신이 무엇을 보고 있는지 전혀 모른다. 반면 적격성을 갖춘 보고자는 자신이 보고하고 있는 사건, 상황 혹은 과정의 세부사항을 이해한다. 가령, 한 새내기 신문 기자가 인질을 잡고 대치하고 있는 범죄자를 잡으려는 형사들이 "무기를 갖고 있지 않다"고 잘못 보고했다고 하자. 그는 사복 형사들이 옷 속에 무기를 숨겨놓고 있다는 사실을 몰랐던 것이다. 이것은 특수한 예이지만, 상황을 자세히 아는 누군가로부터 얻은 정보가 아니라면 그 정보를 전적으로 신뢰할 수는 없다는 것을 보여 준다.

정보 공급자가 정확하게 무엇을 아는지 묻는 것은 중요하다. 그 사람의 교육 수준, 그리고 상황에 대한 일반적 지식 정도에 대해 물어보라. 장비 상태에 대해 물었을 때, 단순히 기계를 작동시키는 사람과 그 기계에 대한 기술자는 서로 다른 대답을 내놓을 것이다. 어느 쪽이 꼭 틀린 것은 아니다. 단지 각각 기계 조작의 다른 면을 보도록 교육받았기 때문이다. 회계사는 재정상의 세부 내용을 이해하는 반면 생산의 중요한 측면을 대충 보아 넘기지만, 거꾸로 생산 기술자들은 자금에 대해서는 거의 생각하지 않는다. 이 때문에 토론 그룹에 다양한 다른 분야의 사람들이 필요한 것이다.

시기성

정보는 절대 오래된 것이어서는 안 된다. 물론 어떤 정보가 시기적으로 적절하지 못한가에 대해서는 엄격한 규정이 없다. 대개 자료가 적합한가의 여부는 주제의 특성에 달려 있다. 남북전쟁에 관한 정보는 10년 전 것이 더 적절하겠지만, 에이즈 바이러스에 관한 1년 전의 정보는 상당히 시대에 뒤떨어진 것일 터이다. 시기성에 주의를 기울이지 않으면 찾고 싶은 정보를 쉽게 찾아낼 수는 있을 것이다. 그러나 항상 더 최근의 정보가 있는지 주의 깊게 살펴보아야 한다.

관련성

자료는 항상 주제와 관련이 있어야만 사용할 수 있다. 진상조사 그룹은 종종 질은 높지만 조사하고 있는 주제와 아무 관련 없는 정보를 너무 많이 수집했다는 사실을 깨닫곤 한다. 이것은 시간적 제약이 있는 진상조사에서 매우 불필요한 일이다. 만약 관련성에 대해 의문이 든다면 이 단원의 앞부분에 제시한 질문 목록을 참고함으로써 정보의 어떤 부분이 문제해결에 적절한지 알아낼 수 있다. 만일 그 항목이 목록에 있는 질문에 답하는 데 도움이 된다면, 그 정보는 당신의 그룹에 적절하다. 만일 그렇지 않다고 해도 나중에 활용할 수 있도록 보관해 두는 것이 현명하다.

충분함

토론에서 당신의 요구를 충족시킬 수 있을 만큼 충분한 정보를 가지고 있다면, 당신의 정보는 적절하거나 충분하다고 말할 수 있다. 즉 당신은 문제에 대한 결론을 이끌어낼 수 있을 만큼 충분한 정보를 알고 있는 것이다. 그러나 진상조사 과정은 절대로 끝나지 않는다. 한 단계, 한 단계 나아갈수록 항상 알아야 할 새로운 정보가 있기 때문이다. 한편, 의무를 다하기 위해서는 가능한 한 빨리 토론의 다음 단계로 계속 나아가야 한다. 따라서 진상조사를 계속하면서 매 단계에 필요한 충분한 정보를 수집해야 한다. 아래 질문들은 충분한 정보를 가지고 있는지의 여부를 판단하는 데 도움이 될 것이다.

- 문제의 증거와 징후를 알고 있는가? 일어나지 말아야 할 어떤

일이 진행중인지, 혹은 일어나야 할 일이 일어나고 있지 않은지에 대해 진술할 수 있는가?

- 누가, 얼마나 상처를 입고 있는지 알고 있는가? 그 상황이 계속될 경우 초래될 수 있는 결과를 추정할 수 있는가? 문제의 해결책으로 인해 손상을 입고 있거나 영향을 받을 수 있는 대표적인 사람들로부터 정보를 수집했는가?

- 문제에 대한 배경을 알고 있는가? 그것이 언제 시작되었고 어떻게 발전했는지 알고 있는가? 그 문제와 관련된 사람들로부터 직접 정보를 얻었는가? 그 문제를 처리하려고 시도했던 다른 해결책들이 얼마나 효과가 있었는지, 그리고 이후 또 다른 조치가 필요한지 검토해 보았는가?

- 유사한 사례에 관한 정보를 받았는가? 그 사례가 유사하다고 주장할 수 있는가?

- 서로 다른 견해를 가진 여러 권위자들로부터 정보를 얻었는가? 가장 훌륭한 전문가를 찾아내고 그들의 의견에 대해 알아냈는가?

- 우선순위를 정할 수 있는가? 문제에 대한 해결책을 찾는 것이 얼마나 시급한지 알고 있는가?

일단 이러한 질문에 대답할 수 있을 만큼 충분한 정보를 지니고 있으면, 최초의 질문을 수정할 것인지 혹은 그대로 둘 것인지를 결정할 수 있다. 사실을 이해하면 질문을 더욱 명확하게 표현하기가 쉽다. 또한 문제의 징후에 대처해야 하는지, 아니면 원인을 조사해야 하는지, 혹은 양자를 모두 처리해야 하는지 결정할 수 있다.

수집된 정보를
다시 한번 세밀히 검토하라

모든 정보가 믿을 만하고,
정확한 것은 아니다.
따라서 리더는 각 구성원들이
선별적으로 정보를
받아들일 수 있도록
도와야 한다.

정보는 다양한 형태로 수집된다. 따라서 정보를 믿을 수 있다고 받아들이기 전에 그것을 주의 깊게 검토해야 한다. 당신은 사실 혹은 의견의 형태로 권위자들로부터 많은 정보를 얻을 것이다. 권위자를 활용할 때는 '매입자의 위험 부담' 원칙에 따른다. 즉 사는 쪽이 조심해야 하는 것이다. 당신은 당신이 바라는 것을 믿을 권리와 그것을 변호할 의무가 있다. 권위자 자신과 그가 하는 말을 조사하라. 신빙성이 있는지 확인하기 위해서는 아래의 주의 사항을 활용할 수 있다.

1. 모든 책이 믿을 만한 것은 아니다.

권위자들은 책을 쓴다. 권위자가 아닌 사람들 역시 책을 쓴다. 출판물의 출처를 조사해라. 자격이 있는 대가의 책은 보통 명망 있는 출판사에서, 한쪽으로 치우치지 않고, 발행인의 자금으로 출판된다.

그러나 그렇다고 해서 이런 식으로 출판되는 모든 저서의 저자가 믿을 만한 것은 아니다.

2. 권위자가 정말로 무엇을 알고 있는지 알아내라.

수년 전, 한 노벨 물리학상 수상자가 유전학에 대해 어떤 이론을 제기했다. 그 주장은 충격적이었고 상당한 주목을 끌었다. 그 물리학자는 유전학자들이 자신에 대해 편견을 지니고 있다고 주장했다. 반면, 유전학 전문가들은 그 물리학자가 정보를 정확하게 해석할 수 있을 만큼 유전학에 대한 충분한 지식이 없다고 주장했다. 물리학자의 주장에는 확실한 의견이 거의 없었고, 사실 명확한 증거도 없었다. 따라서 이런 경우 그 권위자가 논의하는 주제에 적합한 전문가인지 확인해야 한다.

정보가 한쪽으로 치우치지 않았는지 조사해라. 권위자가 물질적 이득이나 출세를 바라는 사람들의 이익을 위해 의견을 피력하는 것은 아닌지 의심해보라. 또한 구체적인 사실 진술을 조사해라. 주석이나 참고가 있다면, 그 정보가 다른 출처에서 정확히 인용되어 있는지 반드시 조사해라. 권위자가 계속해서 정보를 잘못 인용하거나 틀리게 제시하면 그의 의견을 의심해 보도록 하라.

3. 권위자가 견해에 대한 증거를 제출할 책임이 있음을 주지시켜라.

만일 권위자의 의견이 다른 정보와 일치하지 않으면, 그 진술의 토대가 되는 증거를 반드시 검토하라. 의견이 일치되지 않는다면, 소수의 의견을 표현하는 사람들은 그들의 생각이 권위자들의 의견과 왜 다른지 설명할 의무가 있다. 예를 들어, 루이스 파스퇴르는 박테리아가 질병을 초래한다는 그의 이론을 프랑스 학회가 받아들이기 전까지 몇 차례 정밀한 실험을 해야 했다.

**4. 개요나 보고서에서 끌어온 권위적 진술 혹은 사실에 입각한
진술을 이용할 때 그 진술을 작성한 곳의 평판이나 성향을 조사해라.**

정부 자료는 대개 신뢰할 만하지만 워낙 방대한 양이 제공되기 때문에, 주의 깊게 살펴보고 발견한 정보가 과연 자신이 찾던 것인지 확인해 보아야 한다. 또한 기업들도 대개 보고서에 잘못된 정보를 기재하지는 않는다. 그러나 자신의 회사를 더욱 그럴 듯하게 보이게 하기 위해 부정적인 자료를 생략하거나 그 상황을 가장 돋보이게 하는 자료를 강조할 수 있으므로 주의해야 한다.

**5. 실험 결과에 대한 보고서나 일반론을 유사한 분석 보고서와
비교하라.**

가능하다면 자료를 재분석하는 것이 좋다. 연구, 조사, 설문, 조직적 관찰을 통해 끌어낸 일반론은 정보가 합리적임을 보여줄 것이다. 토대가 되는 자료를 조사하지 않은 상태에서 일반론을 그대로 받아들이지 말라.

6. 제공되는 실례가 그것이 나타내는 일반론에 부합하는지 확인해라.

실례는 복잡한 일반론을 명백하고 쉽게 설명해줄 수 있지만 그 자체로 증거는 아니다. 유용한 실례는 일반론에 포함되어 있는 주요 요

소를 담고 있다. 가령, 만일 당신이 전형적인 저당권자의 상황을 설명하기 위해 실례를 든다면, 모든 전형적 요소를 담고 있는 예시를 선택해야 한다. 그러나 일반론은 평균적인 것이고, '평균적' 가족을 찾아내는 것은 사실상 불가능하기 때문에 이를 시행하기란 어려운 일이다. 어떤 권위자들은 '평균'을 설명하기 위해 실례를 만들어내기도 한다. 가설적 실례의 사용에 주의하고 그것을 증거가 아닌 설명으로 받아들여라.

단어의 이면에
숨겨진 뜻을 파악하라

매우 모호한 개념을
담고 있는 단어 하나를
어떻게 해석하느냐에 따라,
그 진상조사의 성패가
달라질 수 있다.
문제에 대한 이해를 바탕으로
최대한 단어를 명확하게
정의하라.

진상조사를 할 때는 맞닥뜨리는 단어를 신중하게 분석해야 한다. 단어의 외연적인 의미와 내포적인 의미 사이의 차이를 반드시 검토하도록 하라. 흥미로운 글을 쓰거나 주목받을 말을 하기 위해 사람들은 미묘하게 의미 차이가 나는 동의어를 사용하는 경우가 가끔 있다. 그러나 의미론에 대한 논쟁을 피하기 위해서는, 얼마나 많은 유형의 정의가 사용되는지 아는 것이 중요하다.

사전적 정의는 한 단어의 역사적 의미를 기록한다. 사전은 단어가 어떻게 사용되었는지에 대한 기록이다. 가령, 흔히 쓰이는 말인 "ecology"는 아래와 같은 사전적 정의를 갖는다.

Ecology 1. 유기체들과 그 환경 간의 많은 관계를 다루는 생물학 부문, 즉 생태학. 2. 사람들, 단체들 간의 거리, 그리고 그로 인한 상호의존과 관계된 사회학 분야. 3. 잠식적인 산업주의의 위협으로부터 공기, 수역水域 혹은 식물이나 동물 생명의 특정 단위를 보호하거나 보존하기 위해 조직된 정치 운동.

만약 어떤 보고서에서 다음과 같은 표현을 만나게 되었다고 생각해 보자. "우리는 지역 사회의 ecology에 관심이 있습니다." 이것은 지역 사회에 살고 있는 유기체들을 가리키는가, 아니면 지역 사회 단체들 간의 관계, 혹은 환경을 위한 정치적 활동을 나타내는가? 문장을 명백히 하기 위해, 보고서 작성자는 '주석'을 사용해야 할 것이다.

조작적 정의는 어떤 단어가 특정한 문서에서 무슨 의미를 나타내는가에 대한 기술적 명시이다. 이 문서에는 "여기서 'ecology'는 사람들과 사람들이 접촉하는 공동체 기관 — 경찰, 학교, 사업 조직, 정부의 재정 단위 — 간의 관계를 가리킨다"는 주석을 명시하고 있어야 한다.

주석은 주로 과학 보고서에 사용되며, 특정한 실험이나 연구에서 사용되는 단어의 의미를 명확히 밝히는 역할을 한다. 이러한 유형의 정의에 주의하라. 그 단어가 사전에서 나타내는 정확한 사전적 정의와 일치하지 않을 수도 있기 때문이다. 또한 한 문서에서 같은 단어의 의미가 바뀌어 사용되는 것에도 각별히 주의를 기울여야 한다.

문제해결을 위한 추론의 예

여기서는 포리스트 슬로우 시 자치계획위원회의 '도심 교통 문제해결' 방안에 대한 예를 살펴볼 것이다. 이를 통해 문제해결을 위한 적절한 추론의 형태를 파악하도록 하라.

이 토론 단계에서, 구성원들은 정보를 수집하고 평가하기 위해 함께 일을 한다. 이 단원의 앞부분에 제시한 기본적인 질문에 주의를 기울임으로써, 그룹은 문제를 확실하게 하기 위해 진상조사를 시행할 수 있다. 문제가 명쾌할수록, 그룹이 적절한 해결책을 찾아낼 가능성은 더 커진다. 포리스트 슬로우 시市의 자치계획위원회의 경우를 생각해 보자. 위원회는 시의회로부터 '도심 교통문제'를 처리할 방법을 제시하라는 요구를 받았다. 계획위원회는 시의회의 고문기구로서, 법률을 직접 통과시킬 수는 없지만 승인을 주장할 만한 법률적 근거와 법률 시안을 제시할 수는 있다. 계획위원회는 또한 문제를 해결하는데 어떤 법률이 필요한지 혹은 어떤 다른 수단이 사용될 수 있는지를 결정할 수도 있다. 다음은 위원회에서 '도심 교통 문제'를 처리하기 위해 조사한 결과이다.

1. 문제의 증거와 징후는 무엇인가?

- 작년에 상공회의소가 시행한 조사에 의하면 머드싱크에 살면서 직장이 트래버스티에서 있는 사람들 중 45%가 3개월 동안 적어도 한 번은 아침 출근시간에 지각을 한 것으로 나타났다. 또한 포리스트 슬로우 서쪽 지역 거주자도 출퇴근 시의 심한 교통체증으로 심각한 시간적 손실을 보고 있는 것으로 밝혀졌다.

- 상공회의소는 작년에 교통체증으로 인해 물품의 수송과 납품이 지연되어 큰 손해를 입었다는 불평을 도심 지역의 모든 상인들로부터 적어도 한 번씩 받았다고 보고했다. 규모가 큰 상점 가운데 네 곳은 지연된 납품 때문에 사업에 차질이 있었다는 내용의 상세한 보고서를 제출했다.

- 경찰서장은 러시아워 때 평상시의 업무를 처리하는 동시에 교통을 관리할 만한 인원을 충분히 할당할 수 없다고 보고했다. 또한 러시아워 때는 구급차, 소방차, 다른 응급 차량들이 도심 주변에 대기해 있어야 한다고 보고했다. 경찰서장은 그와 소방서장, 지역 병원의 응급실 담당자가 러시아워에 도심에서 응급 상황이 벌어지지 않을까 우려한다고 보고했다.

- 도심 지역의 경기 흐름에 대해 분석한 결과 수익이 약 2% 정도 하락했음이 드러났다. 원인은 고객들이 상점까지 들어올 수 없거나 점포와 인접한 지역에서 주차 공간을 찾을 수 없기 때문이다.

2. 무엇이 그러한 상태를 초래했는가?

- 지역 전체의 교통 흐름 문제는 없다. 다만 교외 주거자들이 출퇴근을 하려면 반드시 도심을 통과해야 한다는 것이 문제다. 마을의 변두리에 위치한 공장들은 모두 근무 시간이 같아 같은 시간에 출퇴근을 해야 하므로 교통 혼잡이 가중되고 있다.

– 작년에 도시 중심에 쇼핑몰을 만들기 위해 델라 스트리트의 통행
을 막은 결과 도심으로 통하는 큰 도로가 차단되었다. 이러한 변화
에 대처하기 위해 계획된 주차장과 교통흐름 패턴은 그 결과를 처
리하기에는 역부족인 것으로 보였다.
– 루크 고속도로가 완공되지 않아 통근자들은 가장 혼잡한 도로를
사용할 수밖에 없게 되었다.
– 도심을 통과할 때 대중교통 수단을 사용하자는 캠페인은 실패했
다. 대중교통도 속도가 느리고, 몇몇 회사는 대중교통이 운행하지
않는 곳에 위치해 있기 때문이다.

3. 이러한 징후의 결과는 무엇인가?

정식적인 불만 제기, 청원, 법적 소송이 도심 지역에 인접한 세 마을
에서 접수되었다. 도심 지역에서의 경미한 교통사고는 작년에 18%
증가했다. 큰 상점 두 개가 이미 교외 쇼핑몰로 옮긴 상태이고, 또 몇
몇 상점 역시 이사할 계획을 세우고 있는 것으로 밝혀졌다.

4. 이러한 일이 이전에 일어난 적이 있는가?
그리고 그것은 어떻게 처리되었는가?

– 시장이 개선 조치를 취할 자금이 부족하다는 이유로 모든 고속도
로 설치 법률의 통과를 저지했다.
– 상인들의 압력에 응해 델라 스트리트 몰이 개점되었으나 교통흐
름이 개선되지는 않았다.
– 아무도 교외에 세워진 공장이 급속도로 성장해 교통 압력이 증대
될 것이라고 예상하지 못했다.
– 포리스트 슬로우에서 교통 문제가 생긴 적은 한번도 없었다. 이런
이유로 그 이전에는 속도 제한과 주차 구역 제한 이외에는 다른 교
통 법률이 전혀 없었다.

- 시버네틱 일방통행 도로 건설 계획은 선거운동 기간 동안 보류되었다.
- 주변의 다른 지역 공동체는 전반적인 교통 계획을 세웠다. 노웨어스빌은 교외에 위치한 기업을 위해 교통을 원활하게 하는 일방통행 도로 시스템을 세웠다(노웨어스빌은 포리스트 슬로우 동쪽 산업 구역의 반대편에 위치해 있다). 에플루언스타운은 연방 정부와 주정부에 우회로 신설 자금을 신청해, 그 자금으로 산업 구역으로 이어지는 도로를 건설했다. 그 지역의 다른 마을들 역시 유사한 교통 문제에 시달리고 있었다.

5. 이 문제를 해결하는 데 착수하지 않으면 어떤 일이 일어날까?

상점들이 문을 닫거나 도심 지역에서 나갈 것을 계획한다는 소문이 돌고 있다. 한 제조업자가 교통 흐름 문제 때문에 공장문을 닫아버리겠다고 위협한 일이 있었다.

6. 전문가들은 이 문제에 대해 무엇이라고 말하는가?

납세자 협회는 교통 개선을 위한 도로 건설 때문에 세금이 부과되어서는 안 된다는 성명을 발표했다.

포리스트 시의회 부설 교통 연구원에서는 교통 흐름을 평가하는 일에 고용된 한 컨설턴트의 보고서를 의회에 제출했다. 그 보고서는 광범위했고, 상당한 비용을 들여 거리와 차도를 대거 변경하지 않으면 아무 것도 개선되지 않을 것이라는 결론을 담고 있다.

7. 새로운 정보의 견지에서, 지금 우리의 문제는 무엇인가?

위원회는 이 문제를 다음과 같이 규정했다. '어떻게 자금을 크게 지출하지 않고도 러시아워에 포리스트 슬로우 도심의 교통 흐름을 원활하게 할 수 있을까?' 이 보고서에는 '원활하게 한다'는 말과 '자금

을 크게 지출하지 않고도' 라는 말이 강조되어 있다. '원활하게 한다'
에는 '도심의 교통 흐름을 개장 이전의 상태로 되돌리는 것이다' 라
는 주석이 달려 있다. 또한 '자금을 크게 지출하지 않고도' 는 '채권
을 발행하거나 세금을 인상하지 않는다는 것' 을 의미한다.

위원회의 구성원들이 정보를 얻은 출처가 다양하다는 점에 주목하
라. 교통 문제에 대한 정보는 사실상 무한하다. 그들이 필요로 하는
것은 연구에 몰두하는 것보다 지역 현장에 대한 실질적인 정보를 얻
는 것이었다. 그들은 이해관계에 얽힌 당사자들로부터 얻어낸 증언
에 의존했다. 그러나 동시에 관계 당사자들이 문제를 인식하는 방식
자체가 문제의 일부임을(관계자들은 동의하지 않겠지만) 인지했다.

이 단계 이후에 해결책의 세부 내용을 뒷받침하기 위해 훨씬 더 많
은 정보가 필요할 수도 있다. 그러나 위원회는 당분간 한 가지 문제
에(설사 그 문제가 아니더라도) 집중하여 일을 진행하며, 토론의 다음
단계로 넘어갈 준비를 할 것이다.

표준 의사일정 3단계에서
구성원의 과제

그룹의 구성원들은 정보를 얻기 위해서 모든 자원을 동원할 준비가 되어 있어야 한다. 흔히 가장 처음 활용하는 도구는 인터넷이다. 인터넷에서 명확한 자료를 찾고 싶다면, 필요한 자료를 효과적으로 찾아낼 질문 목록이 필요하다. 정보 검색에 초점을 맞추고 적절한 검색 엔진을 사용하고 있을 때에만, 당신은 엄청난 양의 정보를 관리할 수 있을 것이다. 대학에서 제공하는 자료 검색 수단을 잘 알고 있으면 좋다. 좋은 생각이 떠오르기를 막연히 기대하면서 인터넷을 검색하는 사람들은 도움이 될 만한 자료를 찾을 수 없을 것이다.

정보를 검색할 수 있는 다른 방법들을 간과하지 말라. 도서관에는 온라인으로 얻을 수 없는 도서, 정기 간행물, 보고서, 참고 저술, 연감 등 훌륭한 자료를 제공해 줄 원천들이 무수히 많다.

이에 더하여 좀더 정확하고 광범위한 정보를 얻기 위해서는 어느 정도 인터뷰를 해야 할 것이다. 인터뷰는 바쁘거나 정보를 제공하기 주저하는 사람으로부터 제한된 시간 안에 최대의 정보를 얻어야 하기 때문에 세심한 주의가 필요한 작업이다. 인터뷰를 할 때는 예의를 지키는 것이 중요하다. 다음의 4가지 지침을 명심하라.

1. 아무도 당신의 질문에 대답해야 할 의무는 없다. 그러므로

– 미리 전화를 해서 약속을 정하라.

– 당신이 왜 그 정보를 필요로 하는지 설명하라.

– 협조를 해 줌으로써 그가 이익을 얻을 것이라 설명하라.

– 인터뷰에 걸리는 시간을 추정해 알려주어라.

– 필요하다면, 비밀을 보장하겠다고 약속하라.

– 가능하다면, 그가 잘못된 곳을 수정할 수 있도록 사본을 제공하라.

2. 인터뷰 대상자의 전문 지식 영역에 질문의 초점을 맞춘다.

– 인터뷰 대상자가 대답할 수 있는 의견을 물어라.

– 대답을 강요하지 말라.

3. 예의를 갖추어라.

– 제한 시간을 정해 인터뷰를 하라.

– 상대가 편한 때에 인터뷰를 하라.

– 질문을 미리 준비하라.

– 우선 가장 중요한 질문부터 하라.

– 당신이 이미 알고 있는 것에 대해서는 묻지 말라.

- 대상자를 언짢게 하거나 그의 말을 논박하지 말라.
- 정보를 얻도록 도와준 것에 대해 상대방에게 감사를 표시하고 자리를 떠나라.
- 반드시 감사장을 보내라. 이것은 기본적인 예의이다. 그렇게 함으로써 앞으로 다시 만날 수 있는 여지를 마련해 둔다.

4. 대답을 주의 깊게 기록하라.

- 대상자의 허락 하에 녹음기를 사용하라.
- 대답을 쉽게 기록할 수 있도록 메모지를 준비해 두라.

흔히 토론 단계 중 진상조사 단계가 가장 더디고 가장 지루하게 진행된다. 이 단계는 다른 단계에서보다 구성원들에게 더 많은 시간을 투자할 것을 요구한다. 그러나 진상조사 단계를 만족스럽게 거치지 않은 상태에서 나머지 작업을 하는 것은 무의미하다. 세심한 진상조사를 통해 문제를 정확히 기술하는 것이 효과적인 해결책을 얻는 가장 확실한 방법임을 잊지 말라.

표준 의사일정 3단계에서 리더의 의무

3단계에서 리더는
각 구성원이 스스로 만족할
만한 정보를 수집하도록,
일정을 조절하고
인내심을 유지해야 한다.
또한 정보 수집 과정을
세심하게 관리해야 한다.

3단계에서 리더의 주요 과제는 인내심을 유지하는 것이다. 정보 수집과 평가의 단계를 거치는 일은 많은 시간이 걸릴 수 있다. 그래서 그룹의 구성원들은 종종 그 단계를 뛰어 넘어 해결책을 고려하고 싶은 유혹을 받는다. 진상조사 단계에서는 항상 "우리가 필요로 하는 정보를 어디에서 얻을 수 있고, 우리가 그것을 어떻게 적절하게 해석할 수 있을까?"라는 질문을 놓고 거듭 토론을 한다. 리더는 이 단계를 거치는 동안 그룹이 정보 수집 과정을 확실히 처리하도록 세심히 관리해야 한다. 이 경우 리더는 대개 다음과 같은 질문을 사용하여 진상조사 단계를 컨트롤할 수 있다.

- 우리는 어떤 정보를 필요로 하는가? 왜 그것을 필요로 하는가?
- 어디에서 정보를 얻을 수 있는가?

- 누가 무엇을 할 것인가(과제 분배)?
- 많은 정보를 수집한 지금, 진지하게 고려할 가치가 있는 정보는 어떤 것인가?
- 이 모든 정보는 결국 무엇을 의미하는가?
- 정보가 질문 사항을 수정해야 함을 나타내는가?

진상조사를 통해 획득한 정보는 누군가가 기록과 파일을 이용해 관리해야 하며, 누군가는 중요한 정보를 복사해 두어야 한다. 또 다른 구성원은 기록 보관소와 도서관을 조사해야 하고, 어떤 사람은 권위자들과 관계자들을 인터뷰해야 한다. 구성원들은 각자 정보를 얻을 수 있지만, 이를 모두 공개해 아무도 정보를 독점하게 해서는 안 됨을 명심하라.

리더는 또한 정보의 질을 관리해야 한다. 구성원들은 종종 극적이고 자극적인 정보, 소문, 직접 체험 기사 혹은 무서운 이야기를 접하고 거기에 현혹되기 쉽다. 이런 상황에서 리더는 끊임없이 과도한 흥분을 억제하고, 정보의 신뢰성을 확인하기 위해 각각의 정보를 비판적 관점으로 살펴보아야 한다. 이는 곧 리더가 악마의 대변자 역할을 떠안아야 한다는 것을 의미한다.

효과적인 토론을 위한
3단계의 Check Point

1. 목표
- 문제의 본질, 원인, 역사에 관한 정보 얻기.
- 다른 시간에 다른 장소에서 일어난 유사한 문제에 관한 정보 얻기.
- 징후나 원인 중 어느 것에 초점을 맞춰 해결책을 도출하는 것이 적합한지 결정하기.
- 필요할 경우, 토론에서 제기되어야 할 질문 수정하기.

2. 결과
- 사실에 입각한 정보와 권위 있는 진술, 평가에 대한 자료수집.
- 문제의 원인에 대한 결론.
- 토론 과정에서 해결되어야 할 질문에 대한 정식 재고.
- 필요한 경우, 새로운 사실의 견지에서 토론 질문 수정하기.

3. 구성원의 과제
- 문제해결에 필요한 조사 착수: 진상조사, 권위 있는 의견에 대한 진술조사, 기타 필요한 부분에 대한 정보조사.
- 제출된 모든 사실의 신뢰성과 확실성 평가에 참여한다.
- 문제의 원인을 파악하는 일에 참여한다.
- 징후나 원인 중 무엇을 다루어야 하는지에 대한 결정 과정에 참여한다.
- 질문이 적절한지 다시 한번 토론하고, 표현이 올바른지 결정한다.

4. 리더의 의무
- 정보와 의견의 수집, 평가, 분류, 보관 과정을 지도하고 진행한다.
  - 처리 방법의 본질에 대한 결정을 이끌고 진행한다.
    - 반드시 토론 질문을 평가하고, 필요할 경우 표현 방법을 다시 결정하도록 이끈다.

표준 의사일정 4단계
기준과 한계를 정하라

기준과 한계 정하기

기준은 해결책이 실행 가능한지 판단할 때 사용되는 척도이다. 그것을 목표로 생각하라. 당신이 고려중인 문제의 효과적인 해결책으로 무엇을 성취할 수 있을 것인가? 우리는 "어떤 해결책이든… 해야 한다"라는 표현을 제안한다. 이 표현은 결과에 초점을 두도록 도와줄 것이다. 당신은 한 가지 해결책을 선택하려고 노력하는 것이 아니고, 문제를 해결하기 위해 노력하고 있다는 것을 기억해라. 그러므로 문제가 무엇이건 그것은 해결책에 의해 해결되어야 한다. 가령, 포리스트 슬로우의 문제해결 그룹은 다음과 같은 세 가지 기준을 고안해냈다.

- 해결책은 실행 가능해야 하며, 공장까지의 납품과 출퇴근이 신속하게 이루어지도록 기여하는 것이어야 한다.
- 해결책은 인접한 다른 도시들을 재정적, 방법적 측면에서 개입

시킬 수 있어야 한다.

- 해결책은 사업적 손실을 입고 있는 상인들의 처지를 확실히 개선해 나가야 한다.

이러한 진술이 해결책이 아니라는 사실에 주목하라. 해결책은 누군가에게 구체적인 무언가를 하라고 지시하는 행동 전술이다. 따라서 위의 문장들은 모두 해결책을 평가할 기준을 나타내는 것이다. 그리고 기준은 어떤 가능한 해결책을 얻어야 하는가에 대한 지침이다. 또한 기준은 해결책을 세우기 위한 명세 사항이다. 기준은 처리 방안의 바람직한 부분을 명시한다.

한계는 한 그룹의 운영을 컨트롤하기 위한 제한이다. 한계는 해결책 혹은 그룹에 부과된 한도이다. 한계를 나타내는 문장은 "어떤 해결책이든 …해서는 안 된다" 혹은 "우리 집단은 … 할 수 없다"라는 표현으로 나타내는 것이 바람직하다. 포리스트 슬로우 문제해결 그룹이 정한 한계점에는 다음 사항이 포함되어 있다.

- 그 사안에 대한 해결책은 비용 면에서 공동체가 채권 회수와 세금 인상 없이 조달할 수 있는 액수를 초과할 수 없다.
- 해결책은 거래의 자유에 관한 법률을 어길 수 없다.
- 그룹 자체가 정책을 결정할 권한을 지니고 있지 않으므로, 해결책은 권고하는 선에 그쳐야 한다.

이러한 각각의 진술들은 그룹의 권한 범위와 업무상의 경계선을 명백히 밝힌다.

　이 시점에서 구성원들은 이렇게 물을 수도 있다. "왜 사서 고생을 하죠? 대부분의 사람들은 이런 얘기를 자세히 하지 않아도 아주 잘 알고 있는걸요." 그러나 대부분의 사람들은 기준과 한계를 알지 못하며, 이 때문에 그룹은 난관에 부딪힐 것이다. 가령, 당신이 거래할 은행을 새로 선택하려고 결정할 때, 당신은 당신에게 어떤 점이 중요한지 결정해야 한다. 즉 위치, 지점의 수, 이율, 수수료, 서비스 비용 등이다. 이것은 결국 당신이 은행을 선택할 때 기준으로 작용한다. 만일 이러한 요소를 검토하지 않는다면, 당신은 자신의 요구를 충족시키지 못하는 은행을 선택할 것이다. 일단 기준을 정하면, 중요한 순서대로 분류해야 한다. 주거래 은행을 새로 선택하고자 하는 두 사람이 있다고 가정해보자. 먼저 한 사람에게는 위치가 상당히 중요하다. 그는 기타 서비스를 이용하는 데 그 은행에서 얼마의 비용을 요구하는지는 신경 쓰지 않는다. 하지만 운전을 하지 못하기 때문에 집이나 회사 근처처럼 걸어서 갈 수 있는 거리에 위치한 은행을 선호한다. 반면, 다른 사람은 수입 자체가 매우 적다. 그래서 그는 은행을 이용할 때 드는 서비스 비용과 수수료에 은행 선택의 우선순위를 둔다.

　결국 이 두 사람은 은행을 선택할 때 같은 기준 목록을 이용하긴 하겠지만, 스스로가 정한 우선순위가 다르기 때문에 아마 각기 다른 은행을 선택하게 될 것이다.

　훌륭한 기준에 초점을 두면 구성원들이 때가 되었을 때 해결책에 합의할 수 있는 가능성이 커지기도 한다. 만일 기준을 세우는 단계가 무시되면, 결정을 내리는 과정에서 반드시 고려해야 할 사항을 빠뜨릴 수 있다. 예를 들어 세 명의 교수가 최고 졸업생을 선택하기 위해 위원회를 구성한다면, 그들은 사실에 관한 모든 정보를 수집할 것이다(학부 성적표, 인터뷰 자료 혹은 지원서를 통해). 만일 그들이 즉시 해결책으로 넘어간다면(당사자를 선출하기), 그들은 인터뷰에서 가장 마음에 들었던 사람, 평점이 가장 높은 사람 혹은 학과에 가장 많이 봉사한 사람을 놓고 논쟁을 벌일 것이다. 그러나 사전에 기준을 결정해 놓으면, 후보자들을 대면하기도 전에 어떤 점을 가장 중요하게 고려할 것인가에 대해 합의를 할 수 있다. 따라서 문제해결 과정은 훨씬 매끄럽고 공정하고 효과적으로 이루어질 수 있다. 또한 어떤 지원자가 상을 받지 못한 것에 대한 불평을 늘어놓을 때, 위원회는 주저하지 않고 그 이유를 설명할 수 있을 것이다. 위원회의 최고 졸업생 선택 기준은 아마도 다음과 같을 것이다.

1. 지원자의 평점은 적어도 3.25 이상이어야 한다.
2. 지원자는 학과에 봉사를 한 적이 있어야 한다.
3. 지원자는 어떤 종류의 학문적 활동에 참여한 적이 있어야 한다
   (논문 제출, 프로젝트 수행 등).
4. 지원자는 한 번 이상 리더로서 활동한 적이 있어야 한다.
5. 지원자는 정해진 양식의 신청서를 제출해야 한다.

위의 기준에서 용어를 정의하는 것이 얼마나 중요한가에 주목하라. 이 경우 위원회는 학문적 활동이라는 용어를 기준 속에 포함시켰

고 사실상 평점의 한계점을 제시했다. 그러나 다음 단계로 넘어갔을 때, 위원회는 용어가 모호하다는 사실을 발견할 것이다. 예컨대 무엇을 '학과에 대한 봉사' 라 할 수 있는가에 대해 명확한 기준이 없기 때문이다. 물론 특정 유형의 봉사 활동, 즉 학과를 위한 웹 페이지 개발이나 신입생들에게 상담을 해주는 일 등은 판단하기가 어렵지 않다. 그러나 학과 사무실에서 서류를 정리하는 일을 '봉사' 라고 간주해야 할까?

✓ 이 위원회의 토론을 더욱 명확히 하기 위해, '학과에 대한 봉사'라는 용어를 규정할 수 있는 방법을 몇 가지 찾아보라.

명확한 어휘의 선택이 끝났다면 이제 기준 선택의 다음 단계, 즉 기준의 우선순위 설정으로 넘어갈 수 있다. 앞서 제시된 기준에서 보면 두 학생이 동일한 개수의 기준에 부합할 가능성은 상당히 크다. 만일 메리가 기준 1과 3을 충족시키고 밥이 기준 2와 3을 충족시킨다면, 누가 상을 타야 하는가? 위원회는 결정을 내리는 데 소요되는 시간을 절약하기 위해, 기준에 우선순위를 부여해야 한다. 위원회가 기준 2와 3이 기준 1보다 더 중요하다고 결정을 내렸다고 하자. 위원회는 만장일치로 합의를 본 객관적인 양식을 토대로 각 후보자를 평가할 수 있다. 단 개인적 문제, 성실성, 정치적 이유는 기준에 포함되지 않는다. 이것이 바로 한계이다.

이 그룹의 한계는 최소한 다음 사항을 포함한다.

- 우리는 인종, 나이, 성별 혹은 성적 취향을 이유로 누군가를 최

고 졸업생 선택 대상에서 배제해서는 안 된다(법으로 명시되어 있는 지침이다).

- 우리는 최고 졸업생을 선택할 권한을 가지고 있지 않다. 우리는 단지 추천할 권한만을 지닐 뿐이다.
- 우리는 이 결정에 두 시간 이상을 소요할 수 없다.

해결책을 논의하기 전에 기준과 한계를 설정해 놓으면, 현실적이고 논리 정연한 합의에 이를 가능성이 커진다.

기준과 한계를 세워야 효과적으로 해결책을 향해 전진할 수 있다

토론에서 이 단계는 경시되기 쉽다. 그러나 유용한 기준을 마련하는 것은 효과적인 문제해결에 필수적이다. 이 시점에서 그룹은 곧바로 해결책을 제안하고 싶을 수도 있다. 그리고 일단 문제가 명료하게 표현되고 사실이 철저하게 평가되면, 한 가지 해결책에 동의하는 것은 간단한 과정이라고 생각할 것이다. 그러나 해결책에 영향을 미칠 수 있는 변수를 아는 것이 중요하다. 그렇지 않으면 그룹은 실행 불가능하거나(한계, 예를 들면 예산을 초과하는 경우) 문제를 해결하지 못하는 해결책을 제안하느라 시간을 낭비할 수도 있다. 그룹은 할 수 있는 것과 할 수 없는 것을 명확히 하고 합당한 목표를 정함으로써 해결책을 향해 더욱 효과적으로 전진해야 한다. 이것이 바로 표준 의사일정 4단계이다.

표준 의사일정 4단계의 결과

이 단계가 끝날 즈음, 당신 앞에는 두 개의 문서가 있어야 한다. 첫째 가능한 해결책을 판단하기 위한 기준 목록, 둘째 해결책이 넘지 말아야 할 한계가 적혀 있는 문서가 그것이다. 각 구성원은 이 문서의 사본을 지니고 있어야 한다(그래야만 토론에서 혼선이 빚어지지 않는다).

기준을 마련하는 방법

기준을 마련하기 위해서는 구성원들의 조사 내용을 주의 깊게 검토하고, 각 구성원들의 상사가 기대하고 있는 바(즉, 그룹의 존재 이유)를 분명히 알고 있는지 확인해야 하며, 논의중인 논점과 관련해 당신 자신의 가치관을 숙고해야 한다.

기준과 한계 설정의 근거가 되는 조사 결과

포리스트 슬로우 교통 문제해결 그룹이 선정한 기준은 진상조사를
배경으로 나왔다. 포리스트 슬로의 교통 문제해결 그룹은 조사된 자
료를 기초로 기준과 한계점을 끌어냈기 때문이다. 당시 포리스트 슬
로우 그룹은 상당히 많은 문제를 안고 있었다. 연방 정부 기금의 도
움에 의지할 수 없었고, 어떤 상인들은 자신들의 피해를 쟁점으로 악
용하면서 개인적 이익을 위해 위협을 가하고 있었다. 포리스트 슬로
우 그룹은 이러한 위협들을 무시하고 조치를 취할 수도 있었다. 그러
나 진상조사를 통해 피해를 받고 있는 사람들과 협력해야 한다는 것
을 인지했고, 좀더 어려운 방법이긴 하지만 모든 이해 당사자들의 합
의를 이끌어내기로 결정했다.

이처럼 진상조사 결과는 기준을 설정하는 데 아주 중요한 근거이
다. 큰 문제나 결함이 없는지 조사 내용을 검토해 보라. 조사 내용에
서 드러나는 원인과 징후에 대해 숙고하라. 실수가 되풀이되지 않도
록 이전에 시행되었던 문제해결 노력을 검토해 보라.

이제는 당신의 목표와 의무를 재검토할 때이다. 만일 당신이 어떤
다른 그룹 혹은 개인에 대해 직접적 책임을 지고 있다면, 당신의 권
고는 그 사람이나 그룹이 수용할 수 있는 것이어야 한다. 만일 당신
이 독립적으로 일하는 중이라면, 해결책은 당신 자신이 실행할 수 있
는 것이어야 한다. 또한 마감 시한이나 예산이 정해져 있다면, 해결
책은 이러한 한계점을 준수해야 한다.

한계를 결정하는 방법

기준은 당신이 해결책으로 성취하고자 하는 것을 규정한다. 반면, 한계는 당신이 할 수 없는 것을 상기시킨다. 모든 그룹은 여러 가지 방법으로 제약을 받고, 모든 문제는 특정 제약을 넘지 않는 범위 내에서 해결되어야 한다. 이러한 한계는 크게 네 가지로 구분할 수 있는데 법적 제약, 기관의 정책, 재정적 제약, 설득력의 제약이 그것이다.

1. 법적 제약

법을 어기는 해결책은 결코 용인될 수 없다. 이런 이유로 정부 기관, 전문대학과 종합대학, 노동조합, 기업 등 문제를 해결할 필요가 있는 단체들은 실행할 책임이 있는 기관에 위원회의 권고를 보내기 전에 법률 고문을 고용해서 먼저 이를 검토한다. 법률 고문들은 위원회의 제안이 현행 법률과 상충되지 않는지 조사해야 한다. 간혹 그룹이 정한 기준이 법적 한도와 갈등하는 경우가 있다. 가령, 레크리에이션 센터를 건설하는 데 대한 가장 경제적인 해결책(하나의 기준)이 도시계획법(하나의 한계)을 위반하는 것일 수도 있다. 그런 경우에는 경제성이 떨어지는 계획을 다시 고려하는 수밖에 없다.

2. 기관의 정책과 관례

해결책이 비록 실행이 가능하더라도, 그 영향을 받을 기관의 공식적인 규약과 비공식적인 규약 양자에 부합하지 않으면 안 된다. 당신의 회사가 특별 조사단에게 의료 보험 정책을 협상하라는 의무를 부과한 상황을 생각해 보자. 최소한의 비용으로 최선의 보상을 해주겠다고 제안한 보험회사가 위험한 일을 하는 8%의 회사 직원들에게는 보험보증을 할 수 없다고 말한다면, 당신은 이러한 특별한 경우에 소수의 회사 직원들을 제외하는 별도의 정책을 만들 것인가? 아니면 모든 직원들을 보증하는 대신 비용을 더 많이 요구하는 보험회사를 권고할 것인가? 당신의 선택은 특별한 처리방안을 금지하는 회사 정책으로 인해 제약을 받을 수도 있다. 따라서 기관의 정책과 규범이 선택을 제한할 가능성이 있는지 먼저 알아보는 일은 매우 중요하다.

3. 재정적 한계

모든 것에는 돈이 들기 마련이다. 심지어 회의를 하는 동안에도 구성원들은 휘발유와 음료수, 종이, 펜, 그리고 중요한 서류와 조사 결과를 복사하는 등에 비용을 지불한다. 어떤 그룹은 최종 보고서를 말끔하게 준비하기 위해 전문 편집자 혹은 컴퓨터 프로그램을 이용할 자금이 필요할지도 모른다. 물론 이러한 경우 그룹의 구성원들이 모두 학생이라면 대개 구성원의 봉사에 의존해야 할 것이다. 따라서 해결책을 실행하는 데 얼마의 비용을 조달할 수 있는지를 미리 결정하는 것이 여러 모로 합리적이고 현실적이다. 리더는 적절한 시기에 이 프로젝트를 맡긴 윗사람이나 교수들에게 프로젝트를 진행하기 위해 필요한 자금을 공급해 달라는 요청을 해야 한다. 만약 그룹 구성원 스스로 모든 재정적 책임을 져야 한다면, 약간의 상상력을 발휘해 자금을 조달해 줄 재원을 찾거나 자금조달 전략을 개발할 수 있을 것이다.

4. 설득력

그룹의 설득력은 제한되어 있다. 어떤 그룹은 공동체 혹은 조직 내에서 차지하는 위치 덕택에 설득력을 갖는다. 또한 어떤 그룹은 직함으로 인해 설득력을 갖기도 한다. 반면 어떤 그룹은 아무 권력이 없어서 지지를 얻기 위해 따로 노력을 기울여야 하기도 한다. 설득력을 발휘하기 위해서는 전문적인 인터뷰 기술을 쓰고, 능력이 있는 사람들에게 감사장을 보내고, 당신이 속한 그룹이 다른 개인이나 그룹들과 어떤 연관이 있는지를 보여줌으로써 호의와 신용을 확실히 얻는 것이 좋다. 당신의 해결책이 당국자들로부터 비공식적인 지지를 받게 되면, 그 해결안이 채택될 가능성은 더욱 커진다.

4단계에서 한계에 세심한 주의를 기울이면 그룹은 후에 문제해결에 있어서 불필요한 난관이나 실망, 난처한 상황을 피할 수 있다. 또한 어떤 경우에는 한계를 극복할 수도 있다. 법률을 폐지하게 만들고, 현행 정책에 대해 예외 적용을 받거나 예산 증가를 청원할 수도 있을지도 모른다. 그러나 대개 그러한 행운에 기대는 것은 좋은 생각이 아니다. 현존하는 한계 내에서 일할 수 있도록 만반의 준비를 해두라.

표준 의사일정 4단계에서
구성원의 과제

이 단계에서 그룹은
해결책의 방향을 결정할
한계와 기준을 모색해야 한다.
따라서 구성원들은 의견을
비판적으로 분석해야 하고,
토론을 철저히 해야 한다.

표준 의사일정 4단계에서는 지금껏 완수해온 일을 정리하고 내용을 검토한 후, 이를 서면으로 작성하는 일이 진행되어야 한다. 이런 이유로 주의 깊고 비판적인 자세로 경청하고, 요점을 명백히 하기 위해 질문을 하고, 기준과 한계에 대한 당신의 생각을 주장하고, 계속해서 그룹의 목표에 초점을 유지하는 방식으로 의사소통을 하는 것이 특히 중요하다.

또한 지속적으로 의무에도 집중해야 한다. 기준을 마련하고 우선순위를 정할 때 당신의 개인적 견해로 인해 일에 차질이 생기 쉽기 때문이다. 간혹 구성원들은 자신이 실행되기를 바라는 해결책에 맞춰 구체적 기준을 주장할 수도 있는데, 이러한 활동은 문제해결 과정을 어려움에 밀어넣을 수 있다. 따라서 유능한 구성원이라면 개인적 선호도로 인해 문제해결에 차질이 생기지 않도록 노력해야 한다.

참여는 아주 중요하다. 이 단계에서는 해결책을 도출할 기준과 한계를 도출해내야 하는 만큼 회의에 앞서 그룹의 모든 구성원들이 스스로가 생각하는 기준과 한계 목록을 준비하도록 하는 것이 좋다. 그러면 독자적으로 생성된 다양한 의견들을 모을 수 있다. 이것은 여러 가지 의견을 이끌어내기 때문에 집단사고가 일어날 가능성을 최소화하고 포괄적인 분석을 가능케 한다.

이 단계에서, 구성원들은 비판적으로 의견을 분석해야 하고, 철저한 토론을 해야 한다. 각 의견의 차이를 인지하고 논의하는 것은 효과적인 문제 해결에 극히 중요하다. 만일 이견이 없다면, 당신의 그룹은 어떤 중요한 정보를 간과하고 있을 가능성이 높으므로 주의해야 한다. '가장 중요한 사항'에 대해 생각해보라. 골치 아픈 문제라고 해서 은근슬쩍 미뤄두어서는 안 된다. 더 큰 논점을 이해하면, 구성원들이 문제를 더욱 악화시킬 해결책에 합의하는 것을 방지하는 데 도움을 받을 수 있다.

무엇보다도 구성원들은 기준과 한계에 대한 철저한 토론을 고수하고, 토론에 충실히 참여하도록 서로를 격려해야 한다. 조급한 마음에, 해결책에 빨리 도달하기 위해, 해결안을 급하게 통과시키고 싶은 유혹에 빠질 수 있지만, 이는 그룹의 전체 목표에서 볼 때 역효과를 초래하기 쉽다. 훌륭한 질문, 주의 깊은 경청과 반응, 그리고 주제에 대한 열정을 가져야 목표를 효과적으로 달성할 수 있음을 잊지 말라.

표준 의사일정 4단계에서
리더의 의무

항상 그렇듯이, 리더는 토론 내용 요약, 이견 조정, 기록 보존, 구성원들이 적절한 논점에 집중하도록 하는 일에 책임을 져야 한다. 물론 4단계를 거치는 동안, 리더가 해야 할 일 중 대부분은 구성원들의 일과 유사한 경우가 많다. 그러나 리더는 완전하고 균형 잡힌 참여를 장려하고, 훌륭한 경청 자세의 모범을 보이고, 4단계의 주제와 논점에 대한 건설적인 이견 양쪽에 열의를 나타내야 하는 등 구성원들을 올바른 방향으로 이끌 수 있는 행동을 보여야만 한다.

리더는 그룹 구성원들이 전혀 실행할 수 없는 '결과 목록'을 작성하지 않도록 주의해야 한다. 또한 구성원들이 현실적인 기준을 마련하도록 장려하고, 구성원들에게 상사가 부과한 명확한 한계를 알려주어야 한다. 리더는 모든 구성원들이 변경할 수 없는, 업무의 한계를 확실히 인지하도록 해야 하는 책임이 있기 때문이다.

리더는 또한 그룹이 필요하다면 앞 단계로 되돌아갈 수 있도록 지도해야 한다. 예컨대 기준을 정하고 나서 새로운 논점이 드러나면, 그룹은 그것과 관련된 배경 자료를 다시 수집해야 하기 때문이다. 다시 말해 더 많은 진상조사가 이루어지도록 구성원들을 독려해야 하는 것이다. 구성원들은 역행하는 것을 꺼려하는 경향이 있고 때로는 그렇게 해야 한다는 사실 자체만으로 사기가 꺾일 수 있다. 그러나 문제해결 과정도 의사일정도, 완전하게 직선형으로 진행되는 과정이 아니다. 따라서 이런 경우에 리더는 구성원에게 동기를 부여하고 그룹의 장기적인 공동 목표를 위해 우회할 수밖에 없음을 설득해야 할 것이다.

한계를 명확히 하기 위해, 이 단계에서 리더는 특별한 일을 구성원들에게 할당해야 한다. 예를 들어 구성원들은 법적 문제, 경제 계획 혹은 기관의 관례에 대한 추가 정보를 확보하라는 요구를 받을 수도 있다. 구성원들이 특별 임무를 수행할 때, 리더는 그들이 그룹을 위해 기울인 노력에 대해 반드시 인정을 받도록 해야 한다.

끝으로, 리더는 기준과 한계에 대한 최종 목록을 준비하거나 위임하고, 이 목록의 사본을 구성원들에게 배포해야 한다. 그렇게 함으로써 구성원들이 정보를 이미 습득하고, 해결책에 대한 토론에 참여할 수 있도록 해야 한다.

1. 목표

최적의 해결책 도출을 위한 기준과 한계를 정립

- 현재 그룹이 갖고 있는 도덕적, 법적 권한 확인하기(그룹에 대한 기관의 한도, 법적 한도, 설득력의 한도).
- 제안된 해결책을 시험할 기준 마련하기.

2. 결과

- 그룹이 해결책을 도출할 때 넘지 말아야 할 한계 목록 작성.
- 해결책을 시험하기 위한 기준 목록 작성.

3. 구성원의 과제

- 그룹의 권한을 제한하는 제약에 대해 다각도로 논의한다.
- 그룹이 해결책을 시험하는 데 도움이 될 기준에 대한 방안을 제시하고 검토한다.
- 필요할 경우, 기준과 한계를 설정하기 위해 의사일정의 앞 단계를 재검토하거나, 새롭게 작업하는 데 참여한다 .

4. 리더의 의무

- 그룹 차원에서 작성한 한계에 관해 외부 권위자들과 상담한다.
- 구성원들이 그룹이 갖는 한계를 이해하도록 돕고, 이것을 의사록에 기록하도록 한다.
- 기준과 한계를 작성하는 일에서 실수가 발생하지 않도록, 필요한 경우 앞 단계에서 이루어진 과정들을 재검토하거나 다시 작업을 해야 하는지 결정한다.
- 구성원들과 함께 해결책을 평가할 기준을 설정하고, 이를 기록한다.

표준 의사일정 5단계

해결책을 도출하고 **최종** 선택하라

어떤 결론도 명백하다고
단정 짓지 말라

만일 선택할 해결책이 많지 않다면, 그룹 구성원들은 브레인스토밍을 통해 더 많은 것을 고안해 낼 수 있다. 브레인스토밍은 구성원들이 어떤 한 가지 생각을 비판하거나 모니터하는 것을 떠나, 여러 의견을 제기하면서 해결 방안을 모색하는 방법이다. 브레인스토밍에 관한 다음의 규칙들을 따르면, 구성원들은 유머 감각과 상상력이 풍부한 생각들을 쏟아낼 수 있을 것이다.

- 아무나, 무엇이든지(아무리 특이한 해결책이라도) 제시할 수 있다.
- 모든 제안은 기록된다.
- 제안을 하는 동안에는 아무도 제안된 사안에 대해 비판을 해서는 안 된다.
- 이 과정의 목표는 좀더 많은 의견을 얻어내는 것에 있다.

하지만 브레인스토밍에는 몇 가지 결점이 있다. 때때로 브레인스토밍을 하는 그룹의 구성원들은 유별난 해결책을 고안하려 애쓴다. 그러나 창조성과 독창성이 반드시 훌륭한 해결책을 도출시키는 필요충분조건은 아니다. 게다가 브레인스토밍은 자유롭게 자신의 생각을 말한다는 점에 있어서, 활발하고 외향적인 자유토론에 참여하기 어려워하는 숫기 없는 구성원들을 소외시키기 쉽다. 따라서 브레인스토밍은 여러 가지 방법을 모두 사용하고 난 후, 그래도 더 이상의 결론을 내기 힘들 때, 그리고 구성원들의 창조성을 강화할 필요가 있을 때만 사용하는 것이 좋다. 이 시점에서 문제에 대한 해결책(실행 계획, 정책에 대한 진술 혹은 추론된 결정)이 제시되어야 한다. 동시에 채택 여부에 대한 논쟁, 필요한 부분에 대한 예산, 일단 그것이 시행되었을 때 평가하는 방법이 완료되어 있어야 한다. 안타깝게도, 토론의 이 단계에 이르면 그룹 구성원들은 종종 지치고 만다. 이런 이유로 "우리가 해야 할 일이 분명해졌으니…"라는 핑계를 대며 바로 결론으로 넘어가는 경향이 있다. 이 같은 진술은 비판적 사고를 막고, 그룹 문제해결 과정을 엉망으로 만들 수 있으므로 주의해야 한다. 첫 의견을 즉각 받아들이지 않고 그 의견을 기준과 비교해 신중히 살펴보면, 구성원들은 종종 그것이 그다지 훌륭한 의견이 아니라는 것을 깨닫는다. 성급한 결정임을 나타내는 진술 중 일부를 들면 다음과 같다.

- 그럼 우리는 이제 …을(를) 해야 할 것 같군요.
- 우리는 …을(를) 그만해야 합니다.
- 모두들 우리가 …해야 하는 것을 알고 있습니다.

• …이(가) 분명한 것 같습니다.

한 그룹이 완벽한 형태의 훌륭한 제안을 찾아내는 경우는 드물다. 대개 그룹은 다양한 해결책을 한데 모아 가장 이상적인 방안을 제시한다. 포리스트 슬로우 위원회는 문제의 요소에 부합하는 실행 가능한 해결책을 다음과 같이 정리했다.

문제	가능성
1. 상인들은 교통 문제가 해결되지 않으면 교외로 이사하겠다고 위협하고 있다.	• 그들의 위협에 대해 심각하게 생각하지 말자. • 누가 실제로 이사할 계획을 세우는지 정식으로 조사해보자. • 쇼핑센터 부동산업자들을 조사해 임대해 준 사람과 계약 만료일을 알아내자. • 교통 문제 외에 이사를 하는 다른 이유가 있다. • 그들이 이사하도록 놔두자. 새로운 상점들을 들여올 계획을 세우자. • 도심의 주차장과 지역 순환 버스가 효과가 있을 것이다. • 교통 순환을 원활하게 하기 위해 일방통행 도로 교통계획을 시험해보자. • 교외에 주차장을 세우고 거기서 도심으로 셔틀버스를 운행하는 것은 어떨까?
2. 통근자들이 도심을 통과하지 않고 출퇴근할 방법이 없다.	• 고용주들에게 교통 체증이 일어나지 않도록 각 공장마다 출퇴근 시간을 서로 다르게 정해달라고 요구해도 될까? • 고속도로 우회로와 대중교통 수단을 마련하기 위해 자금을 거두는 것이 어떨까? • 차량의 수를 줄이기 위해 카풀 캠페인을 해 보자.

포리스트 슬로우 위원회는 위의 표에 제외되어 있는 각각의 제안을 기준 및 한계점과 비교해 보았다. 해결책을 시스템적인 방식으로 기준과 비교해 확인해 보는 것은 필수 절차이기 때문이다. 좀더 효과적인 해결책 도출을 위해 그룹은 해결책 1번을 택해 기준 1번과 비교하고, 순차적으로 다음 기준에 얼마나 잘 부합하는지를 논의했다. 이 과정에서 포리스트 슬로우 위원회는 명백한 사항까지 재논의하며, 토론과 어떤 해결책이 각 기준에 부합하는지 혹은 부합하지 않는지의 이유에 대해 기록해 두었다. 이 결과, 새로운 상점을 들여와 이사한 상점을 대체하도록 하자는 제안은 기각되었다. 효과가 있을 것이라는 현실적 확신이 없었기 때문이다. 고속도로 우회로 설치는 더 이상 자금을 소요할 수 없다는 시 당국의 요청에 의해 기각되었다. 쇼핑센터에서 누가 가게를 임차하고 있는지 알아내자는 안 역시 기각되었다. 쇼핑센터가 그런 정보를 제공하지 않으려 하기 때문이다. 이 외에도 여러 현실적인 결과가 나왔다.

이 단계의 목표는 그룹의 목적을 완수하는 것이다. 효과적인 토론은 질서정연하고 숙고를 요하는 일이므로, 그룹은 첫 해결책을 제안하기 전에 4단계에서 확정된 기준을 검토해야 한다. 일단 해결책을 평가하는 수단이 명확히 확립되면, 그룹은 가능한 해결책을 되도록 많이 설정해야 한다. 가능한 한 선택의 폭을 넓히기 위해서이다. 이것은 처음 제시된 해결책을 선택하고, 그것을 이행하고 나서야 기준에 부합하지 않거나 문제를 해결할 수 없다는 것을 발견하는 시간 낭비를 막을 수 있도록 돕는다. 선택할 수 있는 해결책의 범위가 넓을수록, 문제를 가장 효과적으로 해결할 가능성이 커진다.

표준 의사일정 5단계의 결과

이 단계에서 그룹은 그동안 모아 온 정보를 바탕으로 해결책과 그것을 실행에 옮길 세부 계획을 도출해내야 한다. 그리고 이것의 적절성을 명확하게 분석해야 한다.

5단계가 끝날 무렵, 그룹은 상당한 정보를 지니고 있어야 한다. 5단계까지 오면서 많은 제안들이 제기되었고 또 거부되었을 것이다. 기각된 각 제안들에 대해, 그룹은 왜 그 제안이 그룹의 기준과 한계에 들어맞지 않았는지에 서면으로 설명해야 한다. 이 문서는 최종적으로 제출될 해결책을 옹호하는 데 사용될 수 있다. 준비가 잘 된 그룹은 어떤 해결책들이 고려되었는지를 설명할 수 있고, 거부된 안이 왜 수용되지 않았는지 그 이유를 명확히 설명할 수 있다. 보충 및 2차 제안이 있다면 최종 보고서에 수록하면 된다.

제안을 할 때 그룹 구성원들은 두 가지 성향, 즉 집단사고와 새로운 것은 무엇이든 시험하기를 꺼리는 태도를 지양하기 위해 노력해야 한다. 우리는 많은 그룹들이 막상 제안을 할 시기가 오면 얼어붙어 버리는 것을 종종 발견한다. 그들은 문제에 대해 해결책을 다수

제시하는 경향이 있으나, 어떤 프로그램이라도 수익 체감점을 지니고 있기 마련이다. 일방통행 도로가 부분적으로 교통 문제를 해결했다고 해도, 일방통행 도로를 앞으로 더 많이 건설한다고 해서 나머지 문제가 해결될 것이라고 확신할 수는 없다.

또한 이 즈음 각 구성원들은 서로 원만히 지낼 수 있을지 걱정을 하게 될 것이다. 이런 걱정 때문에 논쟁과 비판적 평가를 피하려 든다면, '집단사고' 에 빠질 위험이 높아질 수 있으므로 주의해야 한다. 때로 의견일치는 피로나 무관심의 결과로 나타나기도 한다. 따라서 너무 쉽게 합의된 것 같은 의견은 의심해라. 만일 집단사고가 분명히 드러나면, 반드시 누군가를 공식적인 '악마의 대변자' 로 지목하라. 악마의 대변자는 어떤 제안을 믿건 안 믿건 우선 제안에 반대되는 주장을 하는 사람이다. 이러한 방법을 적용하면 곧 구성원들은 비판적인 의견들을 제시하고 시작할 것이다.

그룹은 또한 제안하는 해결책을 실행할 계획을 준비해야 한다. 실행 계획은 다음의 요소를 포함하고 있어야 한다.

1. 대개 표제의 형태를 띤, 제안에 대한 일반적 기술

[예] 공동체 전역 카풀 프로그램을 위한 제안!

다음의 제안은, 정기적으로 포리스트 슬로우 도심 지역을 경유하는 근로자들을 위해, 카풀을 장려하고 관리할 자치부서를 설립하는 것에 그 목적이 있다.

2. 카풀 프로그램에 관계된 사원들과 그들의 임무

카풀과 관련된 자치부서는 마을 회관에 자리 잡게 될 것이다. 자치부서는 책임자 한 명과, 이 사람을 도울 비상근직 비서 한 명으로 구성될 것이다. 책임자는 카풀 신청 전화를 받고, 신청자를 카풀을 이용하고자 하는 같은 지역의 사람들에게 소개한다. 또한 책임자는 그 지역에 위치한 공장과 기업에서 전사적으로 카풀을 실시할 수 있도록 설득하며, 비서는 이에 대한 기록을 하고 지시받은 대로 연락을 취한다.

3. 필요한 자원에 대한 진술

일을 하려면 책상, 사무실 비품, 서류철 캐비닛, 전화가 필요할 것이다. 또한 마을 회관에 사무실로 쓸 만한 공간이 지정되어 있어야 한다.

4. 관리와 책임에 대한 진술

계획 위원회가 지명한 위원회의 한 구성원이 관리자로 나서게 될 것이다.

5. 평가 방법

교통조사 위원회는 정기적으로 교통 흐름에 대해 보고한다. 만일 교통량이 10% 감소되고, 혹은 90일 후 적어도 250대의 카풀이 시행되는 징후가 보이면 카풀 프로그램이 성공한 것으로 간주한다.

6. 임시 예산

비용에는 카풀 관리인의 월급, 비상근 직원의 보수, 사무실 비품과 전화사용료 등이 포함된다. 사무실 가구와 장소는 마을에서 무료로 제공할 것이다. 상인들은 프로그램 광고에 자금이 필요하다면 상인들에게 비용을 분담해 줄 것을 요구한다(요구 금액은 추정되는 실제 비용을 금액이초과해서는 안 된다).

명확히 분석하기

일단 해결책 목록이 처리 가능한 몇 가지로 줄면, 그에 대한 명확한 분석을 해야 한다. 이를 위해 각각의 구성원에게 특정한 제안에 대한 찬성이나 반대의견을 익명으로 적어내게 할 수도 있다. 의견서를 작성하도록 하면 구성원들은 각 제안에 대해 충분히 숙고할 것이다. 의견서는 복사하여 모든 구성원들에게 배포하고, 충분히 생각하고 쓸 시간을 주어야 한다. 이를 위해 의견서를 작성할 때는 며칠동안 휴회하는 것이 좋다. 다음은 의견서를 쓸 때 고려해야 할 몇 가지 질문이다.

- 이 제안을 실행하는데 얼마의 비용이 들까? 비용 편익 기준에 부합하는가?
- 이 제안으로 인해 누가 손해를 입을 수 있는가? 손해의 특징은 무엇인가? 보상이 가능한가? 이 제안으로 인해 피해를 입을 사람들을 달랠 방법이 있는가?
- 제안에 예기치 않은 문제가 발생할 가능성이 있는가?

- 이 발상이 갖는 주요 이점은 무엇인가? 이러한 이점이 얼마나 중요한가? 가져올 이익이 예상되는 비용보다 가치가 있는가? (비용에는 자금뿐 아니라 시간과 자원도 포함된다.)
- 만일 의견서에 어떤 제안을 옹호하는 말을 쓰라고 한다면, 그 제안이 얼마나 집단의 목표를 만족시키고 부과된 한계에 부합되는지를 증명해야 한다. 이것이 가능한가?

이 시기에는 격렬한 토의와 논쟁을 벌이는 것이 바람직하다. 최종 보고서에는 지지하는 이유에 대한 내용이 포함되어 있어야 하기 때문에, 이 시기의 논쟁은 무엇을 지지해야 하는지를 결정하는 데 도움이 될 것이다.

실행 계획

당신은 당신이 옳다는 것을 어떻게 아는가? 그 답은 간단하다. 당신은 모른다. 마찬가 그룹은 해결책이 실행되고 시험되기 전까지 그것이 실제로 옳은지 결코 알 수 없다. 일곱 명 내지 여덟 명의 사람들이 어떤 해결책에 동의를 했다는 것만으로 그것이 최선의 해결책이 되는 것은 아니며, 심지어 실행할 수 있는지조차도 확실치 않다. 따라서 당신은 해결책의 세부 내용과 그것이 미칠 수 있는 영향을 신중하게 검토해야 한다. 평균 수명을 고려하지 않아서 여러 문제들이 발생한 사회보장제도를 생각해보라.

최선의 해결책을 선택했는지 결정하는 것을 돕기 위해, 그룹은 상세한 실행 계획과 예산안을 준비해야 한다. 그리고 그것이 완성되면,

평가 절차를 마련해라. 이는 그룹이 간과하기 쉬운 몇 가지 세부 내용을 인지할 수 있도록 도울 것이다. 또한 예산안을 작성하라. 예산안을 짜는 도중에 흥미로운 질문이 제기될 수 있다. 그룹은 각 지출 항목에 대한 어림치는 물론이고, 소요될 모든 비용 목록을 만들 수 있어야 한다. 포리스트 슬로우의 카풀 제안을 예로 들어보자. 다음은 예산안 검토를 하는 동안 제기된 의견 중 일부이다.

> "사람들이 프로그램에 대해 어떻게 알게 되지요? 우리가 지출 비용을 최소한으로 하기로 동의한 마당에 이것을 어떻게 효과적으로 홍보할 수 있을까요?"
> "누가 이익을 얻겠습니까? 물론 도심의 상인들이겠죠. 그들에게 광고비를 부담하게 하는 건 어떨까요?"
> "좋아요, 하지만 누가 그들에게 가서 후원해 달라고 요구할 겁니까? 그리고 만일 그들이 부담하기를 원하지 않는다면 어떻게 하죠?"
> "글쎄요, 화를 내는 수밖에 없겠죠! 우리가 이렇게 그들을 위해 일하고 있는데, 그 사람들이 좋아하지 않는다면, 그들은…"
> "그만해요! 흥분하기 전에 시간을 두고 그들의 의견을 구하는 것이 좋겠어요."

위에서처럼 예산을 세우는 동안 해결책에 대한 또 다른 허점이 드러날 수 있다. 포리스트 슬로이 그룹도 결국 해결책을 실행하기 전에 더 많은 조사를 해야 했다. 때로 집단은 해결책을 개발하는 동안 잠시 논의를 중단하고, 반응을 확인해 실행에 대한 더 많은 정보를 수집해야 한다.

의견일치가 이루어지지 않으면 어떻게 될까?

의견일치가 가능할 것 같지 않은 상황이라 하더라도 결정을 무기한 연기할 수는 없다. 대부분의 그룹은 자신들의 프로젝트를 마쳐야 할 마감시한이 있고, 주어진 시간 내에 해결책을 생산해야 하는 중요한 이유를 가지고 있다.

만약 절대로 결정을 내리기 어려운 상황이라면 덜 이상적인 방법을 사용해야 할지도 모른다. 이때 그룹을 분열시킬 가능성이 있긴 하지만, 투표는 효과 있는 방법이다. 만일 구성원들의 의견이 50 대 50으로 나뉜다면, 제안을 검토하는 데 더 많은 시간을 소요하고 싶을 수도 있다. 그러나 만일 한쪽의 의견이 우세하다면, 구성원들은 가장 효과적인 방법은 앞으로 나아가는 것이라고 결정할 것이다. 만장일치는 저절로 일어나지 않는다. 세심하고 근면한 작업을 필요로 하기 때문이다. 만일 앞의 네 단계가 제시된 대로 준수된다면, 그룹은 여러 가지 방법을 충분히 탐구해 놓은 상태일 것이고, 투표를 통해 실행할 수 있는 해결책을 얻을 수 있을 것이다.

표준 의사일정 5단계에서 구성원의 과제

5단계는 해결책을 도출해야 하는 가장 중요한 단계이다. 따라서 구성원은 가장 활발하고, 명확하게, 이성적으로 자신의 의사를 개진해야 한다.

이 단계에서 구성원들은 특정한 생각에 열성적인 태도를 보일 것이다. 따라서 그들은 자신이 이상적이라고 생각하는 해결책에 대한 대변자로 바뀔 수 있다. 만약 당신이 유능한 구성원이 되고 싶다면 다른 구성원들에게 자신의 의견을 상기시키며 주의 깊게 생각을 표현할 수 있도록 노력하라.

좀더 명확한 의견 도출을 위해서 구성원들은 다음의 규칙에 따라 의사를 개진해야 한다.

1. 진술을 할 때는 그것을 입증해야 한다.

정보를 제공한다면, 그것을 증명해야 한다. 아울러 의견을 제시할 때도 이를 증명할 수 있어야 한다.

2. 만일 당신이 어떤 의견에 동의하지 않는다면, 개인적 감정이 아닌 근거를 지니고 있어야 한다.

당신은 그 제안이 목표에 부합하지 않고, 한계를 어길 수 있으며, 혹은 예기치 않은, 달갑지 않은 결과를 가져올 것이라고 논리적으로 반박할 수 있어야 한다.

3. 반대를 할 때에는 의견을 제시하는 사람이 아니라, 그 의견에 초점을 맞추어 반대해야 한다.

그러나 외부 권위자의 진술에 이의를 제기할 때에는 그의 자격, 객관성, 혹은 결과에 대한 이해관계에 대해 질문할 수 있다.

4. 비판을 할 때, 당신의 비판이 어떤 기준에 근거를 두고 있는지 말할 수 있어야 한다.

'그 제안은 너무 많은 자금을 소요할 것'이라고 비판한다면, 당신은 "너무 많다는 게 얼마를 말하는 거죠?"라는 질문에 대답할 수 있어야 한다. 만일 어떤 제안이 '비실용적'이라고 말한다면, 비실용적인 어떤 기준을 구체적으로 밝힐 수 있어야 한다. "그건 효과가 없을 거예요" 혹은 "그것은 마음에 들지 않아요"라고 말하는 것으로는 충분하지 않다.

5. 질문을 할 때는 어떤 대답이 적절한지 설명할 수 있어야 한다.

때때로 구성원들은 다른 구성원을 곤란에 빠뜨리거나 그의 생각을 깎아내리려고 부적절한 질문을 하기도 한다. 그러나 어떤 상황에서도 질문은 주제와 관련이 있어야 한다. 다른 누군가가 당신이 묻고 싶은 것을 질문할 것이라고 생각하지 말라. 당신이 특별한 생각을 가지고 있는 유일한 사람일 수도 있고, 당신의 생각이 그룹에 매우 중요한 결과를 미칠 수도 있다.

6. 의견 제시는 짤막하고 분명하게 하라.

토론에서 한 사람이 기술적인 전문가 역할을 해야 하는 경우는 드물다. 그러나 대개의 경우 의견 제시 시간을 제한하고 차례를 정하는 것은, 의견교환을 용이하게 하고 토론을 건설적으로 만드는 데 중요하다. 어떤 이가 전문가 역할을 하고 있을 때, 당신이 할 질문이 정당하다고 생각되면 질문을 던져라. 토론 과정에서 강의가 필요한 경우는 거의 없다.

7. 그룹의 목표에 중점을 두어라.

당신의 생각이 다른 사람들의 생각을 제치고 선택되었을 때 개인적인 승리감을 느낄지도 모른다. 그러나 이로 인해 분열적인 갈등이 일어날 수도 있음을 기억하라. 그룹의 목표에 초점을 두어야 한다. 그룹 구성원들이 분열적 갈등에 빠지지 않기 위해서는 모든 사람들이 그들이 원하는 모든 것을 얻을 수는 없으며, 서로 약간씩 양보해야 한다는 것을 이해해야 한다.

표준 의사결정 5단계에서
리더의 의무

리더는 5단계에서 추가로 어떤 문제가 나타날 수도 있음을 언제나 머릿속에 염두해 두고 있어야 한다. 예컨대 파벌이 형성되어 있을 수도 있고, 특정한 구성원들 사이에 적대감이 쌓여있을 수도 있다. 어떤 구성원들은 우정을 형성했을 테지만, 어떤 구성원들은 사회적인 소외감을 느낄 수도 있다. 어떤 구성원들은 성급해 하고, 어떤 구성원들은 지나치게 예민할 수도 있다. 개별 구성원들이 이 단계에서 화를 내고 날카로워지는가에 대한 이유는 많다.

우리는 계속해서 당신에게 리더의 정식 의무를 상기시켜주고 있다. 5단계에서 리더의 의무는 얽혀 있는 각 관계들을 정리하고, 요약한 내용을 제공하고, 갈등을 해결하려고 노력하는 것이다. 또한 이 단계에서 리더는 토론의 과정은 물론이고 그 내용 또한올바른 방향으로 나아가고 있는지 주의를 기울여야 한다. 그룹의 해결책이 목표를 충족시키도록 하는 것이 리더의 일이기 때문이다. 아래는 표준 의사일정 5단계에서의 의무이다.

- **성급하게 의견을 밝히지 말라.** 만일 구성원들이 너무 빨리 동의하면, 제지하고 질문을 제기해라. 그들이 옳을 수도 있지만, 모든 대안을 꼼꼼히 살피고 시험하기 전까지는 확신할 수 없다.

- **피로를 이겨내라.** 시간을 두고 원기를 회복한 다음 계획을 세워라. 당신은 마감시한까지 일을 마치려고 노력하겠지만, 쉼 없는 장시간의 노력은 실패를 불러올 수 있다. 이따금씩 잠깐 일을 미뤄두었다가 새로워진 기분으로 다시 일을 시작하는 것이 도움이 된다.

- **과제를 할당하라.** 당신은 구성원들에게 특정한 과제를 수행하라고 지시해야 할 것이다. 정보가 없는 상태에서 일을 할 수는 없다. 이 시점에서 대개의 구성원들이 자발적으로 나서는 경우는 드물다. 따라서 당신은 과제 완수를 위해 권한을 위임하고 책임을 져야 할 것이다.

- **기록 담당자와 계속 접촉하라.** 당신의 그룹은 이 시점에서 상당한 세부적 사항을 논의하고 있을 것이다. 기록 담당자가 그러한 세부 사항을 놓치지 않고 정확하게 기록을 하고 있는지 확인하라. 같은 논점이 한 번 이상 다루어지지 않도록 기록을 참고하

고, 놓쳤을지도 모르는 정보는 없는지 기록된 내용을 검토하도록 하라.

- **마무리를 해라.** 여기에서 가장 어려운 과제는 최종 해결책을 결정하는 것이다. 언제 일을 그만둘지를 아는 것은 무척이나 중요한 일이다. 이를 위해 리더는 의견일치가 언제 이루어지고 있고, 언제 협의를 해야 하며, 언제 투표를 해야 하는지 알아야 한다. 만일 그룹의 모든 사람들이 동의하는 가운데 단 한 사람의 반대자가 계속 반대 의사를 고집하고 있다면, 당신은 그의 생각을 진지하게 고려함으로써 그를 만족시켜줄 수 있어야 한다. 그러나 그 의견이 고려된 상태인데도 여전히 그가 고집을 피우고 있다면, 투표를 해서 일을 처리하도록 하라. 간혹 몇몇 사람들은 중요하지 않은 논점 때문에 고집을 부리기도 한다. 그럴 때는 중요한 논점에 대해 의견일치를 끌어내고, 사소한 일은 최종 보고를 준비하는 동안 해결하는 것이 좋다. 반대 의견을 꺾지 않는 소수 때문에, 처음의 해결책이 너무 희석되어 별 힘을 가질 수 없게 만드는 것은 어리석은 일이다.

구성원들이 프로젝트나 자기 임무를 완수하면 반드시 칭찬하는 시간을 갖도록 하라. 이 단계에서 구성원들에게 호의적인 감정을 갖도록 하면, 리더와 구성원들 사이에 신뢰가 확립되고 향후 오랫동안 협력 관계를 유지할 수 있는 토대가 마련된다.

1. 목표

명확한 해결책 마련을 위한 검토

- 제안된 많은 해결책들을 앞서 정리한 기준 및 한계와 비교하여 검토하였는가?
- 많은 해결책 중에서 최종적으로 채택된 방안은 무엇인가? 그 이유는?
- 그 해결책을 실제적으로 시행하기 위해서는 어떤 실행 계획을 세워야 하는가?

2. 결과

거부되었거나 채택된 해결안에 대한 재점검

- 왜 몇몇 방안들은 최종 해결책으로 채택되지 못했는가? 그 정확한 근거를 갖고 있는가?
- 채택된 해결책(이론적 근거가 명확한)에 대한 세부 내용 계획(예산, 실행 계획안, 법률적 근거 제시)을 마련했는가?
- 실행 계획에 대한 평가는 이루어졌는가?

3. 구성원의 과제

- 사실, 기준, 한도를 검토해 해결책을 찾아내고, 평가하고, 제안한다.
- 실행 계획과 이론적 근거를 포함시켜 최종 해결책을 이끌어내는 데 참여한다.

4. 리더의 의무

- 다양한 해결책을 도출할 수 있도록 구성원들을 독려하고, 가능한 모든 방법을 사용해 검토한다.
- 다양한 제안을 기준 및 한계점과 비교해 평가할 수 있도록 구성원들을 지도한다.
- 실행 계획, 예산, 평가 절차의 전 과정을 관리한다.

표준 의사일정 6단계
최종 보고서의 **작성**과 **발표**

최종 보고서 작성

이 단계에서는 그동안의 토론 결과를 최종적으로 보고하는 보고서를 작성해야 한다. 모든 결과를 명확하고 보기 쉽게 문서화하는 과정에 대해 살펴보자.

토론의 최종 단계에서, 그룹은 해결책과 실행 방법을 정리하기 위해 정보를 모으고 분석하는 것에서 세부 사항에 따라 최종 보고서를 작성하는 것으로 과제를 변경한다. 최종 단계에서 구성원들은 리더가 할당하는 대로 과제를 받아들여야 한다. 리더는 요구되는 과제를 완수하기 위해 여러 사람들의 일을 조정하는 행정관이나 다름없기 때문이다.

때에 따라 그룹은 결정을 이행할 권한을 지니고 곧바로 행동 계획을 개발하는 작업에 들어갈 수도 있다. 또한 이와는 달리 그룹이 실행 여부를 결정하는 다른 누군가에게 결정 사항을 제출하는 경우도 있다. 어떤 경우에서든 그룹은 반드시 제안에 대한 효과적인 보고서를 작성해야 한다. 그리고 만일 보고서가 구두로 발표된다면, 언어에 능숙한 사람이 발표해야 한다. 해결책이 훌륭하다 해도 최종 보고 단계에서 효과적이고 설득력 있게 발표하지 못하면 채택 대상에서 제외되는 경우가 빈번하게 발생하기 때문이다. 다음의 내용은 보고서에 꼭 포함되어야 할 사항이다.

표제

형식을 갖춘 보고서라면 반드시 표제를 넣어야 한다. 표제에는 다음 사항이 포함된다.

- 제목
- 그룹의 명칭(필요한 경우)
- 구성원들의 이름
- 날짜
- '문서를 결재할 관계자' 의 이름이나 직책

실행 개요

실행 개요에는 보통 다음 사항이 포함된다.

- 의무에 대한 진술
- 문제 해결 과정에 대한 검토
- 최종 보고서의 발송 절차(누가 그것을 받는가)
- 제안의 사전 검토
- 감사의 말(수록이 가능하다면)

실행 개요에 너무 많은 내용을 담으려고 하지 마라. 이것은 그룹의 책임과 의무를 기록한 짧은 개요여야 한다. 그룹은 자신들이 어떤 과정을 거쳤는지 상세히 기재하기를 원할 수도 있지만, 평가자들은 구성원들이 쏟은 노력이 아니라 최종 결과가 가져올 효과에 대해서만 평가를 내린다는 사실을 기억하라. 따라서 최종 보고서를 작성할 때는 당신이 기울인 성실한 노력을 증명하기보다 보고서를 받을 사람의 요구 사항에 초점을 맞춰야 한다.

포리스트 슬로우 교통 문제해결 그룹이 작성한 초안은 다음과 같다 :

엄청난 노력을 들여, 교통 위원회는 도심 지역의 교통 문제를 추려내어 여기에 경제적 손실에 대한 해결책을 제시한다. 그 결과는 만일…

그들은 이 문장에 스스로를 추켜세우는 어조가 배어있음을 인정하고 더욱 사실에 입각한 표현으로 고쳤다 :

우리는 시장으로부터 도심 지역의 교통 혼잡과 관련된 불편 사항을 조사하라는 의무를 부과받았다. 우리는 불평 사항을 조사했고 그 결과 수많은 상점들이 심각한 손실을 입었고, 마을의 변두리 공장에서 일하는 근로자들이 출퇴근에서 불편을 겪고 있다는 사실을 발견했다. 우리는 지역 자치 의회에 교통 법률을 제안하는 것을 목표로 정하고, 이의 실행을 위해 새로 채권을 발행하거나 세금 부과를 하지 않는다는 한도를 정했다. 우리는 새로운 법률을 제안하는 이 보고서를 지역 자치 의회에 제출한다.

보고서를 읽는 사람에게, 제기된 제안의 특징에 대해 알려줄 수도 있다. 포리스트 슬로우 교통 문제해결 그룹은 다음과 같이 보고했다 :

우리의 제안에는 도심을 통과하는 도로의 일방통행 교통 구역 지정, 지역 공장들의 출퇴근 시간 조정, 카풀 실시, 주차 공간 추가 모색에 대한 계획이 포함되어 있다.

청중을 주의 깊게 고려해라. 만일 그들이 당신의 계획에 적대적이라면, 해결책을 설명하기 전에 그 문제를 뒷받침할 증거를 제시해야 할 것이다. 그룹은 이것을 최종 보고의 실행 개요에 포함시킬지의 여부를 결정해야 한다.

배경

문제의 배경은 그룹 구성원들이 상황을 검토할 기회를 제공한다. 여기에는 문제가 있음을 나타내는 모든 증거를 기재해야 한다. 포함시켜야 할 사항들은 다음과 같다(필요하다면 적절한 부록을 첨부한다).

다음의 증거로 입증되는, 징후와 손해에 대한 상세한 기술 :
- 통계
- 학문적 연구 결과
- 전문가와 개인의 증언
- 실례와 예증
- 증거가 뒷받침 된, 가능 원인에 대한 토론
- 그룹이 징후, 혹은 원인을 다룰 것인지에 대한 설명
- 문제가 처리되지 않거나 요구가 충족되지 않을 경우 일어날 수 있는 일에 대한 예측

기준

여기에서는 그룹이 설정한 기준과 우선순위를 설명한다.

- 이 해결책이 가져올 결과로 인해 문제가 어떻게 변할 것인가?
- 어떤 기준을 사용했는가? 그 기준이 왜 중요했는가?
- 이 해결책을 이행함으로써 도달하기를 원하는 구체적인 목표를 설명하라.
- 한계점에 대해 논하라.

계획의 제시

제안은 완벽하고 상세하게 제시되어야 한다. 제안의 각 요소에는 다음 각각의 사항에 대한 진술이 포함되어 있어야 한다.

- 누가? (모든 구성원들의 직함을 기재한다.)
- 무엇을 하는가? (일에 대해 가능한 한 완벽하게 설명하라.)
- 어떤 이유 때문에? (각각의 일이 해결책에 어떤 기여를 하는가?)
- 어떤 자원을 가지고? 각각의 일에 무엇이 필요한가? (비품, 전문 교육, 기계, 관리 등)
- 누구의 관리 하에? (명령 계통, 조직표, 의사소통 경로를 설명하라.)
- 얼마의 비용으로? (가능한 한 완벽하게 예산을 세워라. 협상 목적에 드는 최대 비용, 최소 비용, 가장 적당한 비용을 설명하라.)
- 누가 자금을 제공하는가? 자금이 어디에서 나오는가? (자금 조달이 가능한지 확실하지 않다면 예산을 세우는 것은 아무 의미가 없다.)
- 당신이 세운 기준으로 돌아가서 성공적인 해결책을 찾아낼 경우 그것을 어떻게 확인할 것인지 물어라.

계획의 세부내용을 너무 간단하게 기재하는 잘못을 저지르지 말라. 계획을 승인하는 책무를 맡고 있는 사람이 당신의 그룹이 제출한 보고서를 평가한다면, 그 계획이 즉각 실행에 옮길 수 있는 상태일 경우 승인할 가능성이 훨씬 커진다. 반면 그가 계획을 이해하기 위해 많은 노력을 들여야 한다면, 아마도 승인하지 않을 확률이 크다.

최종 보고서를 받는 사람이 판단을 내릴 수 있는 근거는 오직 보고서뿐이라는 것을 잊지 말라. 보고서가 부실하면 대개 그것을 제출한 그룹도 부실한 것으로 간주된다.

축하행사 진행을 위해 A와 B팀이 조직되었다. 이 두 팀이 구성한 세부 계획 사이에 어떤 차이점이 있는지 살펴보라. 어느 팀의 계획이 채택되겠는가?

A팀 | 축하행사는 적당한 장소에서 명시된 날짜에 열어야 할 것이다. 우리 팀은 이 계획대로 모든 일을 진행할 것이다. 또한 그 자리에서 주어지는 상의 종류를 결정하고 어떤 식으로 수상자를 선별할 것인가를 결정하기 위해 위원회를 구성하도록 할 것이다.

B팀 | 우리 팀은 축하행사 진행을 위해 다음 사항을 제안한다.

- 판매, 마케팅, 전시, 운송, 회계, 구매, 인사 부문 등 회사 내의 모든 책임자들로 시상 위원회를 구성한다.

- 위원회는 회사에 현저하게 기여한 직원들(각 부서에서 약 2명 정도)을 알아내야 한다. 여기서 '현저하게 기여한 사람들' 은 매출 증가, 자금 절약, 능률성 증대를 창출했거나 일반직원들의 복지에 기여하는 제안이나 활동을 펼친 사람들을 의미한다.

- 포상은 임원진의 재량에 따라 일주일 간의 휴가나 현금으로 지급되는 일주일 분의 특별 보너스 형식이 될 것이다.

- 구매 담당자는 5,000달러 이하의 비용을 들여 모든 수상자들의 이름과 수상내역이 새겨질 벽걸이용 상패를 구입한다(이것은 축하행사를 기념하기 위해 회사에 비치할 상패이다). 또한 개별적으로 상을 받는 사람들에게도 50달러 이하의 작은 상패를 만들어 시상 시 함께 주도록 한다. 이때 상패 디자인은 위원회에서 최종 승인을 받도록 한다.

- 인사 담당자는 크리스마스와 설날 사이의 주중에 축하행사가 열리도록 준비한다. 장소는 사무실에서 5km 이내에 있는 곳으로 정하되, 적어도 300대 정도의 차량을 수용할 주차 공간이 마련된 곳으로 결정한다. 저녁식사는 일인당 25달러 선에서 제공될 것이고(음료수는 제외), 바(결혼 피로연 등에서 유료로 술을 파는 가설 바, 옮긴이)가 마련될 것이다. 이 축하행사에는 회사의 모든 직원들이 초대받게 되며, 회사가 비용을 지불하므로 한 명의 손님(배우자나 파트너)을 동반해도 좋다.

- 총감독은 이 보고서의 시행을 감독하고 모든 홍보, 통지에 책임을 진다. 총감독은 축하행사에서 연사를 맡을 사람을 섭외한다. 축하 연설은 각각 5분을 초과하지 않으며, 수상 소감은 각각 2분으로 제한한다.

해결책 옹호하기

그룹은 보고서 발표 시 반론이 제기되는 것에 대비해 해결책을 옹호할 준비를 갖추어야 한다. 따라서 최종 단계에서 그룹은 다음과 같은 질문을 다루어야 한다. "우리의 제안이 수용될 수 있도록 가장 설득력 있는 사례를 준비하려면 어떻게 해야 할까?" 완벽한 옹호 방법을 수립하기 위해서는 이보다 먼저 해결책 채택에 방해가 될 수 있는 장애 요소를 추정하여 없애는 과정이 선행되어야 한다.

- 누가 그 제안에 반대하는 의견을 제시할까?
- 누가 질 것 같은가?
- 누가 해결책에 대해 다른 의견을 제시할 것인가?

아울러 그룹은 다음과 같은 공격에 대답할 준비를 해두어야 한다.

- 필요 혹은 문제가 없다.
- 문제가 있지만, 그 계획은 실행할 수 없다.
- 문제가 있고 계획을 실행할 수 있으나, 그것으로는 문제가 해결되지 않을 것이다.
- 그 계획은 필요하고, 실행할 수 있고, 문제를 해결할 것이나, 바람직하지 않은 결과를 가져올 것이다(비용이 많이 든다, 법적 혹은 윤리적 한도를 위반함 등등).
- 그 추론은 효과가 없다. 그 증거자료는 쓸모없다.

다음으로 의무를 부과하는 권위자가 무엇을 원하는지 결정하는 것이 중요하다. 유감스럽게도, 일의 세계란 항상 정직한 사람들이 정직하게 일하고 정직하게 보상받는 곳이 아니다. 사람들은 종종 신세를 진 사람들의 영향을 받고, 의사결정자는 때때로 조직을 희생시키면서까지 자신의 이익을 챙긴다. 따라서 효과적으로 그룹의 해결책을 옹호하기 위해서는 판단을 내리는 사람들이 얻을 개인적 이익에 주목해야 할 것이다. 다음은 이를 위해 고려해야 할 몇 가지 사항이다.

- 의사결정자는 세력 범위를 지니고 있을 것이다. 당신의 제안이 그의 세력을 약화시키는가 혹은 강화시키는가?
- 의사결정자는 더 많은 일을 맡을 준비가 되어있지 않을 수도 있다. 당신의 실행 계획이 그의 업무량을 줄일 수 있는 방안을 담고 있는가?
- 의사결정자는 특정한 개인들이 변화에 얼마나 영향을 받을지 걱정할 수도 있다. 당신의 제안으로 인해 어떤 사람이 해고되는가? 해고될 가능성이 있는 사람들은 의사결정자에게 어떤 영향을 미치는가? 당신은 그들을 보호할 수 있는가?

또한 보고서에는 다음 사항을 포함시켜야 한다.

- 해결책의 채택을 가로막을 수 있는 장애 요소의 추정
- 해결책에 반대할 수 있는 모든 주장에 대한 답변
- 해결책과 그것이 문제를 어떻게 해결할 것인가를 다시 한번 상기시키는 최종 주장

보고서 쓰기

보고서를 쓸 때는 어떤 전략을 쓰느냐가 중요하다. 많은 그룹은 보고서를 작성할 때 그룹의 구성원들이 각 부분을 나누어서 쓰도록 하는 방법을 택한다. 그러나 이러한 보고서 작성 방법에는 많은 문제점이 내재되어 있다는 것에 유의하라. 첫째, 대개 구성원들의 글솜씨는 모두 다르다. 따라서 어떤 부분은 잘 쓸 수도 있지만, 어떤 부분은 엉망으로 쓸 수도 있다. 둘째, 각각의 사람들은 특유의 문체를 지니고 있다. 그러한 문체 변화는 보고서를 읽는 사람에게 짜증과 산만함을 불러일으킬 수 있다. 셋째, 이따금씩 집단의 구성원들은 그들의 일을 완벽하게 수행하지 않는다. 만일 한 구성원이 자신이 맡은 부분을 기한 내에 완성하지 않으면, 그룹 전체는 곤경에 빠질 수밖에 없다. 끝으로, 구성원들이 부분별로 맡아서 글을 쓰는 전략을 사용하면, 그 보고서는 글을 다듬고 읽기 쉽게 하기 위해 대대적인 편집 과정을 거쳐야 할 것이다.

유감스럽게도 대부분의 그룹은 연구과제가 끝날 무렵이면 시간에 쫓긴다. 그러다 보면 서면 보고서를 서둘러 마치기 십상이고, 이는 결국 수준 이하의 결과로 이어질 수밖에 없다. 오랫동안 열심히 작업한 후에, 그런 결과를 얻고 싶은 사람은 없을 것이다.

그러면 그룹은 보고서를 어떻게 써야할 것인가? 많은 그룹이 보고서를 쓸 한 명 혹은 여러 명의 기록자를 지명한다. 대개 기록자는 프로젝트 초기 단계에서 작업량이 적었던 사람이 지명된다. 만일 기록자가 한두 명에 불과하다면, 그룹의 다른 구성원들이 컴퓨터 주위에 앉아서 생각이나 제안, 정신적 지지, 간식 등을 제공하는 것이 필수적이다.

　한 기록자가 대강의 초안을 완성하면, 또 다른 사람은 첫 편집에 들어갈 수 있다. 두세 사람이 여러 번의 교정 작업을 하면 보다 엄밀하고, 보다 전문적인 보고서를 작성할 수 있다. 보고서가 완성되었다고 생각되었을 때, 실수나 애매한 표현이 없는지 그 그룹에 속하지 않는 다른 사람에게 교정을 맡겨라.

　이런 방법은 할 일이 많은 것처럼 들릴 것이다. 사실 그렇다. 그러나 우리는 수많은 그룹이 문제 해결 프로젝트에 수많은 시간을 투자하고도 최종 보고서를 형편없이 제출하는 것을 보았다. 조사 결과에 대한 서면 발표와 구두 발표는 당신과 당신이 속한 그룹에 대한 신용을 좌우한다는 사실을 명심하라. 따라서 보고서를 성공적으로 작성하고 싶다면 처음부터 보고서 작성시간을 여유있게 배정하고 전체 프로젝트를 진행시켜야 한다.

최종 보고서 발표

최종 보고서의 작성이
끝이 아니다.
결과를 청중들 앞에서
보고해야 한다.
이 단원에서는 대중 앞에서
보고서를 발표하는 방법에
대해 살펴볼 것이다.

아마 당신도 한번쯤은 언어적 의사소통에 대한 강좌를 들었을 것이다. 여기서는 언어적 의사소통에 관한 일반론을 다루지는 않을 것이다. 효과적인 의사소통에 요구되는 모든 기술을 한 단원 내에서 살펴볼 수는 없기 때문이다. 우리의 목적은 당신에게 중요한 일반적 원칙을 상기시키는 것이다.

프로젝트에 장시간을 소요하고 나면 구성원들은 그들이 알아낸 조사 결과에 대해 '정확하게 말할' 수 있다고 자신할 것이다. 필요할 때마다 즉시 머릿속에 축적된 정보가 모두 떠오를 것이라고 생각하는 것도 당연하다. 그러나 구두 발표를 신중하게 계획하는 것은 그룹의 성공에 매우 중요하다.

따라서 최종 발표를 계획할 때, 청중을 염두에 두는 것이 중요하다. 대부분의 조직은 변화를 거부한다. 따라서 청중이 당신의 권고를 즉시 받아들이기를 기대한다면 당신은 틀림없이 실망하게 될 것이다. 차라리 적대적인 청중을 만날 것이라고 가정하는 것이 현명하다. 그렇게 하면 해결책에 대해 가능한 최선의 변호를 준비하려고 노력할 것이고, 이를 통해 해결책이 수용될 가능성을 높일 수 있기 때문이다. 일반적으로 한 가지 해결책을 채택하도록 사람들을 설득하려면 많은 노력이 필요하다. 특히 계획이 실패할 경우 책임을 져야 할 의무를 지고 있는 사람들을 설득해야 하는 경우에 말이다.

즉석 발표

발표가 설득력을 지니려면 즉석 대화 스타일이 필요하다. 구두 보고의 목적은 서면 보고서에 기재된 의견을 강조하는 것임을 명심하라. 간부들은 당신이 보고서를 그대로 읽는 것을 경청할 시간이 없다. 우리는 한 경영자가 보고서를 읽고 있는 젊은 간부에게 다음과 같은 말을 하는 것을 목격한 적이 있다. "보고서를 읽을 생각이었다면, 사본을 배포하게 했을 거요. 원고를 내려놓고 요점을 말하세요!" 따라서 즉석 발표는 이러한 유형의 문제를 피하는 데 유용한 스타일이다. 지리한 보고서 읽기가 아니라, 간결하고 단순하게 요약된 내용을 전달함으로써 청중을 끌어들이고 필요한 만큼 변화를 허용할 수 있기 때문이다.

잔류 메시지 계획하기

일단 당신의 제안을 뒷받침할 만한 설득력 있는 주장을 모두 생각해내면, 이를 목적을 표현할 수 있는 단 하나의 진술로 요약하는 것은 쉬울 것이다. 우리는 이것을 '잔류 메시지'라고 부른다. 세부사항은 사라져도, 청중들의 머릿속에는 이 메시지가 남기 때문에 붙여진 이름이다. 발표를 하는 목적은 이야기를 하는 것이 아니라, 청중이 발표자의 메시지를 기억하고, 가능하면 그것에 따라 행동하도록 하는 것이다. 따라서 훌륭히 구상된 잔류 메시지는 이러한 그룹의 목표를 성취하도록 도울 것이다. 포리스트 슬로우 교통 문제해결 위원회는 다음을 잔류 메시지로 결정했다.

> 포리스트 슬로우의 교통 통제를 위한 우리의 계획이 채택되지 않으면, 그 여파는 도심의 상점들이 문을 닫는 것으로 그치지 않고 인접 마을의 일자리 또한 위태롭게 할 것이다. 우리 지역 전체의 경제적 효율성은 우리가 교통 문제에 대응해 어떤 조치를 취하느냐에 좌우된다.

위원회는 설득력 있는 메시지의 내용 전체를 두 문장으로 요약해 놓았다. 이제 주장할 내용을 증명하기 위한 방법을 찾는 것은 비교적 쉬워진다. 잔류 메시지를 쓰려면, "우리는 청중 모두가…에 동의하기를 원합니다"라는 식으로 문장을 완성하라. 문장을 구체적인 진술로 마무리 짓는 것이다. 만일 구체적인 진술을 하지 않으면, 발표자의 말은 명확하게 이해되지 못할 것이다. 가령, "우리는 청중이 우리의 제안에 동의하기를 원합니다"와 같은 문장은 모호하다. 반면 위에 제시된 포리스트 슬로우 위원회의 잔류 메시지는 훨씬 더 명료하다. 구두 보고를 계획하는 동안 잔류 메시지를 참고하면 주제를 일관되게 유지하는 데 도움이 될 것이다.

공동의 계획

일단 그룹이 잔류 메시지를 결정하면 구성원들은 발표할 내용을 검토해야 한다. 한 사람이 혼자서 발표를 계획하면 그 보고는 집단 노력이 갖는 특징을 잃고 만다. 구성원 모두가 참여한 가운데 다음 사항을 논의하도록 하라.

- 메시지를 옹호하는 가장 효과적인 주장은 무엇인가?
- 어떤 생각들을 제기해야 하는가?
- 누가 무엇에 대해 책임을 져야 하는가?

종합하기

세부적인 사실이나 숫자를 피하고 대신 예증을 활용하라. 경청자들은 대개 발표 내용을 자세히 기억하지 않는다. 그러므로 미묘하고 작은 사항들은 발표할 때 언급하지 말고 서면 보고서에서 강조하라. 구두 보고를 할 때는 큰 표제만을 다루어야 한다. 명심하라. 구두 보고에 흥미를 느끼면 청중은 나중에 세부 내용을 알기 위해 서면 보고서를 읽을 것이다.

아울러 청중들은 간결함을 높이 평가한다. 발표를 할 때는 재빨리 요점을 제시하라. 발표 시간은 대개 20분에서 40분 정도가 적당하다. 간혹 발표를 길게 하는 것이 정당화되는 경우가 있긴 하지만, 많은 경우 훨씬 더 적은 시간이 할당된다. 따라서 한 주제에 허용되는 제한 시간을 미리 확인하는 것이 좋다.

보고서 발표하기

잔류 메시지를 결정하고 필요한 증거 자료와 개요 작성을 마무리한 후에는 보고 형식에 대해 생각해야 한다. 그룹은 두 가지 선택을 할 수 있다. 대변인을 지명하거나 그룹이 공동으로 보고서를 발표하는 것이다.

대변인을 한 명 지명하는 것이 적절한 경우는 관리자에게 '단체 행동'을 하는 것처럼 보이고 싶지 않을 때이다. 이 경우 집단의 리더나 발표를 훌륭히 해낼 사람을 선택하는 것이 좋다. 대변인은 대중 연설에 능숙하고, 문제와 해결책을 완벽하게 이해하고, 질문에 대답할 수 있고, 최종 보고를 잘 알고 있는 사람으로 택한다.

또 다른 선택은 팀 발표이다. 각 구성원은 일을 분배받고 전문가 역할을 하며, 그가 맡은 부분을 확실하게 책임질 수 있어야 한다. 그러나 일단 발표를 나눠서 하기로 선택한다면, 다른 구성원들이 무엇을 발표할 것인지를 반드시 알아야 하고, 함께 연습을 해야 한다. 각각의 발표 시간은 넉넉해야 하며, 각 발표자들은 지나치게 튀는 언동을 보여서는 안 된다. 발표가 일관성 있게 유지되도록 각 발표자가 따를 수 있는 어떤 틀을 만들어도 좋다. 그룹발표는 청중이 발표 내용을 이해하는 데 어려움이 없도록, 각자 맡은 부분이 세심하게 조화를 이루는 상태에서 진행되어야 한다.

그룹발표 과정은 아마 다음과 같이 진행될 것이다.

[발표자 1] 주의를 끄는 역할, 발표자들과 주제 소개

광범위한 이력 설명은 피하되, 반드시 발표자의 전문 분야와 능력은
명시하도록 하라.

[발표자 2] 문제에 대한 정의와 진술

만일 책무에서 질문이 바뀌었다면, 반드시 그 이유를 설명하라.

[발표자 3] 해결책에 대한 기준

특히 법적, 재정적 한도를 명확하게 밝혀라.

[발표자 4] 폐기된 해결책에 대한 설명

듣는 사람은 질문하는 데 쓸데없는 시간을 낭비하지 않도록 지금껏
어떤 방안이 고려되었고, 왜 폐기처분되었는지에 대해 반드시 알고
싶어한다.

[발표자 5와 6] 해결책 권고

실행 계획을 제시할 필요는 없으나, 해결책의 실용성에 대한 몇 가지
진술은 물론이고, 그 해결책이 문제를 어떻게 해결할지를 설명하는
것은 중요하다.

[발표자 1 다시 등장] 요약과 결론

질문을 끌어내고 그 질문에 적합한 구성원들이 대답을 하도록 지시
하라.

보고 내용을 영상화하기

영상은 다음을 비롯해 여러 가지 이유로 활용된다. 첫째 발표자가 이야기하고자 하는 것을 기억하도록 돕고, 둘째 듣는 사람의 메시지에 대한 이해를 용이하게 하고, 셋째 듣는 사람의 주의와 흥미를 높이기 위해서이다.

아마 당신도 파워포인트 같은 프로그램을 접해본 적이 있을 것이다. 그런 경험이 없더라도 윈도우를 사용하는 사람이라면 누구나 쉽게 파워포인트 프로그램을 배울 수 있다. 발전하는 기술 덕분에, 이제 손으로 쓴 텍스트를 위주로 발표를 진행하는 일은 곧 사라질 것이다. 오버헤드를 사용하든, 파워포인트 슬라이드를 사용하든, 발표 시 명심해야 할 몇 가지 지침은 다음과 같다.

- 일반적으로 글자는 청중이 읽을 수 있도록, 적어도 크기가 5센티미터는 되어야 한다(컴퓨터 상에서 약 30포인트 정도 크기).
- 만일 컬러 슬라이드를 선택한다면, 대비되는 색깔을 적절히 사용하여 강조하고 싶은 부분의 색깔이 눈에 선명하게 띄도록 하라. 비슷한 색으로 발표 내용을 정리하면 중요 내용이 파묻히거나 쉽게 식별되지 않아 낭패를 겪을 수 있다.
- 발표 내용을 원활하게 알릴 수 있도록 프로그램을 자유롭게 다루는 연습을 하도록 하라.
- 사용할 장비가 고장나거나 뜻밖에 사용할 수 없을 경우를 대비하여 예비 계획을 세워라. 컴퓨터가 갑자기 고장나서 파워포인트를 활용한 발표가 중단되는 것을 본 적이 있다. 이런 낭패를

겪지 않으려면 유사시를 대비해 예비 계획을 세워두어야 한다.

발표 연습과 구두 발표

개인이든 집단이든, 발표를 하려면 연습을 해야 한다. 연습을 하면 다음 사항들을 확실하게 준비할 수 있다.

- 생각이 명료하게 정리되고, 사례를 이해하기 쉽게 정리할 수 있다.
- 생각이 논리적인 순서대로 흐른다.
- 생각이 한 발표자로부터 다른 발표자에게로 이어진다.
- 제한 시간 내에 발표를 마친다.

이것은 특히 그룹발표에 적용된다. 그룹발표 시에는 그룹의 모든 구성원들이 자신의 일을 책임질 준비가 되어 있어야 한다. 발표자가 우왕좌왕하거나 머뭇거리면 청중의 신뢰를 잃을 수 있고, 결과적으로 발표를 망칠 수 있기 때문이다. 발표를 맡은 구성원들은 정직해야 하고, 말을 잘하지 못하는 구성원들의 한계를 고쳐줄 수 있어야 한다. 만약 발표하기 어려울 정도로 소심한 구성원이 발표자로 선정되었다면 그를 다른 사람으로 교체하는 것이 낫다.

구성원들은 발표 연습을 하면서 주의를 산만하게 하는 행동을 관찰하고 교정할 수 있다. 알다시피, 발표자들은 청중과 눈맞춤을 유지하고, 정확한 문법을 구사하고, 격에 맞는 복장을 갖추는 동시에, "에… "하며 말을 중단하거나 돌아다니는 등 주의를 산만하게 하는 행위를 피해야 한다. 또한 그룹의 모든 사람들은 다른 구성원이 발표를 하는 동안 집중하도록 해야 한다. 특히 구두 발표가 진행되는 동안 그룹의 다른 구성원들이 의논하거나 귓속말을 하는 광경이 목격되면 청중은 산만해진다.

그룹은 발표를 시작하기 직전에 발표에 필요한 설비를 점검해야 한다. 모든 비품은 준비되어 있는가? 의자는 충분히 있는가? 마이크 콘센트는 끼워져 있는가? 또한 유사시 필요하게 될지 모르는 모든 품목에 대한 목록을 만들어라. 또한 청중의 요구를 고려하고, 상황에 따라 발표 시간에 음료수나 간식을 제공할 수도 있다.

개인발표 혹은 그룹발표 전에 큰 소리로 연습을 하는 것은 극히 중요하다. 프로젝트에 대해 잘 모르는 사람을 찾아 시험 발표를 해보라. 아마 그는 발표에서 어떤 부분이 명확하지 않은지 혹은 무엇이 주의를 산만하게 하는지를 지적해 줄 것이다.

구두 발표는 보고의 촉매 기능을 한다는 사실을 잊지 말라. 만일 구두 발표가 훌륭하게 처리되면, 청중은 보고서를 읽고 싶은 마음이 들 것이다. 또한 훌륭한 구두발표는 최종 책임자의 관심을 끌어 당신의 그룹이 내놓은 방안을 채택할 가능성을 높여 줄 수 있다.

효과적인 토론을 위한
6단계의 Check Point

1. 목표와 결과

최종 보고서에는 다음과 같은 사항이 모두 담겨져 있는가?

- 그룹이 맡았던 책임과 의무에 대한 진술, 문제 해결을 위한 토론 과정, 보고 경로를 포함하는 실행 개요.
- 문제를 해결해야 할 필요성을 보여주는, 문제의 배경에 대한 조사 내용.
- 해결책에 대한 세부적인 발표, (필요하다면) 실행 계획과 조직표, 예산을 포함시킬 것.
- 해결책이 비판 받을 것을 대비한 준비
  - 이 해결책이 어떻게 문제를 해결할 수 있는지에 대한 확실한 증명.
  - 왜 이 해결책이 바람직한지에 대한 근거와 바람직하지 못한 결과를 가져올 경우에 대한 가능성 제시.
  - 세부 설명이 필요한 부분에 대한 부록 첨부: 토론 기간 동안 논의되었던 제안 중 기각된 해결책과 그 이유, 혹은 대체 계획에 대한 보고서.

아래 사항을 참고하여 최종 발표를 준비하라.

- 청중에게 제시할 적절한 잔류 메시지 준비.
- 주요 논점을 논리적으로 정리하여 제시.
- 유용하고 실용적인 기자재를 사용한 시각적 발표.
- 누가 발표를 할 것인가에 대한 상세한 계획 준비.

2. 구성원의 과제

- 최종 보고서를 준비할 때 리더의 지시에 성실히 따른다.
- 최종 보고서 발표를 연습하고 발표에 참여한다.

3. 리더의 의무

- 모든 내용이 적절하고 명확하게 보고서 안에 포함되어 있는지 확인한다.
- 최종 발표에서 실수가 발생하지 않도록 연습과 훈련에 만반의 준비를 해둔다.
- 프로젝트가 끝난 후 그룹의 거취가 어떻게 될 것인지를 구성원들에게 확실히 통보한다.

에필로그

이 책의 주요 목표는 토론 참여자로서, 당신이 유용한 선택을 많이 할 수 있도록 돕는 데 있다. 그룹에서 당신은 실질적이고 중요한 역할을 많이 할 수 있다. 당신이 현재 가지고 있는 토론 기술의 수준에 관계없이, 토론 과정을 관찰하고 생각하고 이해함으로써 토론을 더욱 능률적이고 생산적으로 만들 방법을 터득할 수 있다. 이런 의미에서 이 책은 당신이 토론에서 더욱 유능하게 자신의 능력을 발휘할 수 있도록 하는 데 도움이 될 수 있으리라 확신한다.

토론은 결코 운에 맡겨서는 안 된다. 그룹 토론은 여러 사회 공동체와 학교, 그리고 기업체에 이르기까지, 다수의 청중에게 당신의 능력을 보여줄 수 있는 최고의 방법 중 하나이다. 따라서 확실한 준비와 이해를 통해 참여해야만 더욱 큰 효율을 얻을 수 있고, 당신 자신을 생산적인 사람으로 만들 수 있다는 사실을 기억하라!

효과적인 토론은 토론에 참여한 개인들을 존중하고 공동의 목표를 제시할 수 있어야 한다. 따라서 당신은 토론에 참가한 한 개인으로서, 다른 사람들과 생각을 나누고, 문제를 해결하는 데 협조하고, 개인들과 그룹들의 이해관계를 존중하는 법을 배움으로써 더욱 중요하고 생산적인 존재가 되고, 스스로에게 만족을 느낄 수 있게 될 것이다.

갈수록 치열해지는 경쟁 사회에서, 지적이고 유능한 사람들의 참여를 놓치는 것이 얼마나 커다란 손실을 불러오는가를 모르는 사람은 아무도 없다. 따라서 당신은 그룹 토론에 기여하는 훌륭한 참여자가 되는 방법을 습득함으로써, 스스로 유능한 사람임을 내보일 수 있어야 한다. 이것이 가능할 때 당신의 가치는 한층 높아질 것이며, 당신이 속해 있는 그룹의 성과도 높아질 수 있을 것이다. 주장과 논쟁, 연설, 수사학, 설득, 성별 간 의사소통, 대인 의사소통, 비언어적 의사소통, 경청에 대한 교육과 학습을 통해 당신은 그룹에서 가장 효과적으로 일하는 사람으로 성장하게 될 것이다.

감사의 글

이 책은 제럴드 M. 필립스를 추모하는 뜻으로 그에게 헌정된 것이다. 제럴드는 수업과 기타 조언을 통해 많은 학생들에게 감화를 주었고, 대학원에서 교수로 재직하는 동안에는 언어적 의사소통에 관한 방법뿐만 아니라 그 이상의 것들을 가르쳐주었다. 줄리아 T. 우드, 더글러스 J. 페더슨, 낸시 필립스는 이 책을 집필하는 과정에서 동료로, 조언자로, 비판자로 많은 격려와 도움을 주었다. 이들 모두에게 깊은 감사의 뜻을 전한다.

편집자 비아 버넘에게도 감사의 말을 전하고 싶다. 우리는 아이디어를 떠올리고 글을 쓰고 실례를 선정하는 작업을 하며 함께 많은 시간을 보냈다. 웨이브랜드 프레스의 편집자들 역시 멋진 파트너였으며, 훌륭한 책이 되도록 수없이 원고를 다듬어 준 점에 대해 깊이 감사드린다. 또한 캐럴 라우의 도움이 없었다면, 나는 이 프로젝트를 완수하지 못했을 것이다.

　이 책을 집필하면서 내가 일하는 대학의 학생들 또한 여러 의견을 제안해 주었다. 특히 레이 오즐리, 크리스티 바이어스, 마이클 더너웨이, 댄 라우는 추가할 부분과 삭제할 부분에 대해 많은 도움을 주었다. 또한 헤더 해리스는 이 책을 '일반인들이 가깝게 느끼도록' 하는 데 도움이 될 제안들을 많이 해 주었다.

　끝으로 내가 이 프로젝트를 진행하는 동안 지지와 격려를 아끼지 않았던 남편 조엘, 두 딸 로라와 사만다에게 감사의 말을 전하고 싶다.

캐서린 수 영

| 역자소개 |

>> 김진모

서울대학교 농업교육과(농촌사회교육 전공) 및 동대학원을 졸업하고, 교육학
박사학위를 받았다. 1990년에 LG 인화원에 입사하여 9년간 조직문화진단, 교
육체계 및 프로그램 개발, 경영혁신 업무를 담당하였고, ㈜CAP 컨설팅에서
교육 및 경영혁신 분야 컨설턴트로 활동하였다. 그 후 미국 미네소타 대학의
객원연구원을 역임하였으며, 현재는 서울대학교 농산업교육과 조교수로 재
직하고 있다.

>> 류한수

한국외국어대학교 이탈리아어과, 서강대학교 경영대학원을 졸업한 후, 미국
인디아나대에서 IST 과정을 수료하였다. 그 후 귀국하여 LG 인화원에서 혁
신리더 육성팀, 컨설팅팀, 전문교육팀장을 역임하였으며, 현재는 ㈜CAP컨설
팅 HPC 소장으로 재직하면서 변화관리, 경영혁신, 팀 리더십에 대한 컨설팅
및 강의 활동을 하고 있다.